ELLIOTT ERWITT

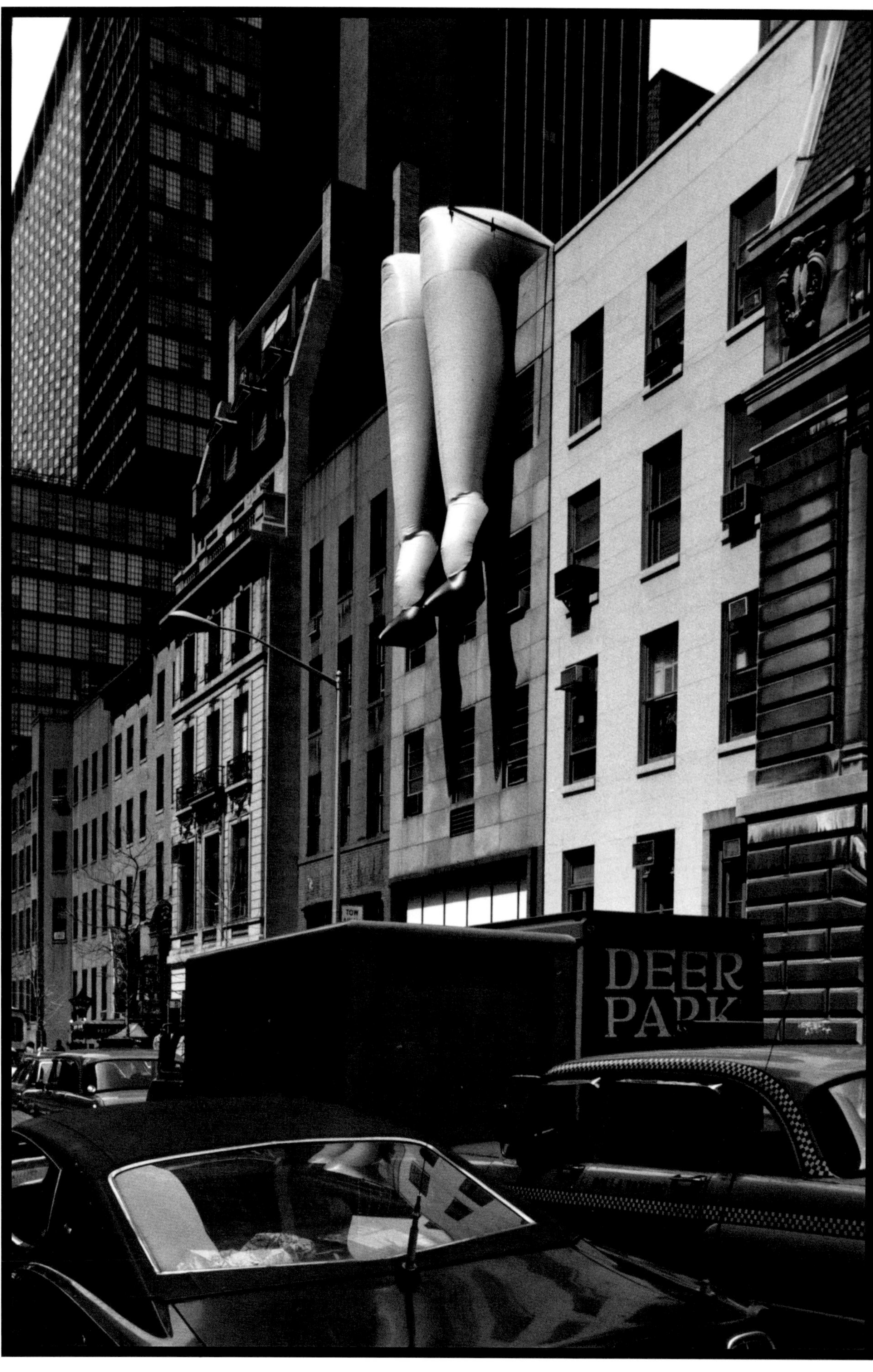
DEER
PARK

ELLIOTT ERWITT

a cura di / edited by / sous la direction de
Dario Cimorelli
Alessandra Olivari

testo di / text by / texte de
Angela Madesani

SilvanaEditoriale

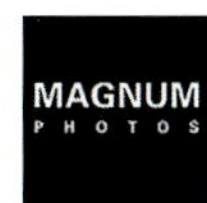

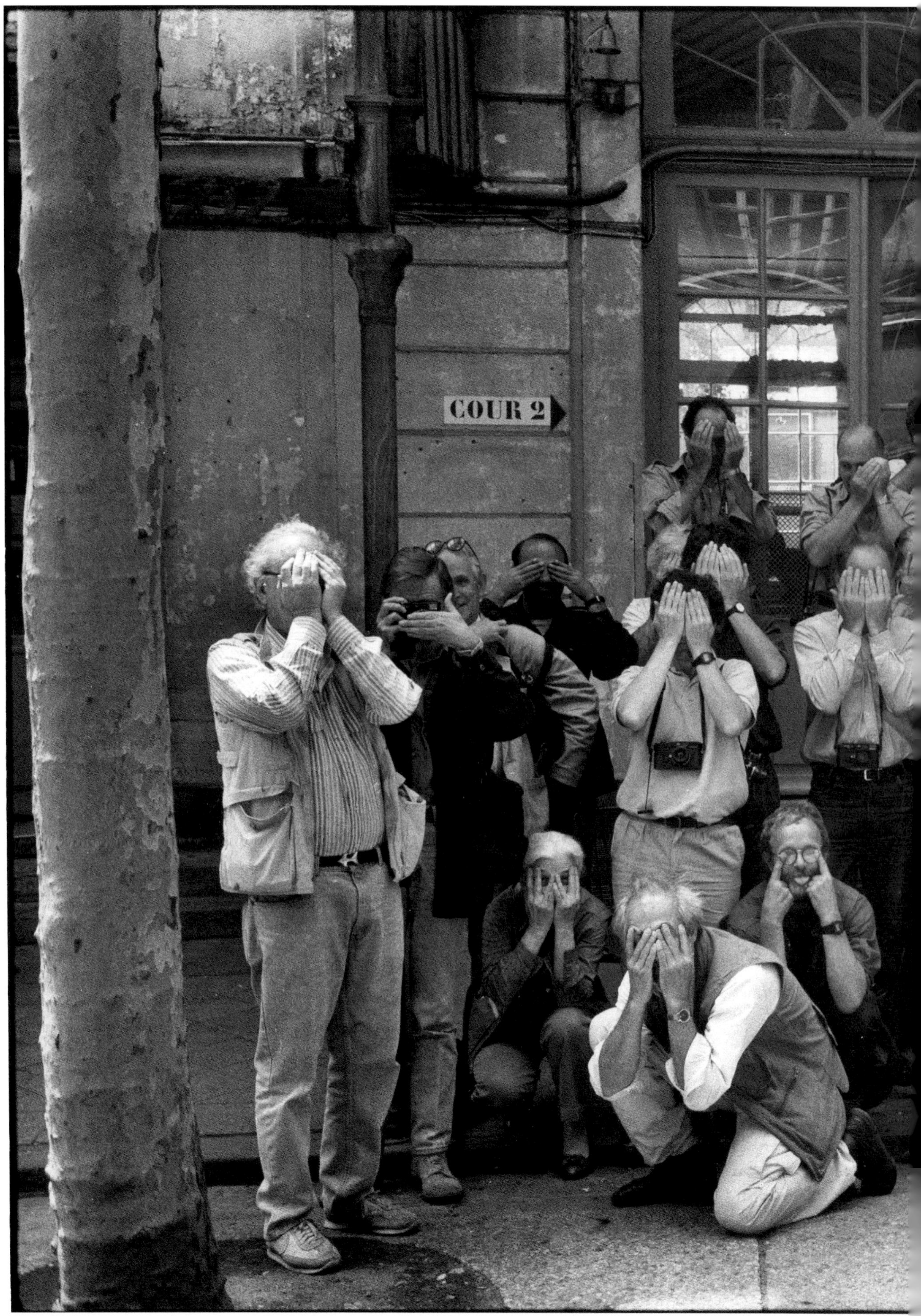
COUR 2

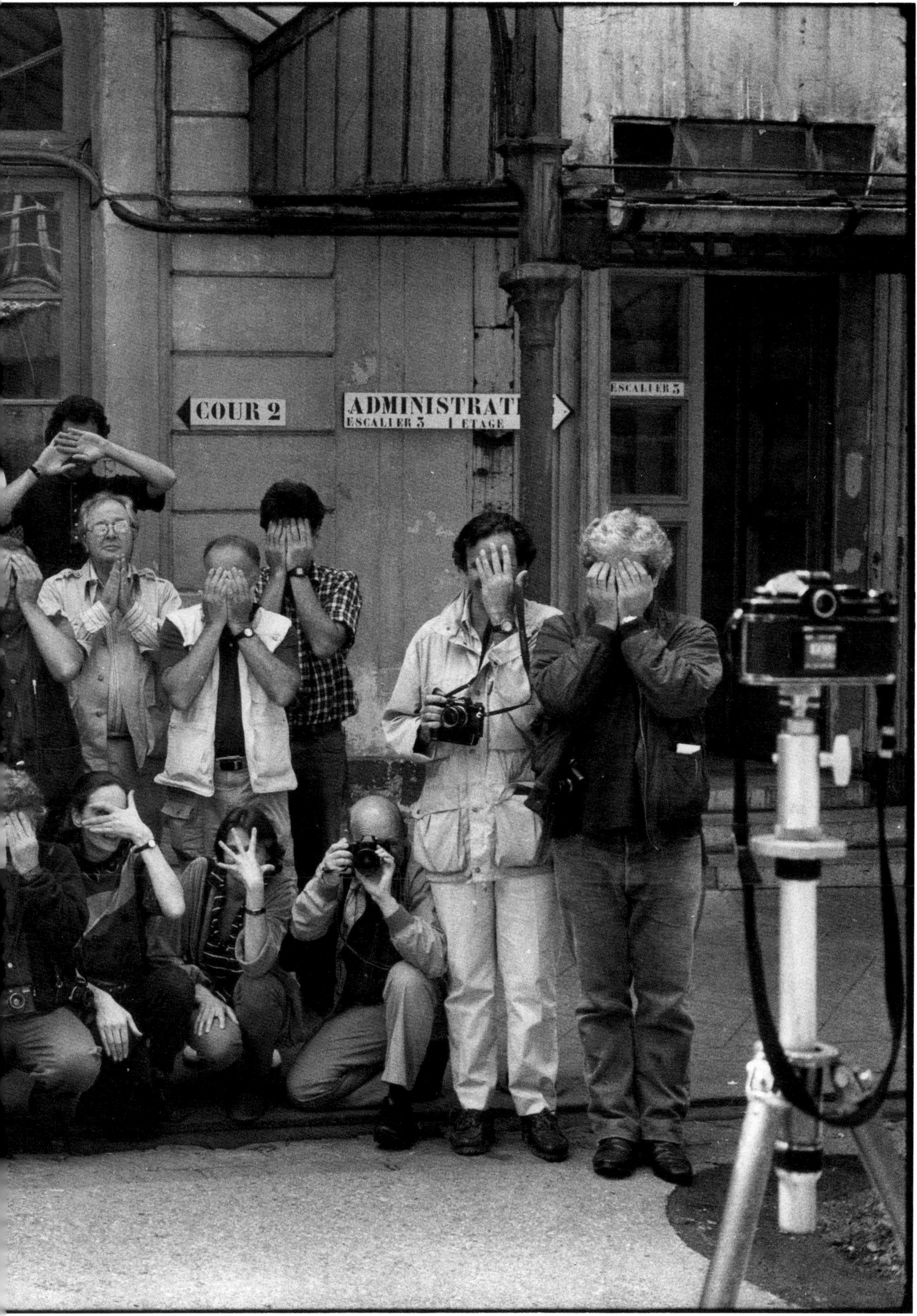
COUR 2
ADMINISTRAT
ESCALIER 3 1 ETAGE
ESCALIER 3

CONVERSAZIONE CON ELLIOTT ERWITT

ANGELA MADESANI

Elliott Erwitt è un ottantaquattrenne intelligente e spiritoso, che parla del suo lavoro in modo molto naturale, senza eroismi di sorta. Eppure la sua storia è lunga e densa di avvenimenti.

Nato a Parigi, trascorre i primi anni della sua vita a Milano. Il 1938 è un periodo terribile per una famiglia di ebrei che vive in Italia[1]. Così gli Erwitt tornano a Parigi per poi trasferirsi in America. Già durante il liceo, a Hollywood, Elliott scatta immagini per strada, come quella famosissima del 1946 in cui ritrae un cane avvolto in un golfino di maglia e i piedi della sua padrona, il tutto dal punto di vista dell'animale.

Il 1948 rappresenta un anno molto importante per lui, incontra tre "mostri sacri" della fotografia internazionale: Edward Steichen, Robert Capa, che lo invita qualche anno dopo a fare parte di Magnum Photos, e Roy Stryker, l'economista-fotografo che era stato a capo della Farm Security Administration, la regina delle missioni fotografiche. I tre prendono a ben volere il giovane, facendogli da mentori.

Nel corso degli anni Erwitt viaggia e scatta moltissimo. I suoi soggetti sono fra i più svariati: dal paesaggio al cinema, al quale si dedica in prima persona, dai ritratti "rubati" a persone e ad animali alle immagini di taglio sociale e politico, agli scenari urbani. Tutto quello che trasforma in fotografia in qualche modo lo colpisce, scatenando la sua fantasia: e quindi lo scatto, sempre più di uno, per riuscire a scegliere in fase di selezione l'immagine più equilibrata, quella che meglio funziona da un punto di vista compositivo.

Lo abbiamo incontrato nel suo studio di New York, al piano terreno di un elegante palazzo a Central Park, in una bella giornata di sole di inizio primavera. New York, dove si è stabilito già a partire dagli anni cinquanta, è la sede operativa di Erwitt, sebbene nel suo lessico stabilirsi assuma un senso tutto particolare: significa il posto dove ti trovi finché non vai da qualche altra parte. Lo studio è tappezzato di immagini in cui sono le tracce di una lunga storia umana e fotografica. Gli abbiamo chiesto di parlarci del suo metodo di lavoro, di come esso sia mutato nel corso del tempo.

A.M.: In più occasioni hai affermato che la maggior parte delle tue fotografie sono *snaps*, scatti occasionali.
E.E.: Da quando ho iniziato a fare fotografie molti anni fa, fino a oggi, non ho cambiato metodo di lavoro. Riprendo ciò che mi pare interessante da un punto di vista visivo.

A.M.: Molte delle tue immagini sono diventate delle icone. Cosa si prova a sapere di aver dato vita a fotografie che fanno parte dell'immaginario collettivo?
E.E.: Be', sarebbe peggio il contrario, cosa ne dici?

A.M.: Alcuni tuoi lavori trascendono la dimensione temporale. Potrebbero essere stati realizzati ieri o cinquant'anni fa. Possiamo definirli in tal senso dei classici, nell'accezione più completa del termine?
E.E.: Credo che debbano essere gli altri a giudicarli, non io.

A.M.: Negli ultimi anni sono sempre più i giovani che vogliono dedicarsi alla fotografia. Che consigli daresti loro?
E.E.: Di praticarla come un hobby, ma di trovarsi un lavoro a tempo pieno. Questo è il mio miglior consiglio. Se poi l'hobby si trasforma in qualcosa di più serio, possono dedicarsi a essa facendone il proprio impiego. Tuttavia è un mestiere molto duro, quindi non mi sento di incitarli a cuor leggero a intraprenderla come professione.

A.M.: Cos'è per te Magnum?
E.E.: Magnum, in cui sono entrato nel 1953, è un'agenzia fondata da un gruppo di spiriti liberi, persone che non volevano lavorare per nessuno in particolare, ma per tutti in generale. Era una sorta di ufficio centrale per la distribuzione di immagini. Così funzionava ai vecchi tempi del giornalismo e delle riviste. Poi l'agenzia si è evoluta in qualcosa di diverso, a seguito delle richieste del mercato.

A.M.: C'è una tua foto assai commovente che riguarda Robert Capa (p. 85), uno dei fondatori di Magnum. Ritrae la madre che piange sulla sua tomba, poco dopo la morte avvenuta nel 1954.
E.E.: Io e la madre di Capa eravamo amici. Ovviamente era assai addolorata per quella tragica scomparsa. Ogni tanto l'ac-

compagnavo in macchina al cimitero, circa cinquanta miglia fuori da New York City. Così, mentre ero con lei, un giorno scattai questa fotografia, che ho stampato però solo molti anni dopo, perché ai tempi mi sembrava fosse un'intrusione: il fratello di Robert era ancora vivo e non volevo offendere la famiglia.

A.M.: Nello specchietto di un'automobile parcheggiata su una spiaggia si scorgono un uomo e una donna che si baciano appassionatamente (p. 161). È una foto del 1955, che anche in questo caso hai stampato solo venticinque anni dopo.
E.E.: Durante i viaggi si scattano molte immagini, che poi si conservano senza necessariamente pubblicarle. Così, esplorando i miei provini, ho trovato questa che inizialmente non avevo notato. L'ho stampata e, sempre per caso, è diventata una delle mie immagini più distintive. In questi anni ho iniziato a riguardare la mia produzione, trovandone altre che avevo ignorato o semplicemente non sviluppato. È ciò che fai quando diventi vecchio.

A.M.: Russia, Cuba, Finlandia, Brasile, Giappone, e molti altri, sono i Paesi in cui hai viaggiato come fotoreporter.
E.E.: La mia carriera è stata poliedrica e il reportage una parte importante di essa. Probabilmente la parte più interessante, perché ha significato viaggiare per il mondo, vedere cose, documentarle; poi, se tutto andava bene, anche pubblicarle e condividerle con gli altri. In fondo è quello che ho deciso di fare nella vita, dunque è stato un momento fondamentale.

A.M.: La foto del 1955 (p. 154) con l'uomo e il ragazzo in bicicletta con due filoni di pane, su una strada della Provenza, è un tuo scatto famosissimo, un'essenza della Francia.
E.E.: Quell'immagine è stata infatti scattata per il governo francese, come pubblicità per l'ente del turismo. È una buona fotografia, allo stesso tempo funzionale allo scopo per il quale è stata realizzata.

A.M.: Sono particolarmente colpita, forse perché italiana, da fotografie come quelle scattate a Venezia (p. 94) o in Toscana, nel 1949 (p. 135). Raccontano di un'Italia povera, che poi abbiamo cercato di rimuovere. Ai tempi avevi poco più di vent'anni.
E.E.: La prima, l'immagine dei bambini, è stata fatta poco dopo la fine della Seconda guerra mondiale. Credo che rappresenti un po' lo spirito dell'epoca, e comunque i bambini sono un soggetto meraviglioso in generale: molto evocativi, molto emozionanti. Direi che è una delle mie foto migliori. Nell'altra, invece, l'uomo stava portando una bara al cimitero, penso che fosse stanco e avesse deciso di fermarsi per riposarsi.

A.M.: Com'era l'Italia di quegli anni?
E.E.: Per me è stato un periodo molto interessante, in particolare in relazione alla cinematografia. Il cinema neorealista dell'epoca è ancora il migliore. Ho imparato molto da quei film, o perlomeno ne sono stato spesso ispirato per scattare le mie immagini: il bianco e nero, il realismo senza artificio...

A.M.: Senza necessariamente un lieto fine.
E.E.: Sì, esatto. Erano reali, quello era un periodo reale. Anzi, credo che ogni periodo che emerga da una guerra sia emotivamente interessante.

A.M.: Qual è il tuo rapporto con il cinema, al quale hai dedicato molte delle tue energie?
E.E.: Ho dedicato più che delle energie, ho fatto una serie di film io stesso per la televisione. Ho iniziato girando per conto mio, con fondi personali, in seguito sono stato assunto dal canale televisivo americano Home Box Office, per il quale, negli anni ottanta, ho realizzato diciotto film. Poi ho smesso per tornare a occuparmi a tempo pieno del mio lavoro.

A.M.: Sei uno dei fotografi che erano presenti sul set del film *Gli Spostati* di John Huston, del 1960 (p. 82). Vuoi raccontarci di quell'esperienza e del tuo rapporto con Marilyn? E con Hollywood (p. 62)?
E.E.: Il mio rapporto con Hollywood consiste nel fatto che ci ho vissuto! Ho passato i primi anni della mia vita in Italia. Quando avevo nove anni e mezzo ci siamo trasferiti in Francia per un anno, e dopo siamo emigrati negli Stati Uniti. Prima a New York e poi a Los Angeles, proprio a Hollywood, dove ho frequentato il liceo e i primi due anni di college. Sono stato su molti set di film e questo è uno dei più interessanti per le persone che vi erano coinvolte, anche perché è stato l'ultimo per molte di loro: in un modo o nell'altro sono morte tutte. E non c'è niente che sia più d'aiuto a una carriera che morire giovani. Come è accaduto a Marilyn Monroe, per esempio. L'ho fotografata molte volte, in diverse occasioni, è stato sempre emozionante. Era molto bella, mi piaceva.

A.M.: Hai testimoniato anche importanti momenti della politica internazionale: Nixon e Krusciov (p. 86) a serrato confronto nel 1959. Nel 1963 invece eri presente ai funerali di John Kennedy (p. 84).
E.E.: In realtà sono foto politiche soltanto per le persone ritratte, altrimenti sarebbero semplicemente immagini. La prima ha avuto grande richiamo nel periodo in cui è stata realizzata forse a causa dell'apparente aggressione del politico americano nei confronti del capo di Stato russo. Nixon l'ha utilizzata per la sua campagna elettorale, che comunque ha perso. La foto di Jacqueline Kennedy al funerale del marito, al contrario, non credo sia un'immagine politica: è la testimonianza di un evento molto triste. Sono stato accreditato per un certo periodo come fotografo alla Casa Bianca, durante la presidenza di Kennedy, per questo ho avuto accesso a quell'evento, così come ad altri.

A.M.: Dalla politica all'orrore: Auschwitz (p. 52). Per un ebreo che cosa ha significato fare uno scatto di questo tipo?
E.E.: Si tratta di un'immagine dell'entrata del campo di concentramento. Non c'è nulla di misterioso al riguardo, è semplicemente un crudo promemoria di un luogo che vivrà nell'infamia per sempre. Ritengo sia importante mostrare i luoghi dove accadono cose brutte, così come quelli dove accadono cose belle.

A.M.: Hai fotografato la memoria storica, civile, intima, ma anche i depositi della memoria, i musei, riuscendo a raccon-

tare il rapporto che si viene a creare fra il pubblico e l'oggetto esposto (pp. 104, 106-108).
E.E.: Viaggio molto e ogni qual volta ne ho il tempo e l'opportunità visito musei, perché è lì che puoi trovare l'ispirazione – perlomeno io vengo ispirato da elementi visivi. Ho pubblicato un libro intitolato *Museum Watching*[2], una raccolta di immagini che ho scattato nei musei di tutto il mondo. La gente che osserva l'arte, e forse l'arte che ricambia lo sguardo, è uno dei miei interessi principali.

A.M.: Nella fotografia del Museo del Prado (p. 105), del 1995, pare addirittura che il pubblico maschile guardi con maggiore attenzione il quadro di Goya con la *Maja desnuda* rispetto a quello con la *Maja vestida*.
E.E.: Ho aspettato molto tempo affinché quella situazione si creasse, e alla fine ha funzionato. Quest'immagine è stata ripresa recentemente in una pubblicità di moda. Mi pare sia piuttosto divertente.

A.M.: New York, 1978: un palazzo con appoggiate delle gambe gigantesche (p. 41). Si può considerare una fotografia di paesaggio?
E.E.: Non so se sia un paesaggio, forse è più una veduta urbana. Direi che, di nuovo, si tratta di una stranezza visiva che ha colto la mia attenzione.

A.M.: Così come l'immagine scattata in Argentina nel 2001: un crocefisso con davanti un cartellone pubblicitario della Pepsi (p. 63). Forse, da un punto di vista religioso, potrebbe apparire blasfema, anche se in realtà sono semplicemente due mondi a confronto.
E.E.: Non so perché l'immagine dovrebbe essere considerata blasfema, racconta semplicemente come stanno le cose. C'è qualcosa di male nella Pepsi Cola? [*ride*]. In ogni caso, credo che sia solo una giustapposizione strana e inusuale.

A.M.: Dalla provocazione al mistero: la sagoma che rivolge lo sguardo verso l'infinito nella fotografia scattata a New York nel 1955 (p. 39). Quale storia nasconde?
E.E.: Non sono sicuro che sia misteriosa. È una foto scattata al Rockefeller Center guardando all'Empire State Building, ed è la copertina di un mio grande libro, un'immagine che mi piace molto, in un certo senso simbolica della mia città. Tutto qui. Penso che le immagini si debbano osservare, non descriverle più di tanto a parole. Del resto, si sarà già capita la mia ritrosia nel raccontarmi...

A.M.: Sei riuscito a fotografare il pieno, ma sei stato anche capace, in alcuni casi, di rendere l'idea del vuoto. Una stanza spopolata con una terribile carta da parati (p. 49) fa il paio con un ambiente in cui è soltanto una televisione accesa che va per conto suo (p. 47). L'uomo è assente.
E.E.: La prima fa parte di una serie che ho realizzato sul cattivo gusto nel sud della Florida, nello specifico a Miami. La seconda è l'immagine di una stanza d'albergo, probabilmente a sud, nel Texas. Immortalo ciò che vedo. Potrei dire che è una sorta di diario dei miei ultimi sessant'anni. Alcune immagini fanno parte di lavori che mi avevano commissionato, altre no, sono state scattate semplicemente perché mi piace fotografare.

A.M.: Negli anni settanta, infatti, hai realizzato un progetto sulle camere d'albergo, in Inghilterra e in Francia (p. 48), perché?
E.E.: Le camere d'albergo, con le loro diverse tipologie, mi appaiono spesso interessanti. Viaggiando molto ne ho viste parecchie. A volte scatto una fotografia e funziona: ad attirarmi può essere il design, un ricordo, un umore...

A.M.: In passato hai raccontato di avere regalato a coppie appena sposate o a quelle che stavano divorziando una tua foto del 1967 raffigurante un matrimonio a Bratsk, in Siberia (p. 147). Quanto conta per te l'ironia nella vita e nel lavoro?
E.E.: Più che ironia direi un senso dell'umorismo e dell'assurdo, ma forse l'ironia è proprio questo? Non so. Tuttavia penso che un giudizio su questo aspetto possa essere dato dagli altri, non da me.

A.M.: Un bambino nero che si punta una pistola alla tempia (p. 92): un'immagine del 1950 che hai definito come la tua preferita, come mai?
E.E.: È una delle mie preferite, insieme ad altre che si trovano in catalogo. Mi piace perché può essere interpretata in molti modi diversi: divertente, tragica, stupida.

A.M.: Bambini, adulti, in generale le persone sono spesso le protagoniste delle tue foto. In molte, ad esempio, ritroviamo le spiagge della domenica (pp. 96, 99-100), quelle vicine alle città, in cui la gente si accalca nella speranza di prendere un raggio di sole.
E.E.: Be', mi piace andare in spiaggia, allo stesso modo in cui mi piace andare nei musei: è un ottimo luogo dove scattare fotografie, visto che non c'è nient'altro da fare se non abbronzarsi.

A.M.: Modeste (p. 153) o appartenenti alla Middle Class (pp. 148, 150-151), anche le famiglie sono protagoniste di alcune tue immagini. Si tratta di un'indagine di matrice sociale?
E.E.: Io non indago, scatto semplicemente, se le immagini assumono un significato per l'osservatore mi sta bene, ma va bene anche se ciò non accade. Quelle che mi stai mostrando, in un certo senso, posso dire di averle realizzate al volo. Sono basate su varie osservazioni, che in fin dei conti è tutto ciò di cui la buona fotografia è fatta: principalmente osservazione dei fenomeni.

A.M.: Ancora una famiglia, borghese, seduta su un divano (p. 149). Ognuno dei suoi componenti sembra fare a gara per mostrarsi più degli altri.
E.E.: L'immagine descrive un po' il modo in cui appariva la gente negli anni sessanta, per lo meno la donna. In questo caso si tratta di una famiglia del centro degli Stati Uniti. Alcuni pensano sia una foto divertente, altri meno. A quella famiglia è piaciuta, tanto che mi hanno chiesto di realizzare delle stampe per loro. Devo dedurne che si sono sentiti ben rappresentati.

A.M.: Gente agghindata sul divano, ma anche uomini e donne in costume adamitico nei campi nudisti (pp. 32, 142, 145). Da dove nasce il tuo interesse per questo fenomeno?
E.E.: Ho scattato fotografie di colonie nudiste, accampamenti nudisti, spiagge nudiste, perché penso che siano soggetti divertenti. È però necessario un po' di giudizio e di gusto quando

si fotografano delle persone nude, altrimenti le immagini rischiano di risultare pacchiane, e io non voglio, tanto meno volgari. Voglio solo essere divertente e i nudisti, ripeto, lo sono. Ho girato anche un film in una colonia nudista, l'immagine del 1983 dell'uomo che cerca di influenzare la giuria in una competizione è tratta da una scena del mio film.

A.M.: Poi ci sono gli animali, con i quali hai un rapporto intenso, in particolare con i cani, spesso protagonisti delle tue foto. Nel 1946, quando avevi solo 18 anni, hai fatto una fotografia geniale (p. 19) in cui ti poni al livello di un cane: si vedono, infatti soltanto un chihuahua con tanto di cappotto di maglia e i piedi della sua padrona.
E.E.: I cani sono creature comprensive, presenti ovunque nel mondo. Non li disturba essere fotografati, non chiedono le stampe... essenzialmente per me sono persone interessanti con più peli.

A.M.: Uno dei due bulldog che hai ritratto nel 2000 (p. 21), seduto sulle scale di una tipica casetta newyorkese, sembra avere gambe umane. Gli hai chiesto tu di mettersi in quella posizione?
E.E.: Assolutamente no. È una foto casuale. Mi trovavo dietro l'angolo di casa mia, a New York. Sono passato di lì e ho visto l'uomo, un *dog-walker* di professione, con i due cani. Erano tutti e tre seduti, stavano facendosi gli affari loro e io non ho resistito.

A.M.: E il pellicano in perfetto parallelismo con un rubinetto, in Florida, nel 1968?
E.E.: Intendi chiedermi se fosse l'uccello a essersi messo in posa o il rubinetto? Credo che la risposta sia la combinazione di entrambe le opzioni. Si tratta semplicemente di un punto di vista fortunato. Stavo guidando attraverso una delle isole Keys, ho visto questa situazione, ho fermato la macchina e ho scattato la fotografia: niente di più. Spesso mi sono capitate situazioni del genere.

A.M.: Nei tuoi lavori la composizione è perfetta. Quanto c'è di costruito nell'immagine con il marinaio a New York del 1950?
E.E.: Tutte le immagini dovrebbero essere, se non perfette, per lo meno bilanciate, graficamente e geograficamente corrette. La composizione è assolutamente fondamentale e basilare per qualsiasi fotografia. Questa è solo una fra le molte che ho scattato di quel momento. Se guardi i provini, vedrai una gran quantità di immagini imperfette con lo stesso soggetto. Tra le tante, con una ricerca paziente e insistente, si riesce poi a trovare quella che funziona. Certo, una buona foto è il risultato di un'attesa, ma anche di una certa capacità visiva nel sapere cogliere quali equilibri abbiano senso e cosa renda efficace una composizione. Direi che è la componente fondamentale.

A.M.: Di fronte a situazioni come queste, cosa suscita il tuo interesse?
E.E.: Le idee vengono dopo che l'immagine è stata realizzata. Credo che la maggior parte delle volte sia andata così: ho scattato delle foto in base al mio istinto e poi, in seguito, ho fatto delle considerazioni al riguardo.

A.M.: Vorrei concludere questa nostra conversazione parlando di un'immagine che ti trova coinvolto personalmente. È una fotografia del 1953 (p. 155) in cui sono ritratti la tua prima moglie, la tua prima figlia e il tuo primo gatto. Ha fatto parte di una delle più importanti mostre di fotografia del XX secolo, *The Family of Man*, curata nel 1955 da Edward Steichen. Ci puoi parlare del tuo rapporto con questo grande maestro?
E.E.: È stato molto bello. Andavo spesso da lui all'inizio del mio percorso nella fotografia. A Steichen piaceva quel che facevo. Mi ha aiutato parecchio, presentandomi molte persone, e questo di certo ha favorito la mia carriera.

New York-Milano, aprile 2013
(con la collaborazione di Sara Schifano)

[1] Le cosiddette "leggi per la difesa della razza", di stampo fortemente antisemita, furono lette per la prima volta da Benito Mussolini il 18 settembre del 1938, dal balcone del Municipio di Trieste.
[2] Elliott Erwitt, *Museum Watching*, Phaidon Press, London 1999.

AN EXCHANGE WITH ELLIOTT ERWITT

ANGELA MADESANI

Elliott Erwitt is a bright and witty eighty-four year-old who speaks about his work in a natural way, with no trace of overstatement. Yet, his story is a long and eventful one.

Born in Paris, he spent the first years of his life in Milan. The year 1938 was a terrible one for his Jewish family and it was not safe for them to remain in Italy.[1] So the Erwitts returned to Paris, in order to then move to America. Already in his high school days in Hollywood, Elliott started taking photographs in the street – such as the famous 1946 one that shows a dog in a sweater at the feet of its owner, all from the animal's point of view.

The year 1948 was a very important one for Elliott, as he made the acquaintance of three legends of international photography: Edward Steichen, Robert Capa – who a few years later invited him to join Magnum Photos – and Roy Stryker, the photographer-economist who had been the head of the Farm Security Administration, the queen of all photographic missions. The three of them took the young man under their wing, acting as his mentors.

Over the years, Erwitt travelled a fair deal and took countless pictures. His subjects are the most varied: from landscapes to cinema (which he personally engaged in), from "stolen" portraits of people to animals, images of socio-political relevance, and cityscapes. Everything he had turned into a photograph would somehow strike him and spark his imagination. Hence he would always take repeated shots in order to select the most balanced picture, the one that worked best from a compositional point of view.

We met the photographer in his New York studio, on the ground floor of an elegant palace overlooking Central Park, on a bright early-spring day. New York is where Erwitt's operational headquarters are located; he settled here in the early 1950s, although "settling" acquires a special meaning in his jargon: it refers to the place you find yourself in until you move somewhere else. Erwitt's studio is plastered with pictures tracing a long personal and photographic history. We have asked him to tell us about his work method, and how this has changed over the years.

A.M.: On several occasions you've claimed that most of your photographs are snaps, random shots.
E.E.: From the time I first started taking pictures many years ago, down to the present day, I have never changed method. I only photograph what seems interesting to me from a visual perspective.

A.M.: Many of your pictures have become icons. How do you feel at the thought of having created photographs that are part of the collective imagination?
E.E.: Well, if the opposite were the case, that would be worse. What do you say?

A.M.: Some of your photographs transcend time. They could have been taken yesterday or fifty years ago. In this respect, may we describe them as classics, in the broadest sense of the term?
E.E.: I believe it is up to others to judge my pictures, not me.

A.M.: Over the last few years, an increasing number of young people have taken up photography. What advice would you give them?
E.E.: To practice it as a hobby, but find a full-time job. This is the best advice I can offer. If the hobby then turns into something more serious, they can make a living out of it. Still, it is a very tough job, so I can't easily recommend it as a career.

A.M.: What does Magnum mean to you?
E.E.: Magnum, which I joined in 1953, is an agency that was founded by a group of free spirits, people who wanted to work not for anyone in particular, but for everyone in general. It was a sort of central office for the distribution of pictures. This is how things worked in the old days of journalism and magazines. Then the agency developed into something different, to meet market demands.

A.M.: There is one very moving picture (p. 85) related to Robert Capa, one of the founders of Magnum. It shows the great photographer's mother crying over the grave of her son, not long after his death, in 1954.
E.E.: Robert Capa's mother and I were friends. Clearly, she

was very grieved by that tragic loss. Every now and then I would drive her to the cemetery, about fifty miles away from New York City. So I took this photograph while I was with her, but only printed it many years later, because I felt it was a bit of an intrusion: Robert's brother was still alive and I didn't wish to offend the family.

A.M.: In the mirror of a car parked on a beach we see a man and a woman exchanging a passionate kiss (p. 161). This is a photograph from 1955, which again you only printed twenty-five years later.
E.E.: You take many pictures on trips that you then keep without necessarily publishing them. So when I was examining my proofs I noticed this one, which had originally escaped me. I printed it and, again by chance, it became one of my most distinctive pictures. In recent years I have started re-examining my work, finding others I had overlooked or simply never developed. This is what you do when you get old.

A.M.: As a photo-reporter, you've travelled to Russia, Cuba, Finland, Brazil, Japan and a host of other countries.
E.E.: I've had a multifarious career and reporting has been an important part of it. Probably the most interesting part, as it meant travelling the world, seeing things, and recording them; and then, if all went well, also publishing them and sharing them with others. After all, this is the path I've chosen in life, and it's been a fundamental stage.

A.M.: The 1955 photograph (p. 154) of a man and a boy with two baguettes on a bicycle, on a road in Provence, is a very famous shot that captures the spirit of France.
E.E.: Indeed, that picture was shot for the French government, as an ad for their tourist board. It's a good photograph, which at the same time serves its purpose well.

A.M.: Perhaps because I'm Italian, I find photographs such as the ones you took in Venice (p. 94) and Tuscany in 1949 (p. 135) particularly striking. They tell of an impoverished Italy, which we later attempted to erase. You were just over twenty at the time.
E.E.: The first picture, the one with the children, was taken just after the end of World War II. I think it captures the spirit of the period, and in any case children are a wonderful subject in general – they're highly evocative, highly moving. I would say it is one of my best photos. In the other, the man was taking the coffin to the cemetery; I think he was tired and decided to take a short break.

A.M.: What was Italy like in those years?
E.E.: For me that was a very interesting period, especially with regard to cinematography. The Neorealist cinema of those years is still the best. I've learned a lot from those films, or at any rate I've often drawn inspiration from them for my shots: black & white, realism with no artificiality...

A.M.: And not a necessarily happy ending either...
E.E.: Yes, that's right. They were real, that was a real period. In fact, I believe that every period emerging from a war is emotionally interesting.

A.M.: What is your relation to cinema, to which you have devoted so much energy?
E.E.: I've devoted more than just energy: I've produced a series of television films. I started shooting on my own, with personal funds, but was then hired by the American television channel Home Box Office. In the 1980s I produced eighteen films for them. I then stopped in order to get back to my work full-time.

A.M.: You were among the photographers on the set of John Huston's film *The Misfits* in 1960 (p. 82). Would you like to tell us about that experience and your relation with Marilyn? And Hollywood (p. 62)?
E.E.: My relation with Hollywood consists in the fact that I've lived there! I spent the early years of my life in Italy. When I was nine and a half, we moved to France for a year, and then emigrated to the United States. First to New York and then to Los Angeles – that is, Hollywood, where I attended high school and the first two years of college. I've been on the set of a number of films, and the one you mentioned is one of the most interesting ones because of the people involved, and also because it was the last film for many of them: in one way or another, they all died. And nothing makes a career as much as an early death. As in Marilyn Monroe's case, for instance. I photographed her on several occasions, and it was always pleasant. She was very beautiful, and I liked her.

A.M.: You've also recorded important moments in international politics: Nixon and Khrushchev (p. 86) caught in heated conversation in 1959. In 1963 you attended John Kennedy's funeral (p. 84).
E.E.: Actually, these are only political photos because of the people portrayed, because otherwise they would be simple pictures. The first one had a wide appeal in the period in which it was taken, possibly because of the apparent aggressiveness shown by the American politician towards the Russian head of state. Nixon used it for his electoral campaign, which he in any case lost. Instead, I don't think the photo of Jacqueline Kennedy at her husband's funeral is a political picture: it is the recording of a very sad event. For some time, I was accredited as a photographer at the White House, during Kennedy's presidency, which is why I gained access to the funeral – along with other events.

A.M.: From politics to horror: Auschwitz (p. 52). For a Jew such as yourself, what does it mean to take a shot of this kind?
E.E.: It's a picture of the entrance of the concentration camp. There's nothing mysterious to it, it's simply a crude reminder of what will always be an infamous place. I believe it's important to show places in which ugly things happen, as well as places where nice things happen.

A.M.: Your photographs have recorded historical, civil, personal memories, as well as depositories of memory – museums – by illustrating the relation the public establishes with objects (pp. 104, 106-108).
E.E.: I travel a lot and visit museums whenever I get the time or opportunity to do so, because that is where you can find

inspiration – at any rate, I find inspiration in visual elements. I've published a book entitled *Museum Watching*,[2] a collection of pictures I've shot in museums across the world. People gazing at art – with art perhaps returning their gaze – is one of my main interests.

A.M.: In the photograph of the Prado Museum from 1995 (p. 105), it even seems as though the male public is gazing more attentively at Goya's painting *La Maja Desnuda* than at *La Maja Vestida*.
E.E.: I waited for quite some time for a situation of this kind to arise, and in the end it worked. This picture was recently reproduced for a fashion ad. I think it's pretty amusing.

A.M.: New York, 1978: a palace with huge legs resting against it (p. 41). Could this be regarded as the photograph of a landscape?
E.E.: I don't know whether it's a landscape; perhaps it's a cityscape. Again, I would say it's a visual oddity that caught my attention.

A.M.: Just like that picture you took in Argentina: a crucifix facing a Pepsi billboard (p. 63). It might seem blasphemous from a religious point of view, even though ultimately all it shows are two contrasting worlds...
E.E.: I don't know why this should be regarded as a blasphemous picture: it only tells things as they are. What's wrong with Pepsi Cola? [*laughing*]. In any case, I think it's simply a strange and unusual juxtaposition.

A.M.: From provocation to mystery: the silhouette casting its gaze on the infinite in the photograph you shot in New York in 1955 (p. 39). What is the story behind this picture?
E.E.: I'm not sure it's mysterious. It's a photo of the Rockefeller Center from the Empire State Building and the cover of a great book of mine, a picture I really like, a symbolic one for my city, in a way. That's all. I think that pictures should be gazed at, and not so much described in words. Besides, my reluctance to talk about myself must be apparent by now.

A.M.: You have succeeded in photographing fullness, but in some cases you have also succeeded in conveying the idea of emptiness. An empty room with ghastly wall paper (p. 49) finds a fair match in a room with only a television glaring (p. 47). Man is absent.
E.E.: The first picture is part of a series I created on bad taste in southern Florida – Miami, to be more precise. The second is the picture of a hotel room, probably in the South, in Texas. I would photograph what I saw; I might say it's a kind of memoir of my past sixty years. Some pictures are part of works I'd been commissioned to do, while others are not and were simply taken because I like taking photographs.

A.M.: In the 1970s you also carried out a project on hotel rooms in Britain and France (p. 48). Why?
E.E.: I find hotel rooms interesting, in all their different forms. Having travelled a lot, I've gotten to see quite a few of them. Sometimes I take a shot and it works: it might be the design that attracts me, a memory, a feeling...

A.M.: You also stated in the past that you have given newly wed couples, or ones about to divorce, a photo of yours from 1967 showing a wedding at Bratsk, in Siberia (p. 147). How important is irony in your life and work?
E.E.: More than irony, I would say a sense of humour and of the absurd. But perhaps this is precisely what irony is. I'm not sure, but I'll have to repeat what I said earlier: I think that it is up to others to judge this aspect, not me.

A.M.: A Black child pointing a gun to his head (p. 92): an image from 1950 you've described as your favourite. How come?
E.E.: It's one of my favourites, along with the others featured in the exhibition. I like it because there are many different ways of interpreting it: as amusing, tragic, stupid...

A.M.: Children, adults, and people more generally are often the subjects of your photos. In many of them we find Sunday beaches (pp. 96, 99-100), those located near cities, where people crowd up hoping to catch a little sun.
E.E.: Well, I like going to the beach, just as I like going to museums: they're great places to take photographs, since there is nothing else to do there but get a tan.

A.M.: Modest (p. 153) or middle-class (pp. 148, 150-151) families are often the subjects of your pictures. Is yours a form of social investigation?
E.E.: I do not investigate, I only take shots. If the pictures acquire meaning for the viewer, I'm fine with that, but it's also fine if that doesn't happen. You could say that I took the pictures you are showing me off the cuff, in a way. They're based on various observations, which ultimately is what makes good photography: chiefly the observation of phenomena.

A.M.: Again a family, a middle-class family sitting on a sofa (p. 149). Its members seem to be vying for visibility.
E.E.: To some extent, the picture illustrates the way in which people, or at any rate women, looked in the 1960s. In this case, we have a family from the centre of the United States. Some find it an amusing picture, some don't. The family liked the photo, to the point that they even asked me to print some copies for them. I must infer that they felt well represented.

A.M.: Dressed-up people on a sofa, but also men and women in their birthday suit in nudist camps (pp. 32, 142, 145). How did you develop an interest for this phenomenon?
E.E.: I've taken photographs in nudist colonies, nudist campsites and nudist beaches, because I find them amusing subjects. Still, it takes some good sense and taste to photograph naked people, since the pictures may prove sleazy and I do not wish them to be – nor to come across as vulgar. I only wish to be amusing, and – I repeat – nudists are. I've also shot a film in a nudist colony: the 1983 picture of a man trying to influence the jury at a contest is from a scene in this film.

A.M.: We then have animals, with which you have a deep relation. This is especially the case with dogs, which are often the subjects of your photos. In 1946, at the age of only eighteen, you took a brilliant photograph (p. 19) by placing yourself on

the same level as a dog: all we see is a chihuahua with a woollen jersey, and its owner's feet.
E.E.: Dogs are understanding creatures found all across the world. They don't mind being photographed, they don't ask for prints... for me, they're essentially interesting people with more hair.

A.M.: One of the two bulldogs (p. 21) you portrayed in 2000, sitting on the stairs of a typical New York house, seems to have human legs. Did you ask the dog to take that position?
E.E.: Not at all. It's a random photo. I was round the corner from my house, in New York. I passed by there and saw the man, a professional dog-walker, with two dogs. The three of them were sitting there, minding their own business, and I couldn't resist.

A.M.: And what about the pelican perfectly matching a tap in Florida, 1968?
E.E.: You mean: was the bird posing or was it the tap? I think the answer lies in the combination of both options. It's simply a lucky vantage point. I was driving across one of the Keys and noticed this situation. I stopped the car and took a shot: that's all. I've often encountered situations of this sort.

A.M.: The composition in your photographs is perfect. To what extent is the 1950 picture of a seaman in New York constructed?
E.E.: All pictures should be, if not perfect, then at least well balanced, graphically and geographically correct. Composition is absolutely crucial and essential for any photograph. This is only one of the many I took in that situation. If you look at the proofs, you'll find a large number of imperfect pictures with the same subject. After a patient and unrelenting search, out of the many you'll find one that works. Clearly, a good photo comes from waiting, but also from a certain visual ability to grasp what balances make sense, what makes a composition work. I'd say it is the fundamental component in pictures.

A.M.: What attracted your interest in situations such as these?
E.E.: Ideas come after you have shot your picture. I think this is how things went in most cases: I took some photographs following my instinct and then, later, made some considerations.

A.M.: Let us end this conversation by discussing a picture that has to do with you personally. It's a 1953 photograph (p. 155) portraying your first wife, your first daughter, and your first cat. It was featured in one of the most important photography exhibitions of the 20th century, *The Family of Man*, curated by Edward Steichen in 1955. Could you tell us about your relationship with this great master?
E.E.: It was a very good relationship. I would often visit him at the beginning of my photographic career. Steichen liked what I was doing. He helped me a lot, introducing me to many people, and this certainly aided my career.

New York-Milan, April 2013
(with the collaboration of Sara Schifano)

[1] Benito Mussolini first proclaimed the so-called "laws for the defence of the race", with markedly anti-Semitic overtones, on 18 September 1938, from the balcony of the town hall in Trieste.
[2] Elliott Erwitt, *Museum Watching*, London, Phaidon Press, 1999.

CONVERSATION AVEC ELLIOTT ERWITT

ANGELA MADESANI

Elliott Erwitt est un homme de quatre-vingt-quatre ans intelligent et spirituel, qui parle de son travail sur un ton très naturel et sans la moindre vanité. Il a pourtant derrière lui une longue histoire riche en événements.

Né à Paris, il passe les premières années de sa vie à Milan. Pour une famille juive, 1938 est une période terrible, car elle ne peut plus se sentir en sécurité en Italie[1]. Les Erwitt rentrent donc à Paris avant de partir pour l'Amérique. Dès ses années de lycée, à Hollywood, Elliott prend des photos dans la rue, comme la très célèbre image de 1946 montrant du point de vue de l'animal un chien enveloppé dans un manteau tricoté et les pieds de sa maîtresse.

1948 est pour lui une année très importante, car il rencontre trois monstres sacrés de la photographie internationale : Edward Steichen, Robert Capa, qui l'invite quelques années plus tard à rejoindre Magnum Photos, et Roy Stryker, l'économiste-photographe qui avait dirigé la Farm Security Administration, la reine des missions photographiques. Les trois hommes prennent le jeune sous leur aile protectrice et lui servent de mentor.

Au fil des années, Erwitt voyage beaucoup et prend plusieurs photos. Ses sujets sont on ne peut plus variés : les paysages, le cinéma, auquel il se consacre d'ailleurs directement, les portraits « volés » aux personnes et aux animaux, les images à contenu social et politique, les vues urbaines. Tout ce qu'il transforme en photographie le frappe d'une manière ou d'une autre, en excitant son imagination. Les clichés, toujours plusieurs, pour arriver à choisir en phase de sélection l'image la plus équilibrée, celle qui fonctionne le mieux du point de vue de la composition.

Nous l'avons rencontré dans son atelier de New York, au rez-de-chaussée d'un immeuble élégant donnant sur Central Park, par une belle journée ensoleillée de printemps. New York, où il s'est installé au début des années 1950, est le siège opérationnel d'Elliott Erwitt, bien que dans son vocabulaire, « s'installer » ait un sens très particulier : il indique le lieu où l'on se trouve jusqu'à ce qu'on aille autre part. Son atelier est tapissé d'images qui retracent une longue histoire humaine et photographique. Nous lui avons demandé de nous parler de sa méthode de travail, et de la manière dont elle a changé au cours des années.

A.M. : Tu as affirmé à plusieurs reprises que la plupart de tes photos sont des *snaps*, des instantanés.
E.E. : Depuis que j'ai commencé à prendre des photos, il y a bien des années, et jusqu'à aujourd'hui, je n'ai pas changé de méthode. Je photographie ce qui me paraît intéressant d'un point de vue visuel.

A.M. : Beaucoup de tes images sont devenues des icônes. Qu'est-ce qu'on éprouve en sachant que l'on a créé des photographies qui font partie de l'imaginaire collectif ?
E.E. : Eh bien, c'est le contraire qui serait triste. Tu ne crois pas ?

A.M. : Certaines de tes photos transcendent la dimension temporelle. Elles auraient pu être prises hier ou il y a cinquante ans. Pouvons-nous les considérer, en ce sens, comme des classiques, dans l'acception la plus complète du terme ?
E.E. : Je crois que ce sont les autres qui doivent juger mes photos, pas moi.

A.M. : Ces dernières années, il y a de plus en plus de jeunes qui veulent se consacrer à la photographie. Quels conseils leur donnerais-tu ?
E.E. : De pratiquer la photo comme un hobby, et de trouver un travail à temps plein. C'est mon meilleur conseil. Ensuite, si le hobby se transforme en quelque chose de plus sérieux, ils peuvent s'y consacrer et en faire leur profession. Mais comme c'est un travail très dur, je ne peux pas leur conseiller de s'y dévouer le cœur léger.

A.M. : Qu'est-ce que Magnum représente pour toi ?
E.E. : Magnum, où je suis entré en 1953, est une agence qui a été fondée par un groupe d'esprits libres, de gens qui ne voulaient travailler pour personne en particulier, mais pour tout le monde en général. C'était une sorte de bureau central pour la diffusion d'images. Ça fonctionnait comme ça, au bon vieux temps du journalisme et des magazines. Ensuite,

l'agence a évolué et s'est transformée en quelque chose de différent pour s'adapter aux exigences du marché.

A.M. : Il y a une photographie (p. 85) très émouvante qui concerne Robert Capa, un des fondateurs de Magnum. Elle montre la mère qui pleure sur la tombe de son fils, peu après sa mort, en 1954.
E.E. : La mère de Robert Capa et moi, nous étions amis. Bien entendu, elle a beaucoup souffert de cette disparition tragique. De temps en temps, je l'accompagnais en voiture au cimetière, à environ cinquante miles en dehors de New York City. Alors que j'étais avec elle, j'ai pris cette photographie, que j'ai tirée seulement des années plus tard, parce que j'avais l'impression que c'était une intrusion : le frère de Robert était encore vivant et je ne voulais pas offenser la famille.

A.M. : Dans le rétroviseur d'une voiture garée sur une plage, on aperçoit un homme et une femme qui s'embrassent passionnément (p. 161). C'est une photographie de 1955, et là aussi, tu l'as tirée vingt-cinq ans après l'avoir prise.
E.E. : Pendant les voyages, on prend beaucoup de photos que l'on conserve sans nécessairement les publier. Ainsi, en fouillant dans mes rouleaux, j'ai retrouvé celle-ci, que je n'avais pas remarquée à l'époque où je l'avais prise. Je l'ai tirée et, toujours par hasard, elle est devenue une des photos les plus représentatives de mon travail. Ces dernières années, j'ai commencé à regarder ma production et j'en ai trouvé d'autres que j'avais ignorées ou que je n'avais tout bonnement pas développées. Voilà ce qu'on fait quand on devient vieux.

A.M. : Comme photoreporter, tu as voyagé en Russie, à Cuba, en Finlande, au Brésil, au Japon et dans beaucoup d'autres pays.
E.E. : Le reportage a été une partie importante de ma carrière éclectique, et même probablement la partie la plus intéressante, parce qu'il m'a permis de voyager dans le monde entier, de voir des choses, de les documenter ; et puis, si tout se passait bien, de les publier et de les partager avec les autres. Au fond, c'est ce que j'avais décidé de faire dans la vie, et donc ça a été un moment fondamental.

A.M. : La photographie de 1955 (p. 154) avec un homme et un garçon à bicyclette avec deux baguettes de pain, sur une route de la Provence, est un de tes clichés les plus célèbres, une image iconique de la France.
E.E. : Et en effet, cette photographie a été prise pour le gouvernement français, c'est une publicité pour l'Office du Tourisme. C'est une bonne photographie, et, en même temps, elle est appropriée à l'objectif pour lequel elle a été prise.

A.M. : Je suis particulièrement frappée, peut-être parce que je suis italienne, par des photographies comme celles que tu as prises à Venise (p. 94) ou en Toscane, en 1949 (p. 135). Elles racontent une Italie pauvre, que nous avons essayé de refouler par la suite. À cette époque, tu avais à peine plus de vingt ans.
E.E. : La première, l'image des enfants, a été prise peu après la fin de la Deuxième Guerre mondiale. Je crois qu'elle représente un peu l'esprit de l'époque. En tout cas, les enfants sont en général un sujet merveilleux, ils sont très expressifs, très émouvants. Je dirais que c'est une de mes meilleures photos. Dans l'autre, par contre, l'homme apportait un cercueil au cimetière, je crois qu'il était fatigué et qu'il avait décidé de s'arrêter pour se reposer un peu.

A.M. : Comment était l'Italie à cette époque ?
E.E. : Pour moi, c'était une période très intéressante, en particulier en ce qui concerne le cinéma. Le cinéma néoréaliste de l'époque reste le meilleur qui soit. Ces films m'ont beaucoup appris, ou en tout cas ils m'ont inspiré pour prendre mes photos : le noir et blanc, le réalisme sans artifice...

A.M. : Sans forcément une fin heureuse...
E.E. : Oui, c'est cela. Ils étaient réels, c'était une période réelle. Je crois même que toute période qui émerge d'une guerre est intéressante sur le plan émotif.

A.M. : Quel rapport entretiens-tu avec le cinéma, auquel tu as consacré beaucoup d'énergie ?
E.E. : J'ai fait plus que lui consacrer de l'énergie, j'ai fait une série de films pour la télévision. J'ai commencé en tournant en indépendant, avec des fonds personnels, ensuite j'ai été engagé par la chaîne de télévision américaine Home Box Office. Dans les années quatre-vingt, j'ai réalisé dix-huit films pour eux. Ensuite j'ai arrêté, pour m'occuper de mon travail à temps plein.

A.M. : Tu es un des photographes présents sur le plateau du film *Les Désaxés* (p. 82) de John Huston, en 1961. Peux-tu nous parler de cette expérience et de tes rapports avec Marilyn ? Et avec Hollywood (p. 62) ?
E.E. : Mon rapport avec Hollywood consiste dans le fait que j'y ai vécu ! J'ai passé les premières années de ma vie en Italie. Quand j'avais neuf ans et demi, nous nous sommes installés en France pendant un an, puis nous avons émigré aux États-Unis. D'abord à New York, puis à Los Angeles, à Hollywood, où j'ai fréquenté le lycée et où j'ai fait mes deux premières années de *college*. J'ai été sur le tournage de nombreux films et ce film est l'un des plus intéressants en raison des personnes qui y ont travaillé, parce que ça a été le dernier pour beaucoup d'entre eux : d'une manière ou d'une autre, ils sont tous morts. Et il n'y a rien de tel pour favoriser une carrière que de mourir jeune ! Ce qui a été le cas de Marilyn, par exemple. Je l'ai souvent photographiée, en plusieurs occasions, ça a toujours été agréable. Elle était très belle, elle me plaisait.

A.M. : Tu as immortalisé aussi des moments importants de la politique internationale : Nixon et Khrouchtchev (p. 86) lors d'une confrontation serrée, en 1959. En 1963, tu étais présent à l'enterrement de John Kennedy (p. 84).
E.E. : En réalité, ces photos sont politiques seulement à cause des personnes représentées, autrement ce seraient simplement des images. La première a eu beaucoup de succès à l'époque où elle a été prise, peut-être à cause de l'agression apparente de l'homme politique américain à l'égard du chef d'État russe. Nixon s'en est servi pour sa campagne électorale,

mais il a quand même perdu les élections. Par contre, je ne crois pas que la photo de Jacqueline Kennedy à l'enterrement de son mari soit une image politique : c'est le témoignage d'un événement très triste. J'étais accrédité comme photographe à la Maison-Blanche pendant une certaine période, lors de la présidence Kennedy, c'est pour cela que j'y ai eu accès, comme à d'autres événements.

A.M. : De la politique à l'horreur : Auschwitz. Qu'est-ce que ça signifiait, pour un Juif, de faire une photo comme celle-ci (p. 52) ?
E.E. : Il s'agit d'une image de l'entrée du camp de concentration. Il n'y a rien de mystérieux, c'est simplement un témoignage cru d'un lieu qui vivra à jamais dans l'infamie. Je crois qu'il est important de montrer les endroits où arrivent des choses affreuses, tout comme ceux où il arrive de belles choses.

A.M. : Tu as photographié la mémoire historique, civile et intime, mais aussi les dépôts de la mémoire, les musées, en arrivant à raconter le rapport qui se crée entre le public et l'objet exposé (p. 104, 106-108).
E.E. : Je voyage beaucoup et chaque fois que j'en ai le temps et la possibilité, je visite des musées, parce que c'est là que je peux trouver l'inspiration – en tout cas, je suis inspiré par des éléments visuels. J'ai publié un livre intitulé *Museum Watching*[2], une série d'images que j'ai prises dans les musées du monde entier. Les gens qui observent l'art et, peut-être, l'art qui les regarde à son tour, est un de mes centres d'intérêt principaux.

A.M. : Dans la photographie du Musée du Prado (p. 105), de 1995, on a même l'impression que le public masculin regarde avec plus d'attention le tableau de Goya la *Maja desnuda* que la *Maja vestida*.
E.E. : J'ai attendu longtemps pour que cette situation se crée, et ça a fini par marcher. Cette image a été reprise récemment dans une publicité de mode. Je trouve ça plutôt amusant.

A.M. : New York, 1978 : un immeuble avec des jambes gigantesques appuyées contre lui (p. 41). Peut-on considérer cette image comme une photographie de paysage ?
E.E. : Je ne sais pas si c'est un paysage, c'est peut-être plutôt une vue urbaine. Je dirais de nouveau qu'il s'agit d'une curiosité visuelle qui a attiré mon attention.

A.M. : De même que l'image prise en Argentine : un crucifix derrière une affiche publicitaire de Pepsi Cola (p. 63). Elle pourrait peut-être paraître blasphématoire d'un point de vue religieux, même si en réalité ce sont seulement deux mondes en regard...
E.E. : Je ne vois pas pourquoi cette image devrait être considérée comme blasphématoire, elle raconte simplement comment sont les choses. Il y a quelque chose de mal dans le Pepsi Cola ? [*il rit*] En tout cas, je crois que c'est simplement une juxtaposition curieuse et inhabituelle.

A.M. : De la provocation au mystère : la silhouette qui tourne son regard vers l'infini dans la photographie prise à New York en 1955 (p. 39). Quelle histoire cache-t-elle ?
E.E. : Je ne suis pas sûr qu'elle soit mystérieuse. C'est une photo prise au Rockefeller Center, en regardant vers l'Empire State Building, et c'est la couverture d'un de mes grands livres, une image que j'aime beaucoup, symbolique de ma vie, en un certain sens. C'est tout. Je pense qu'il faut observer les images, en évitant de trop les décrire avec des mots. D'ailleurs, je pense qu'on a compris que je n'aime pas beaucoup parler de moi.

A.M. : Tu es arrivé à photographier le plein, mais tu as aussi été capable, dans certains cas, de rendre l'idée du vide. Une chambre vide, avec un papier peint horrible (p. 49) fait pendant avec une pièce où il y a seulement une télévision allumée que personne ne regarde (p. 47). L'homme est absent.
E.E. : La première photo fait partie d'une série que j'ai réalisée sur le mauvais goût dans le Sud de la Floride, plus exactement à Miami. La deuxième photo est l'image d'une chambre d'hôtel, probablement au Sud, dans le Texas. Je photographie ce que je vois, je pourrais dire que c'est une sorte de journal de mes soixante dernières années. Certaines images font partie de travaux que l'on m'avait commandés, d'autres non, elles ont été prises simplement parce que j'aime photographier.

A.M. : Dans les années 1970, tu as aussi réalisé un reportage sur les chambres d'hôtel en Angleterre et en France (p. 48), pourquoi ?
E.E. : Les chambres d'hôtel, avec leurs différentes typologies, me paraissent souvent intéressantes. Comme je voyage beaucoup, j'en ai vues beaucoup. Des fois, je prends une photographie et ça marche : je peux être attiré par le design, un souvenir, une humeur...

A.M. : Tu as raconté un jour que tu as offert à de jeunes mariés ou à des couples en instance de divorce une photo de 1967 représentant un mariage à Bratsk, en Sibérie (p. 147). Quelle est l'importance de l'ironie dans ta vie et dans ton travail ?
E.E. : Plutôt que d'ironie, je parlerais du sens de l'humour et du sens de l'absurde, mais c'est peut-être ça, l'ironie ? Je ne sais pas, mais je dois me répéter, je pense que ce sont les autres qui devraient exprimer un jugement sur cet aspect, pas moi.

A.M. : Un enfant noir qui pointe un pistolet contre sa tempe p. 92) : une image de 1950 dont tu as dit que c'est ta préférée : pourquoi donc ?
E.E. : C'est une de mes préférées, comme d'autres qui sont présentées dans l'exposition. Je l'aime, parce qu'on peut l'interpréter de bien des manières : amusante, tragique, stupide.

A.M. : Les enfants, les adultes, ce sont en général les gens qui sont au centre de tes photos. Il y en a beaucoup qui montrent les plages du dimanche (p. 96, 99-100), à côté de la ville, où les gens s'entassent dans l'espoir de profiter d'un rayon de soleil.
E.E. : J'aime aller à la plage, tout comme j'aime aller dans les musées : c'est un excellent endroit pour prendre des photos, étant donné qu'il n'y a rien d'autre à faire à part bronzer.

A.M. : Modestes (p. 153) ou appartenant à la classe moyenne (p. 148, 150-151), les familles sont souvent les sujets de tes images. S'agit-il d'une enquête de type social ?
E.E. : Je ne fais pas d'enquête, je prends des photos, c'est

tout, et si les images ont une signification pour l'observateur, je suis bien content, et tout aussi content dans le cas contraire. Les images que tu me montres, je peux dire que je les ai réalisées, en un certain sens, à la volée. Elles sont fondées sur des observations, et en fin de compte c'est de cela que chaque bonne photographie est faite : principalement l'observation des phénomènes.

A.M. : Encore une famille, bourgeoise, assise sur un divan (p. 149). On dirait que chacun de ses membres essaie de se montrer plus que les autres.
E.E. : Cette image décrit un peu la manière dont les gens apparaissaient dans les années 1960, en tout cas les femmes. Dans ce cas, il s'agit d'une famille du centre des États-Unis. Certains pensent que c'est une photo amusante, d'autres moins. La famille photographiée a aimé cette photo, d'ailleurs ils m'ont demandé d'en faire des tirages pour eux. Je dois en déduire qu'ils se sont sentis bien représentés.

A.M. : Des gens tirés à quatre épingles sur un divan, mais aussi des hommes et des femmes en costume d'Adam dans les camps nudistes (p. 32, 142, 145). D'où vient ton intérêt pour ce phénomène ?
E.E. : J'ai pris des photographies de colonies nudistes, de camps nudistes et de plages nudistes parce que je crois que ce sont des sujets amusants. Toutefois, il faut un peu de jugement et de goût quand on photographie des gens nus, parce que les images peuvent être de mauvais goût et je ne veux pas de ça, et encore moins paraître vulgaire. Je veux seulement être amusant et je le répète, les nudistes sont amusants. J'ai même tourné un film dans une colonie nudiste, l'image de 1983 de l'homme qui essaie d'influencer le jury lors d'une compétition est tirée de la scène de mon film.

A.M. : Et puis il y a les animaux, avec lesquels tu as un rapport profond, en particulier avec les chiens, qui sont souvent au centre de tes photos. En 1946, quand tu n'avais que dix-huit ans, tu as pris une photo géniale (p. 19) où tu te mets au niveau d'un chien : on voit seulement un chihuahua avec un manteau tricoté, et les pieds de sa maîtresse.
E.E. : Les chiens sont des créatures compréhensives, présentes dans le monde entier. Ça ne les dérange pas d'être photographiés, ils ne demandent pas les tirages... pour moi, fondamentalement, ce sont des personnes intéressantes avec plus de poils.

A.M. : Un des deux bulldogs (p. 21) que tu as pris en photo en 2000, assis sur l'escalier d'une petite maison new-yorkaise typique, a l'air d'avoir des jambes humaines. C'est toi qui lui a demandé de se mettre dans cette position ?
E.E. : Absolument pas. Cette photo est le fruit du hasard. J'étais derrière chez moi, à New York. Je suis passé par là et j'ai vu l'homme, un *dog-walker* professionnel, avec ces deux chiens. Ils étaient tous les trois assis là, bien tranquillement, et je n'ai pas pu résister.

A.M. : Et le pélican en parfait parallélisme avec un robinet, en Floride, en 1968 ?
E.E. : Tu voudrais savoir si c'est l'oiseau qui a pris la pose ou bien le robinet ? Je crois que la réponse est la combinaison des deux options. Il s'agit simplement d'un coup de chance. J'étais en train de traverser une des îles Keys en voiture, j'ai vu cette scène, j'ai arrêté la voiture et j'ai pris la photo : c'est tout. Je me suis souvent trouvé dans des situations de ce genre.

A.M. : La composition est parfaite dans tes photographies. Quelle est la part de construction dans l'image avec le marin à New York en 1950 ?
E.E. : Toutes les images devraient être, sinon parfaites, au moins équilibrées, graphiquement et géographiquement correctes. La composition est absolument fondamentale et essentielle pour n'importe quelle photographie. C'est seulement une des nombreuses photos que j'ai prises dans cette situation. Si tu regardes les planches-contact, tu verras un grand nombre d'images imparfaites avec le même sujet. Au milieu du lot, avec une recherche patiente et insistante, on arrive à trouver celle qui fonctionne. Certes, une bonne photo est le résultat d'une attente, mais aussi d'une certaine capacité visuelle à savoir reconnaître les équilibres qui ont du sens, ce qui rend une composition efficace. Je dirais que c'est la composante fondamentale des images.

A.M. : Dans une situation comme celle-ci, qu'est-ce qui a attiré ton intérêt ?
E.E. : Les idées viennent après que l'image a été prise. Je crois que le plus souvent, ça s'est passé comme ça : j'ai pris des photos en me fiant à mon instinct, et ensuite j'ai émis des considérations à leur sujet.

A.M. : Pour conclure cette conversation, parlons d'une image dans laquelle tu es impliqué personnellement. C'est une photographie de 1953 (p. 155) qui montre ta première femme, ta première fille et ton premier chat. Elle a été présentée dans une des expositions de photographies les plus importantes du XXe siècle, *The Family of Man*, organisée en 1955 par Edward Steichen. Peux-tu nous parler de ton rapport avec ce grand maître ?
E.E. : C'était magnifique. J'allais souvent chez lui au début de mon parcours dans la photographie. Steichen aimait ce que je faisais. Il m'a beaucoup aidé, en me présentant à un tas de gens, ce qui a certainement favorisé ma carrière.

New York-Milan, avril 2013
(avec la collaboration de Sara Schifano)

[1] Les « lois pour la défense de la race », très antisémites, ont été lues pour la première fois par Benito Mussolini le 18 septembre 1938, depuis le balcon de la mairie de Trieste.
[2] Elliott Erwitt, *Museum Watching*, Londres, Phaidon Press, 1999.

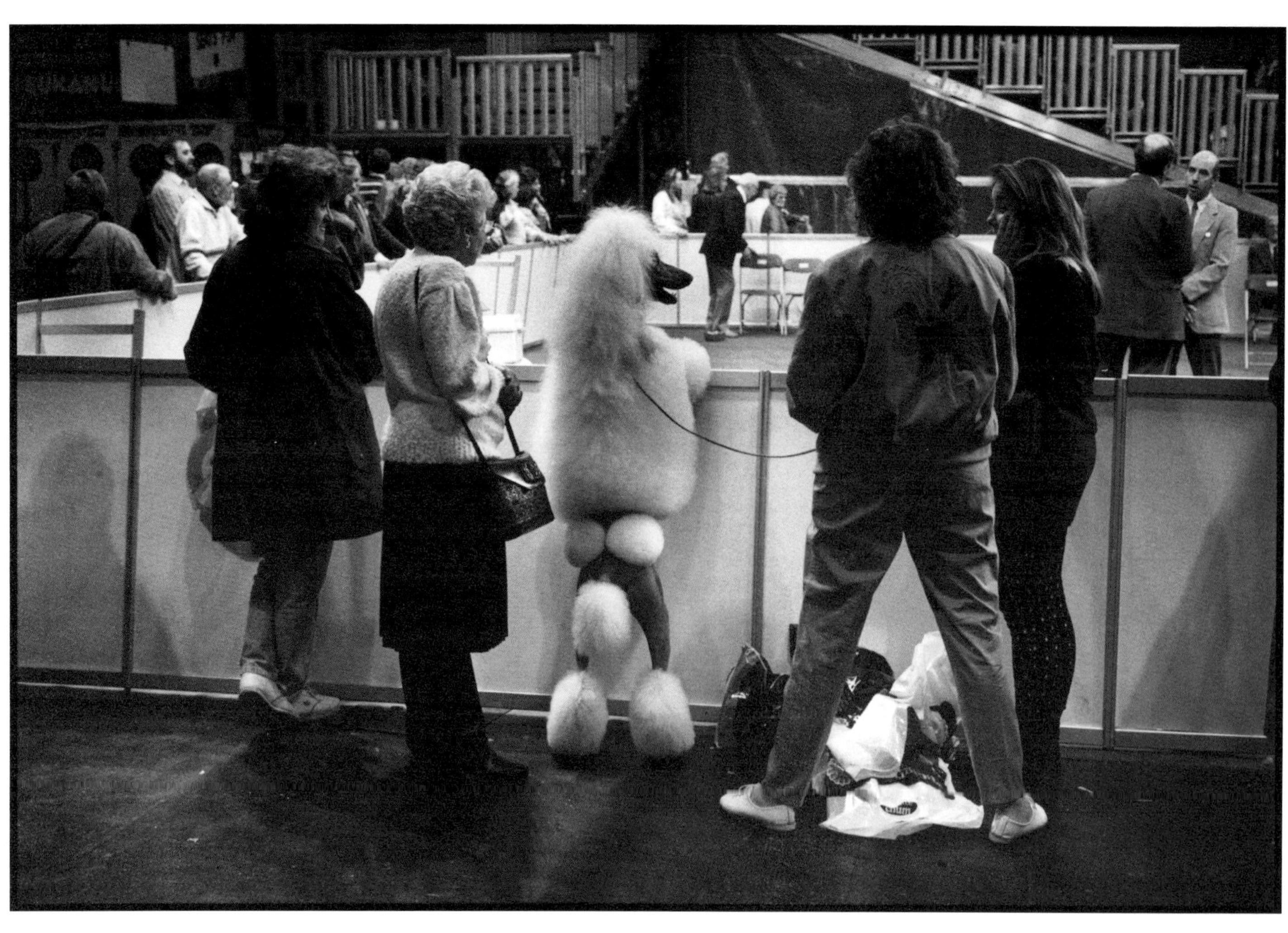

Birmingham, England, 1991

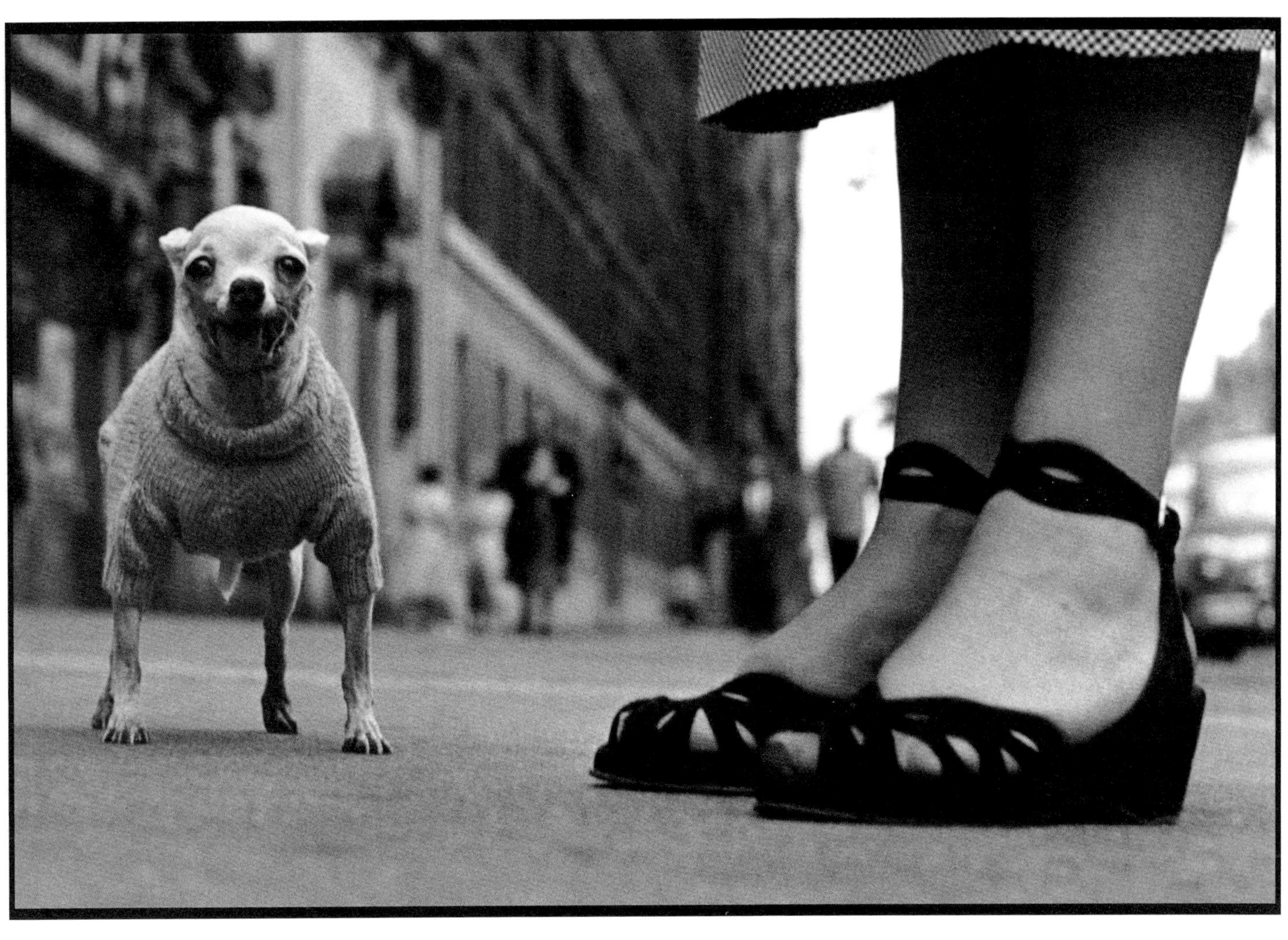

New York, USA, 1946

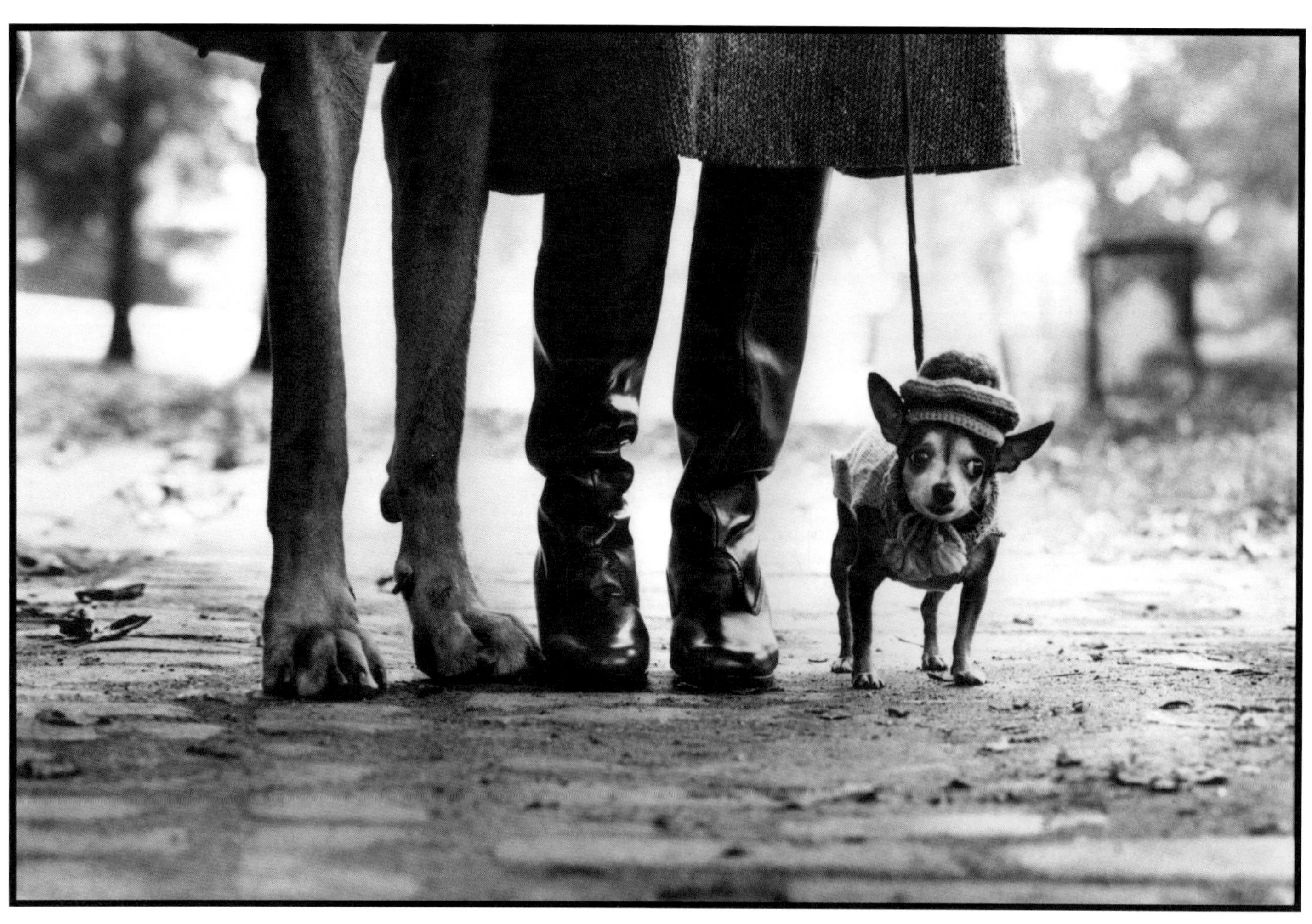

New York, USA, 1974

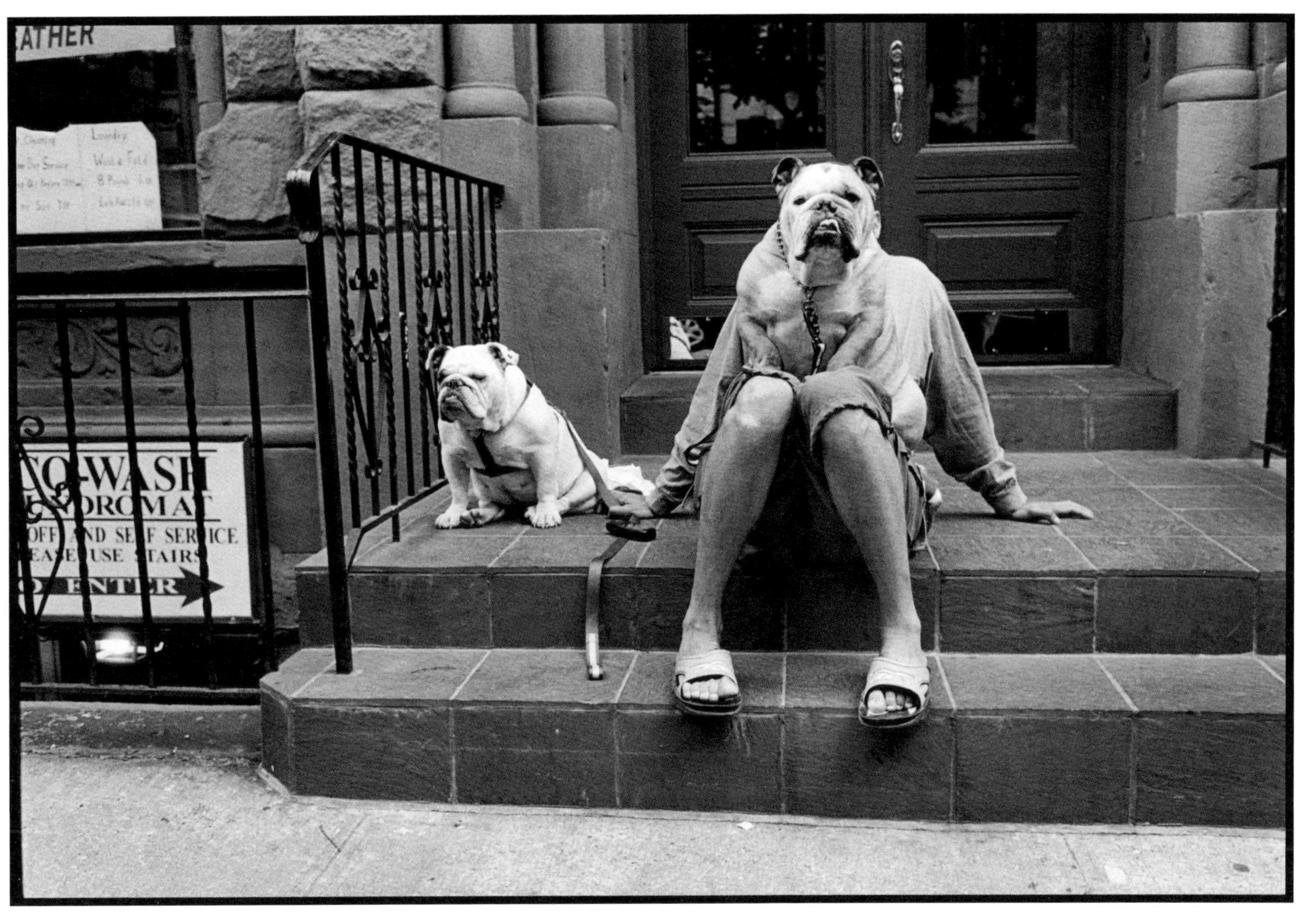

New York, USA, 2000

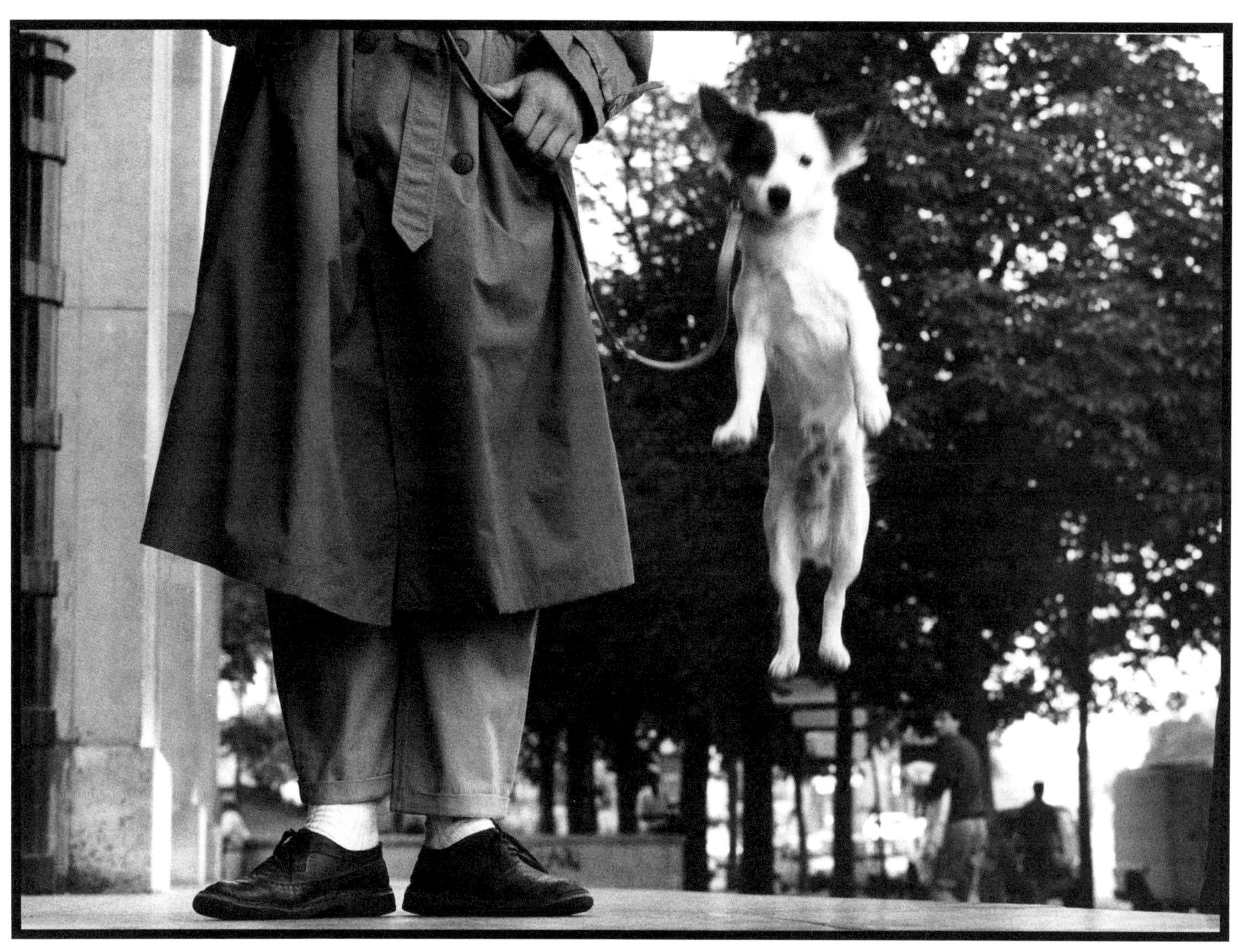

Paris, France, 1989

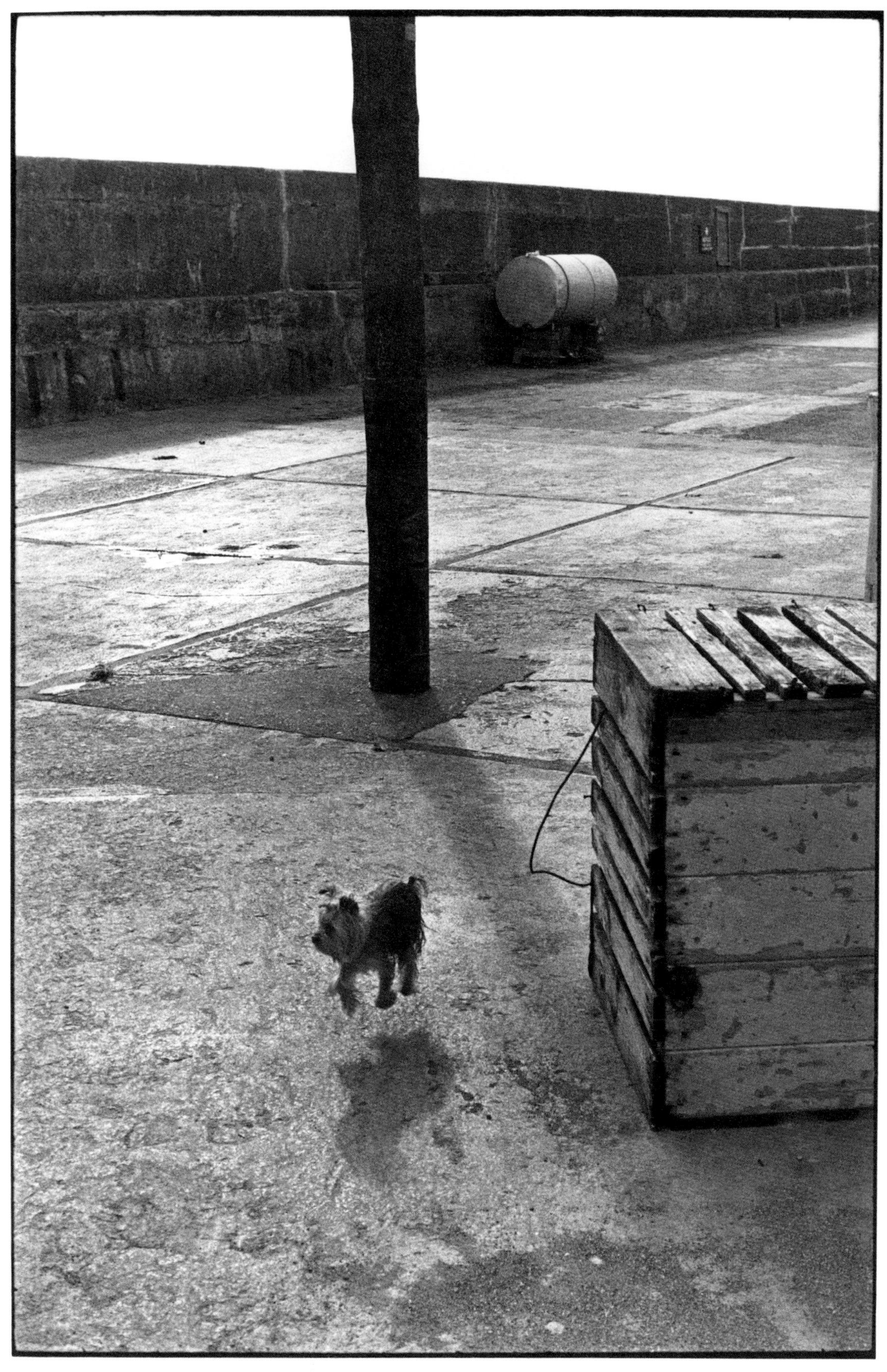

Ballycotton, Ireland, 1968

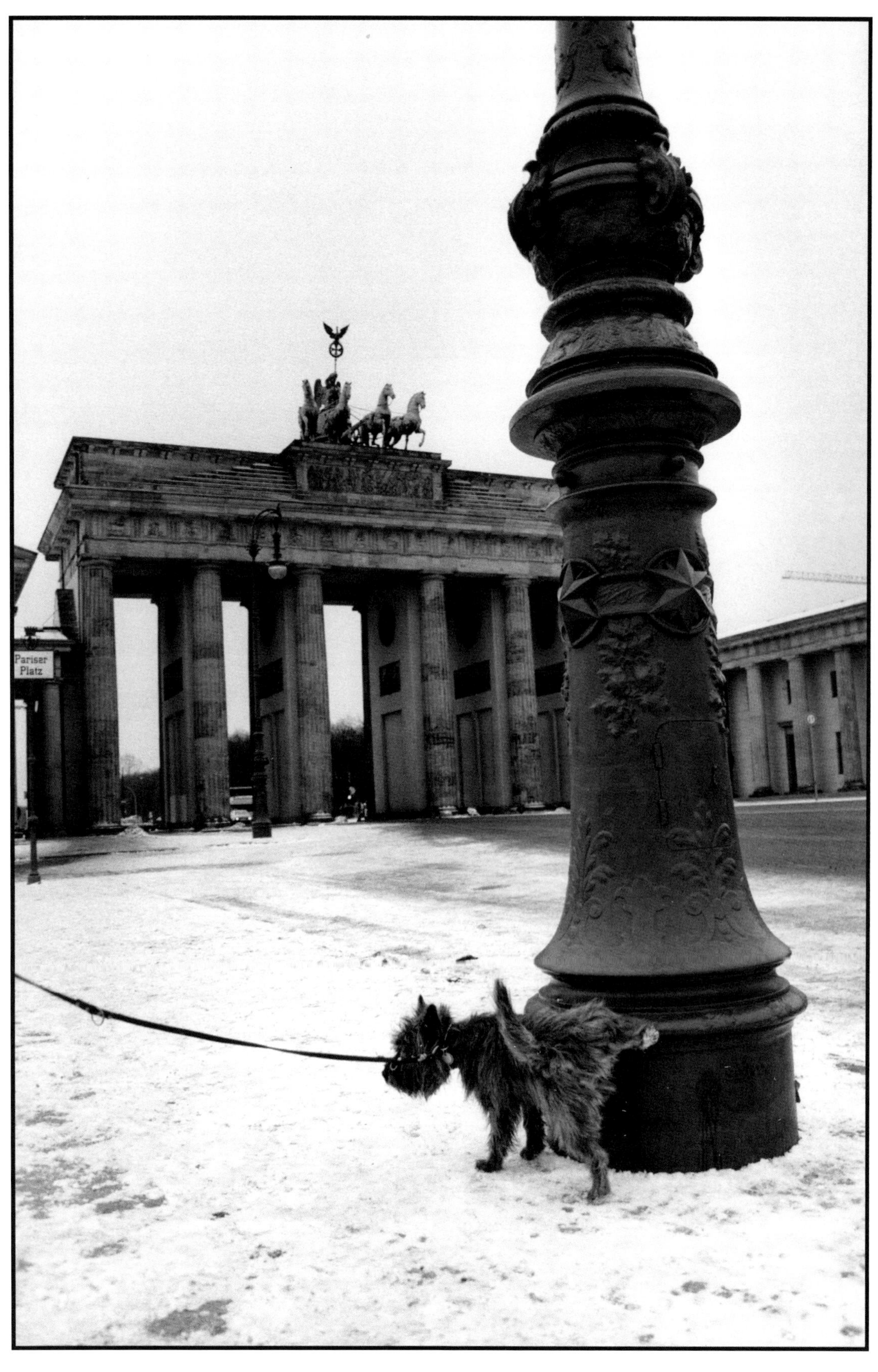

Berlin, Germany, 1995

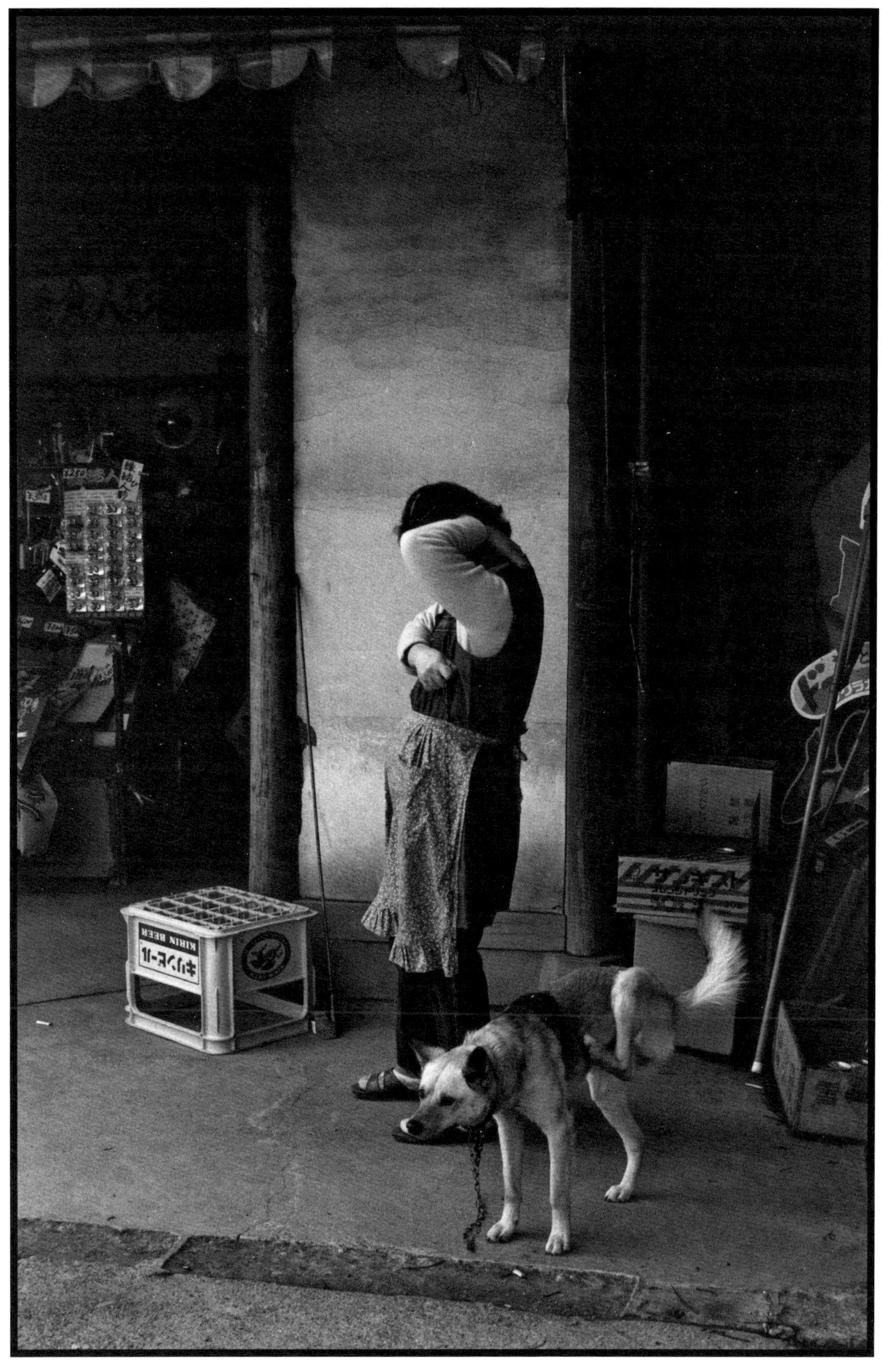

Kyoto, Japan, 1977

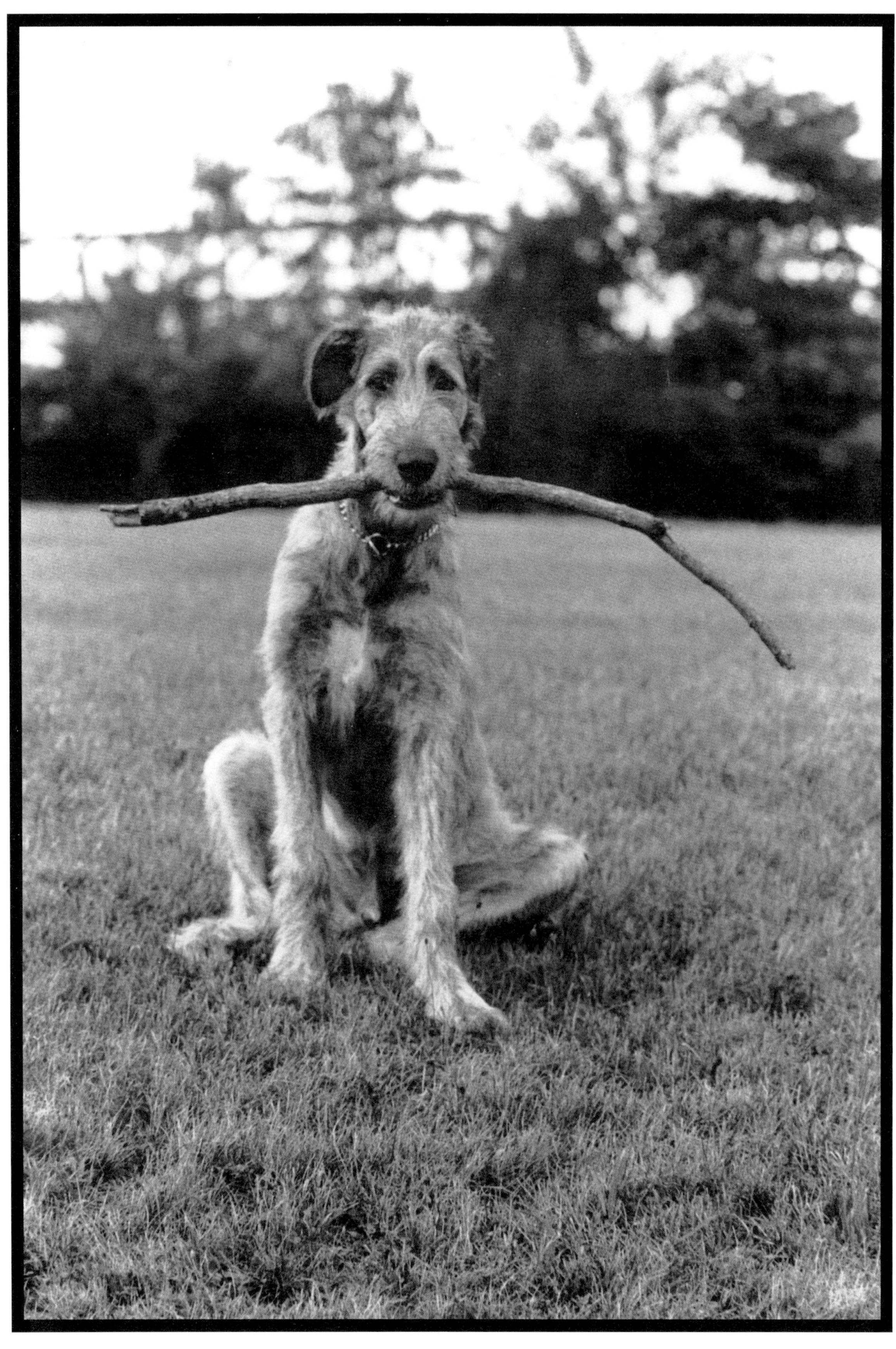

New Jersey, USA, 1971

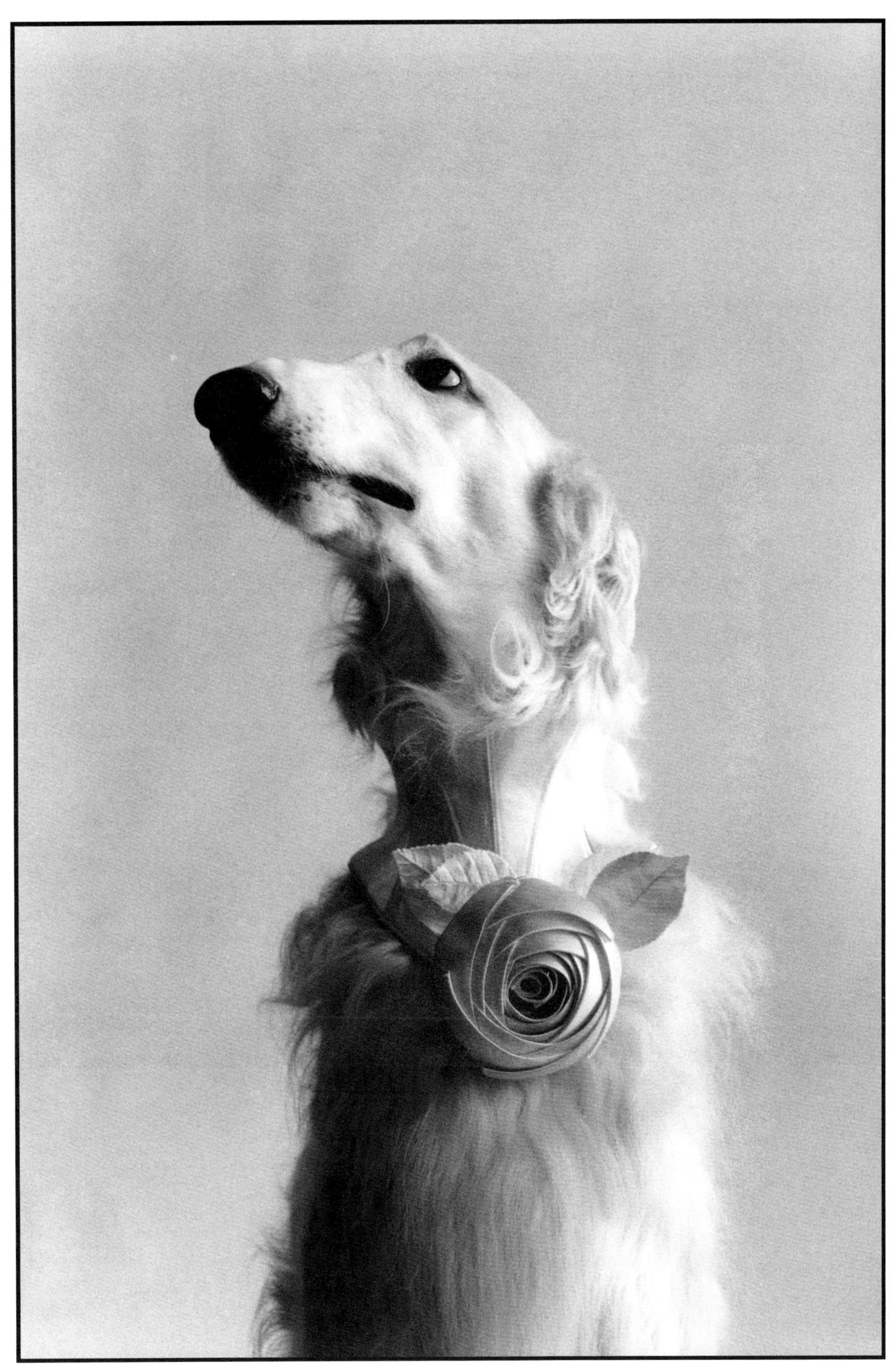

New York, USA, 1999

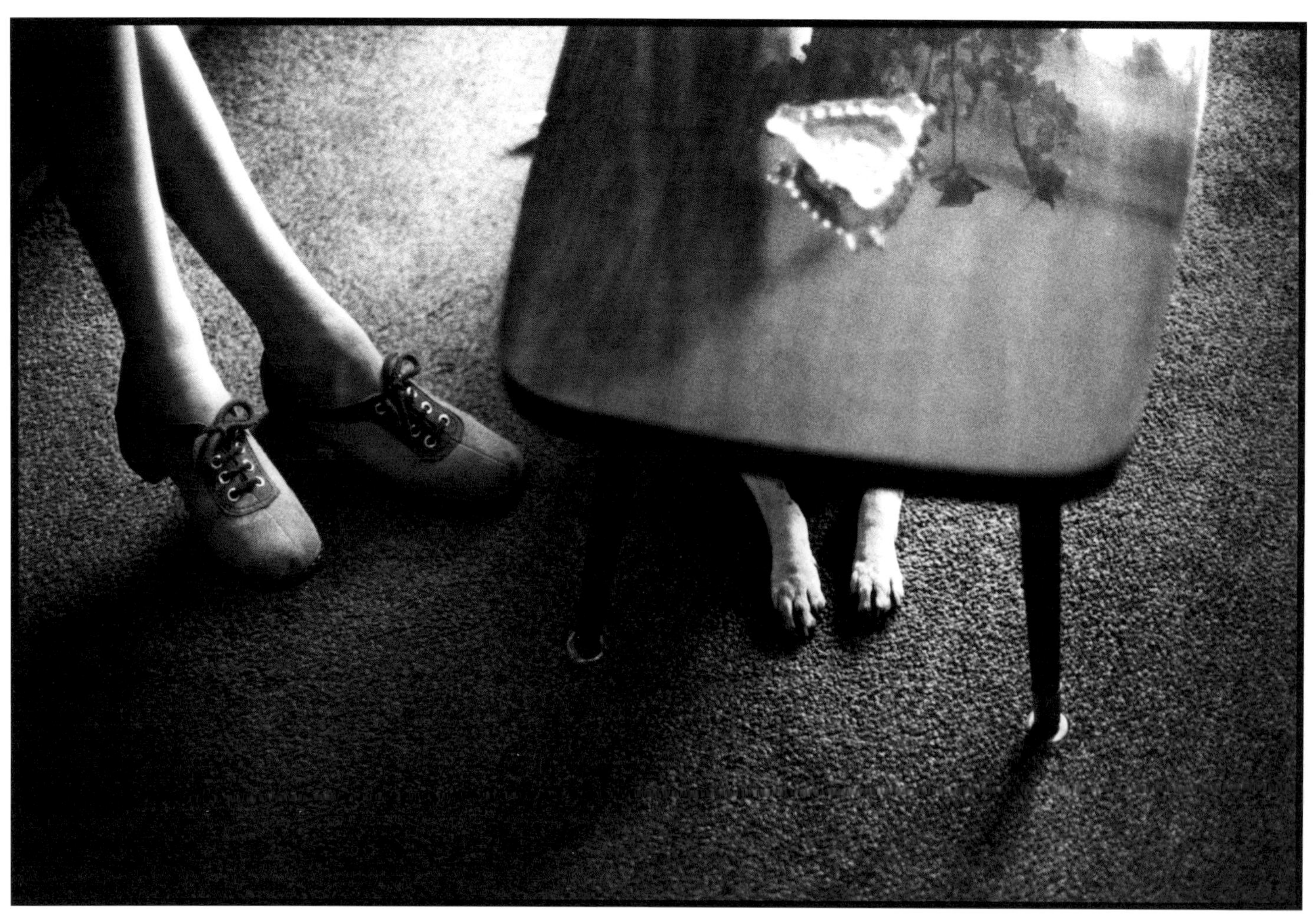

Holland, 1973

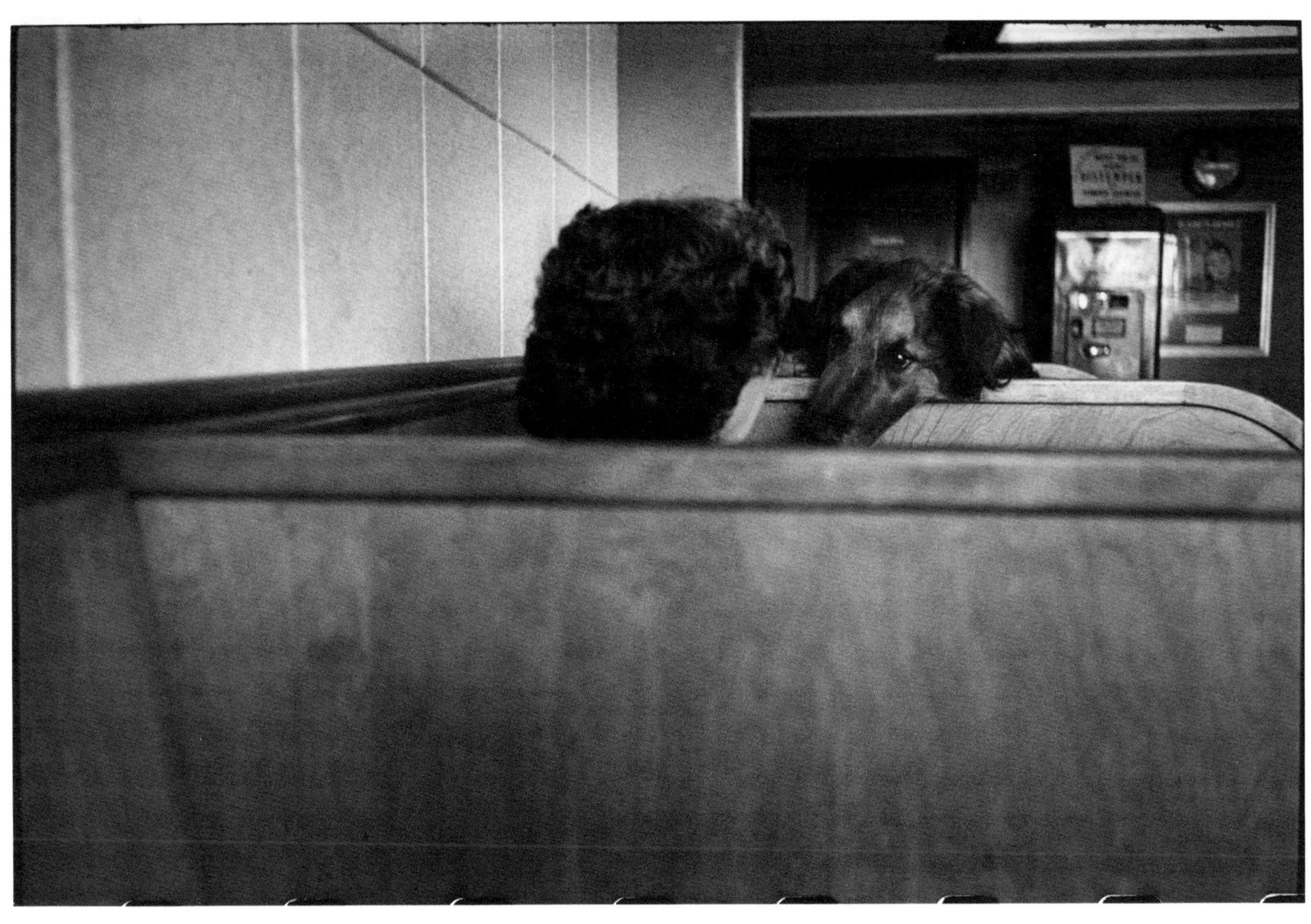

New York, USA, 1953

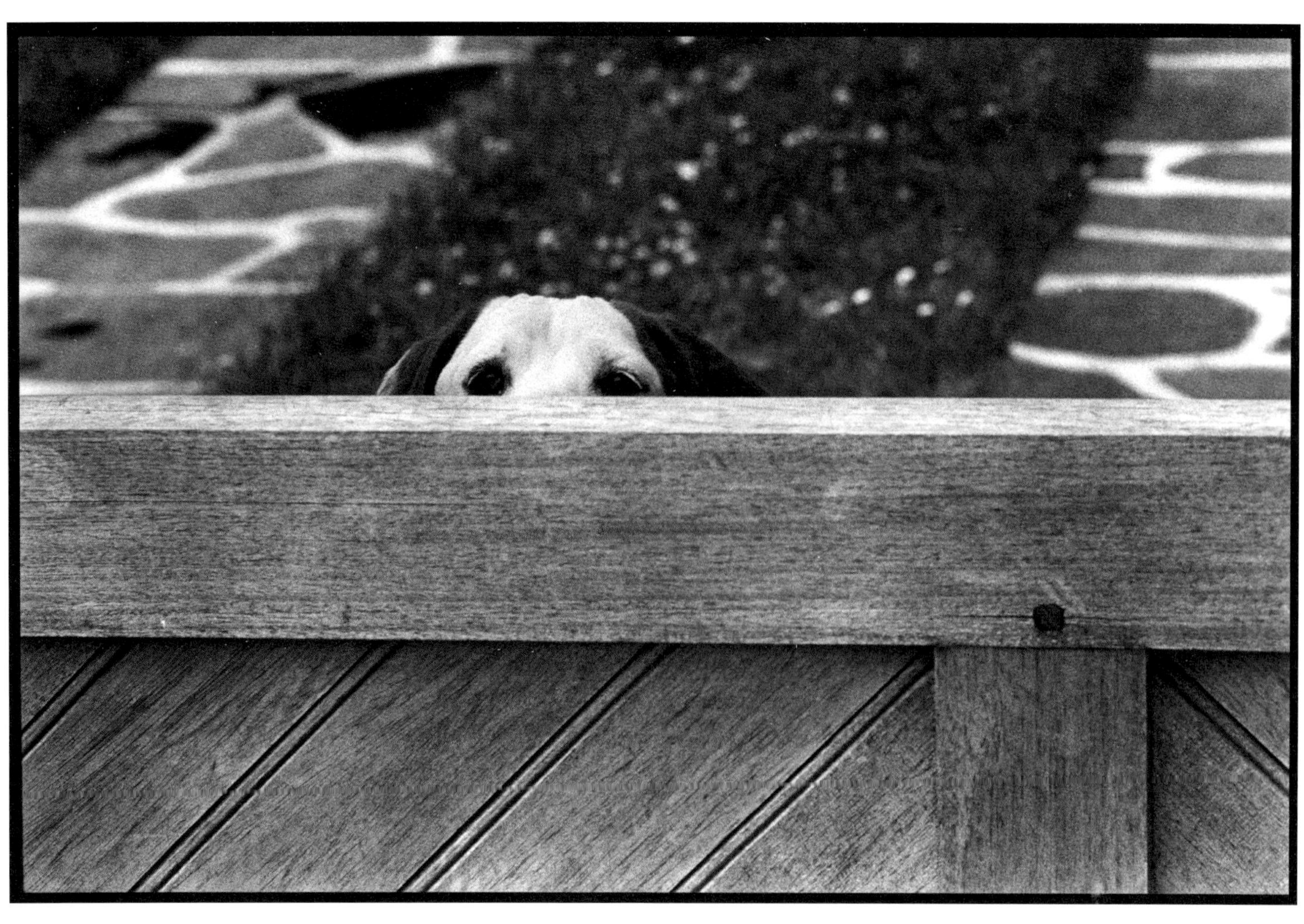

Calvados, France, 1965

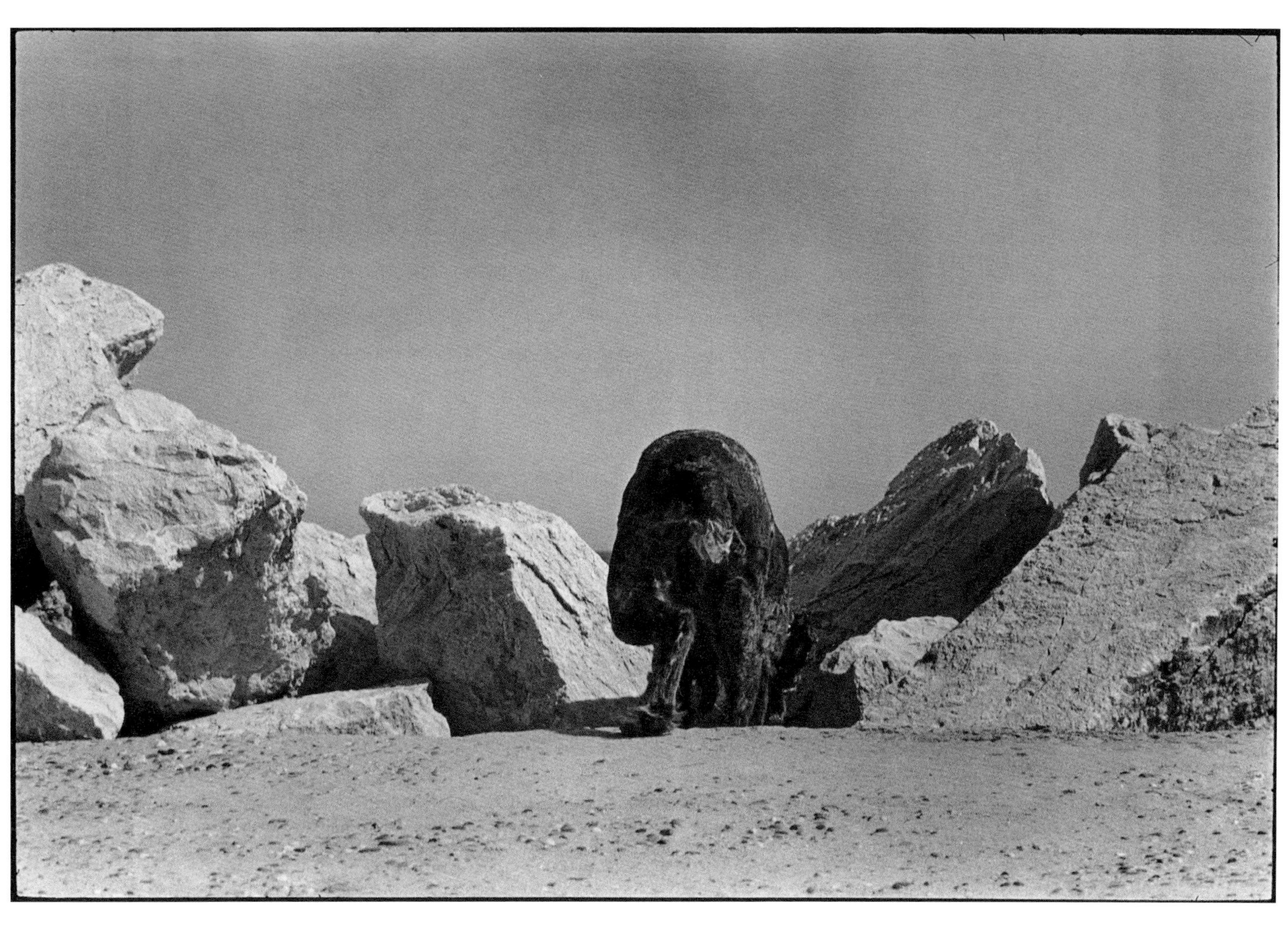

Southern France, 1978

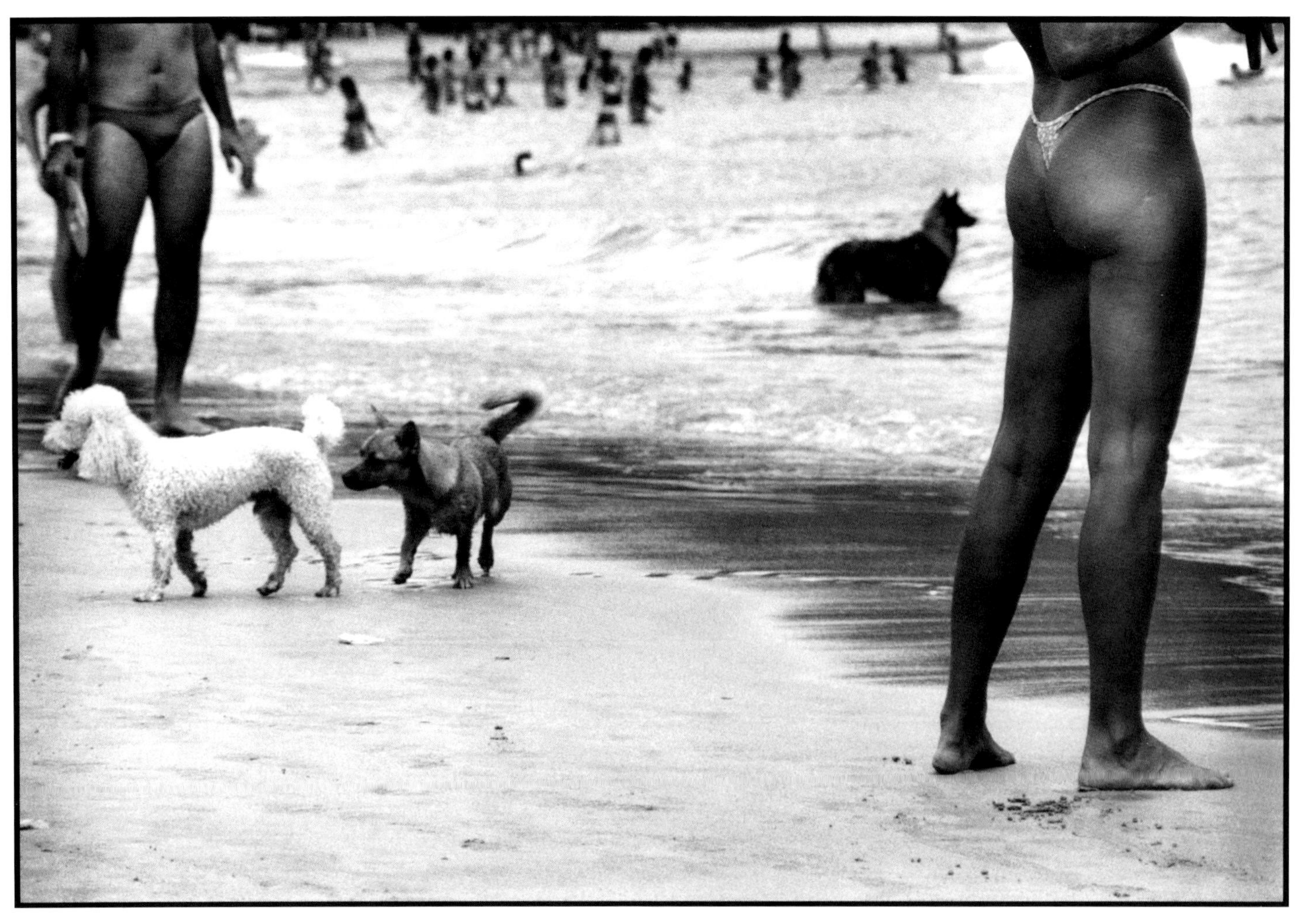

Búzios, Brazil, 1990

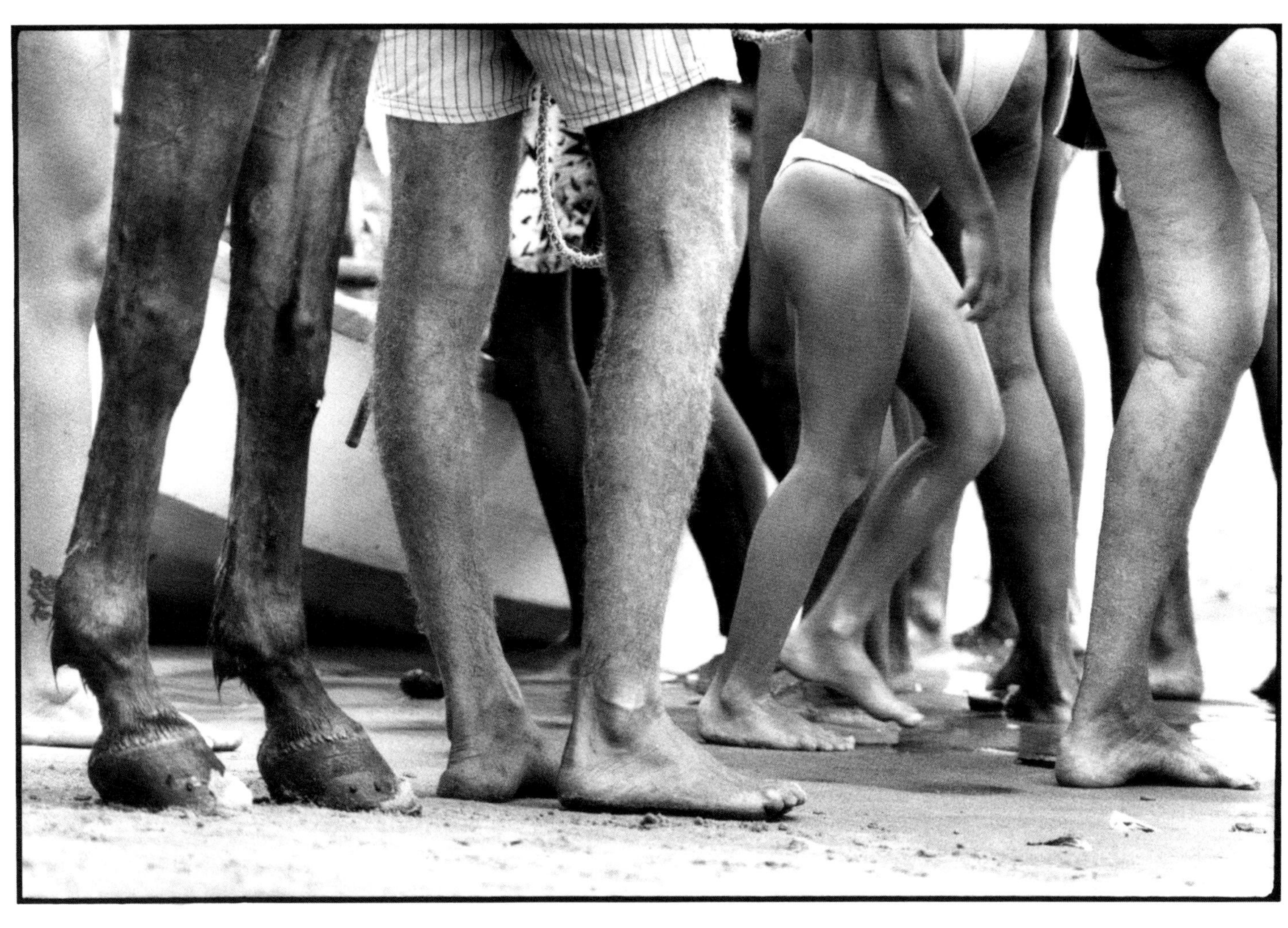

Búzios, Brazil, 1990

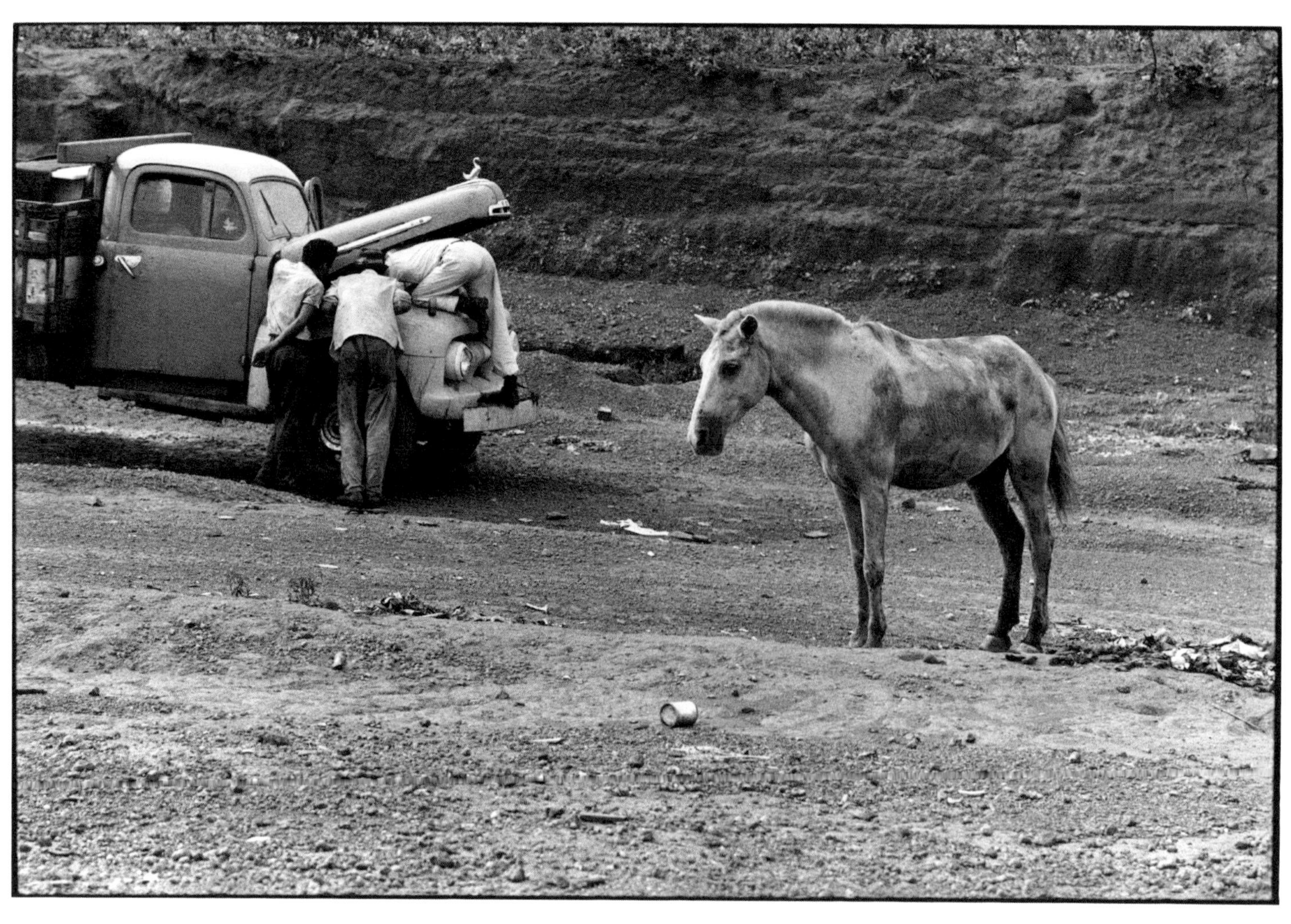

Brasília, Brazil, 1961

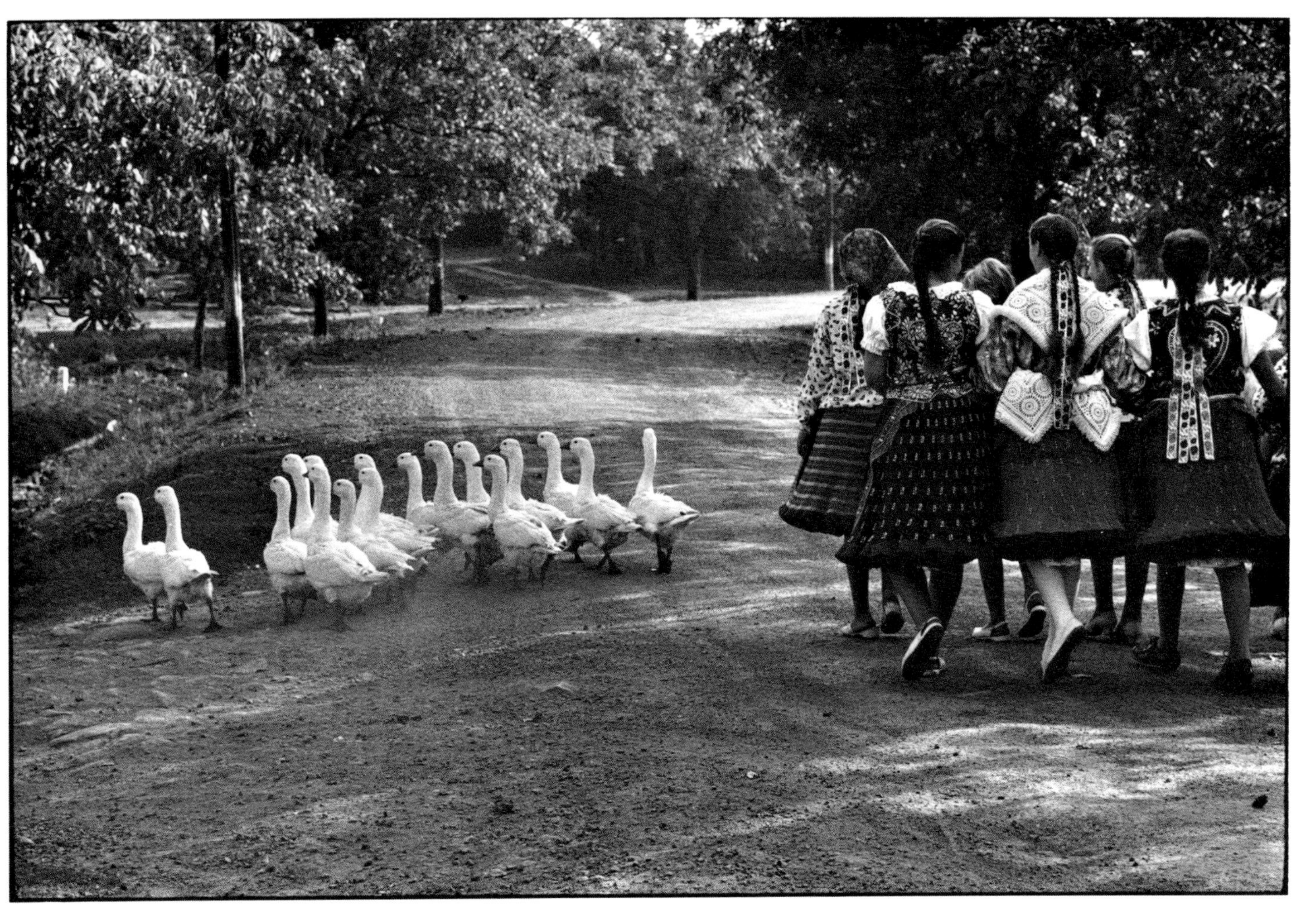

Hungary, 1964

Coney Island, New York, USA, 1975

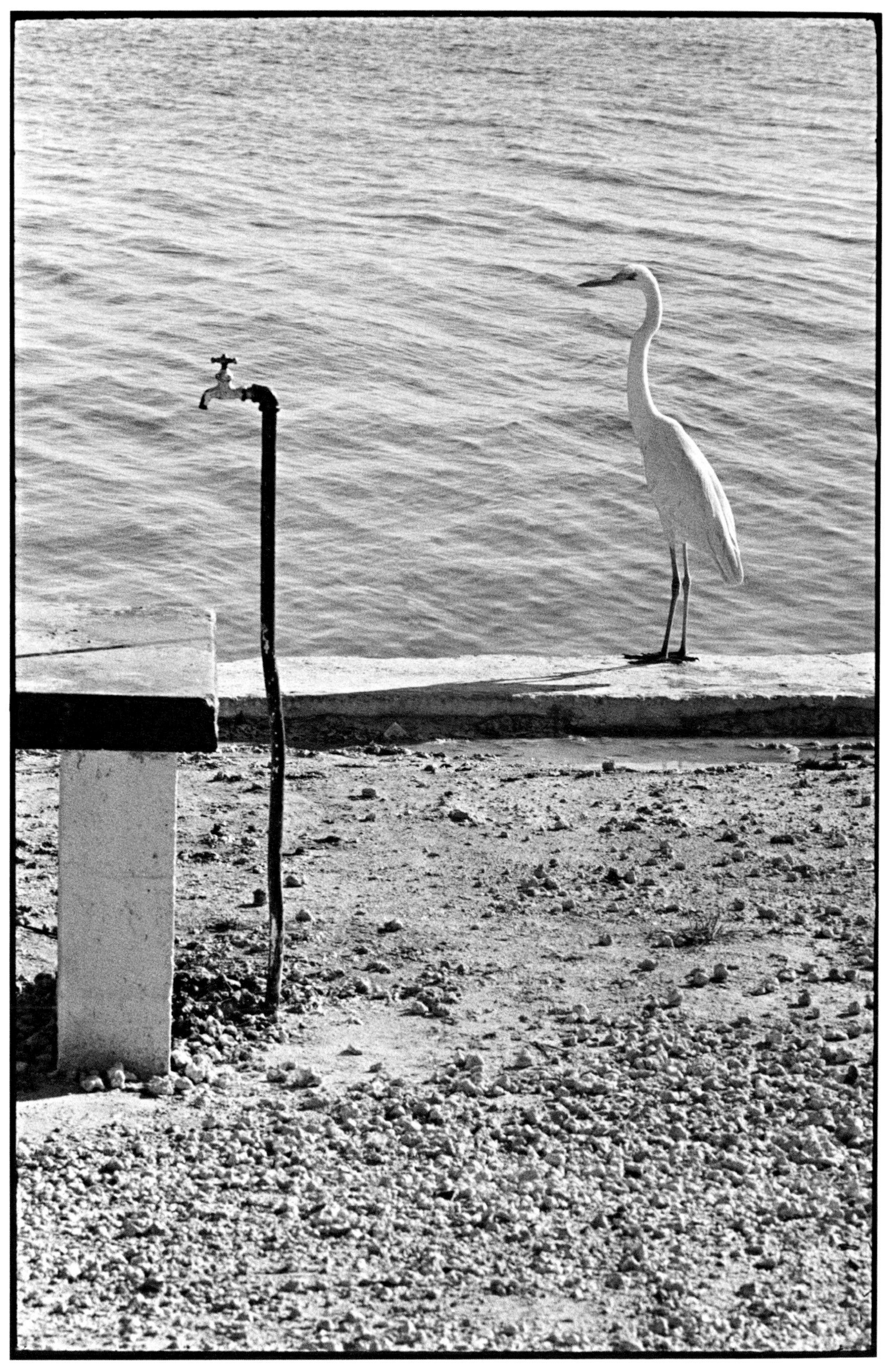

Florida Keys, USA, 1968

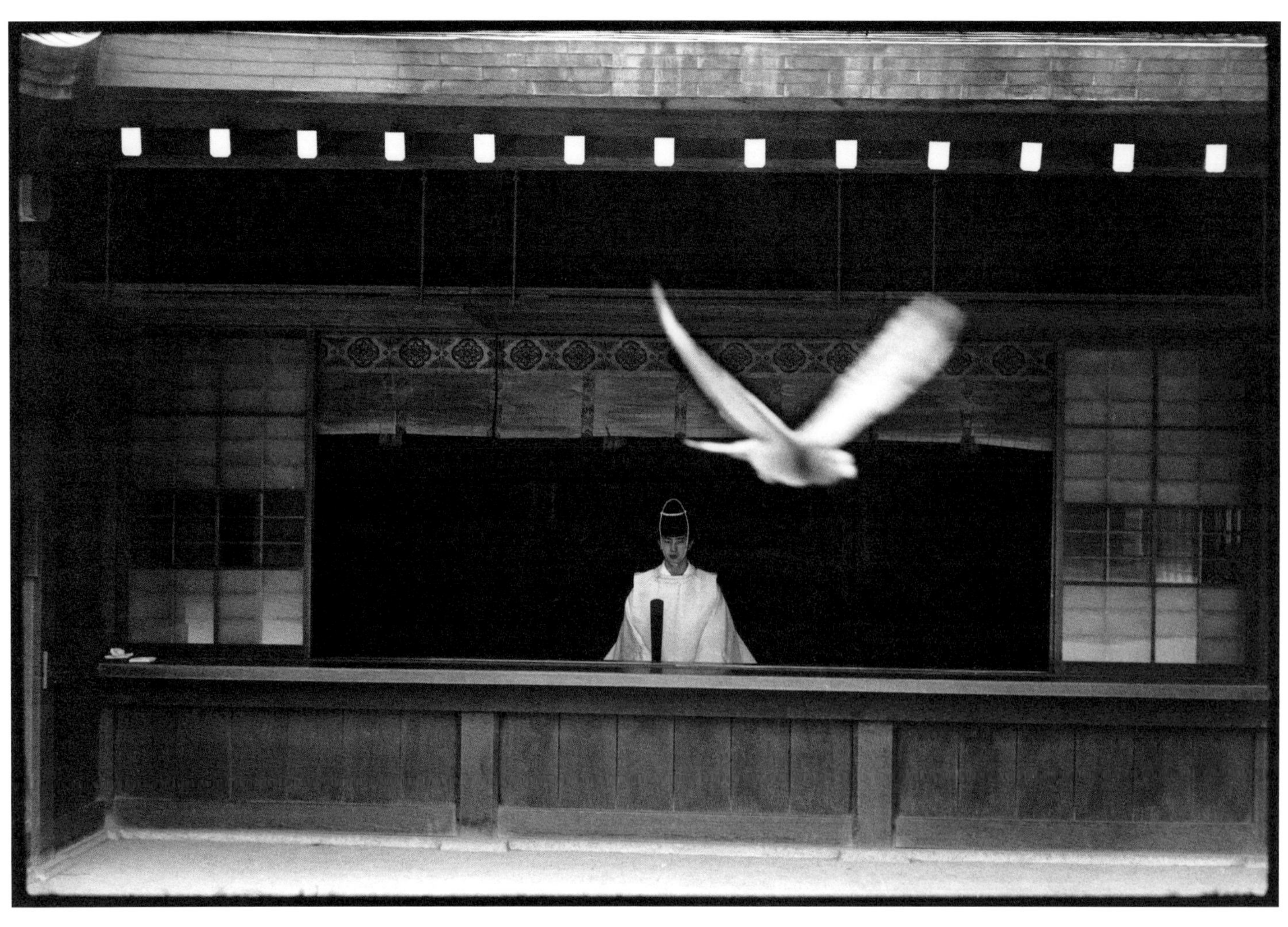

Tokyo, Japan, 1970

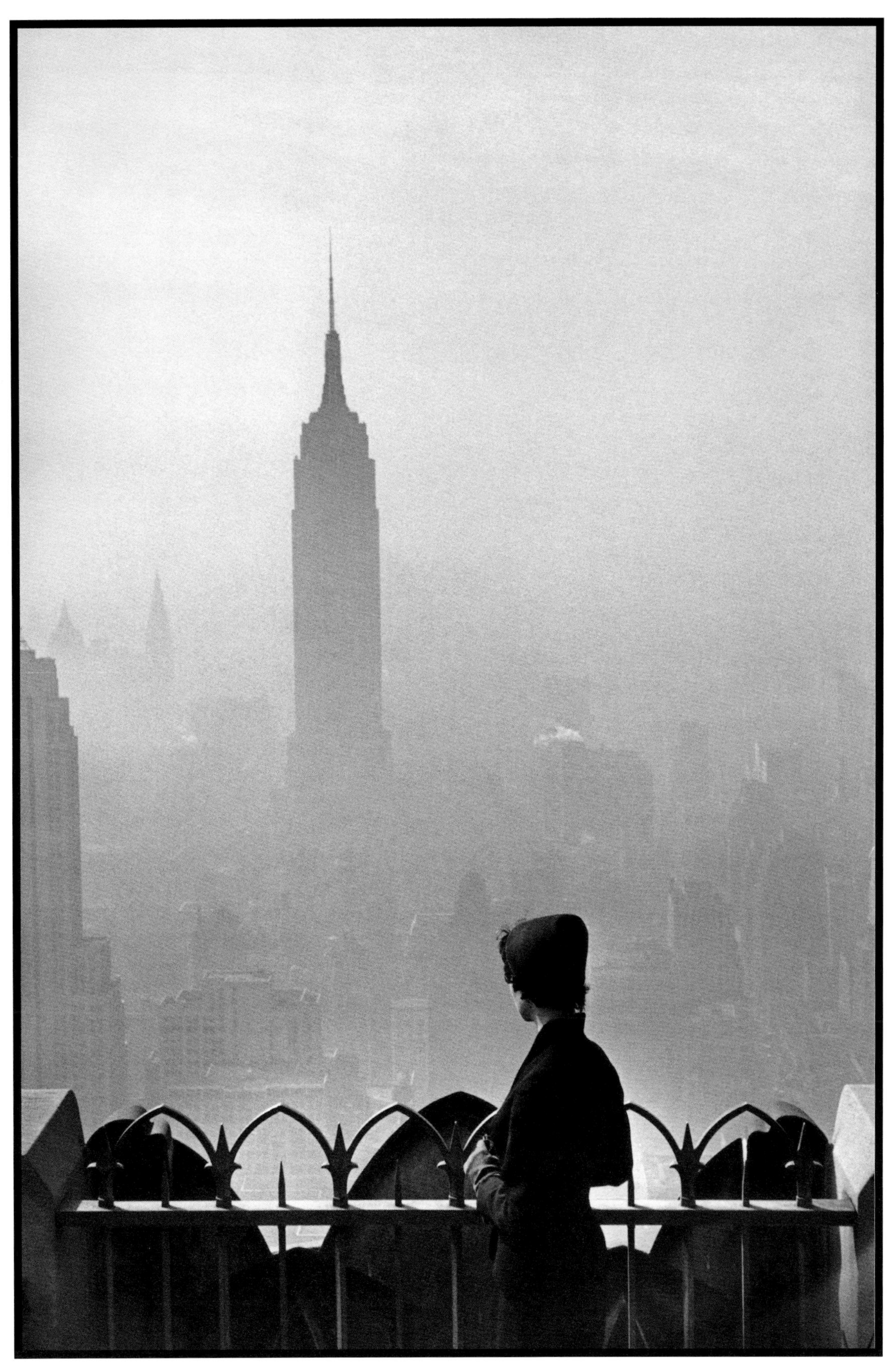

New York, USA, 1955

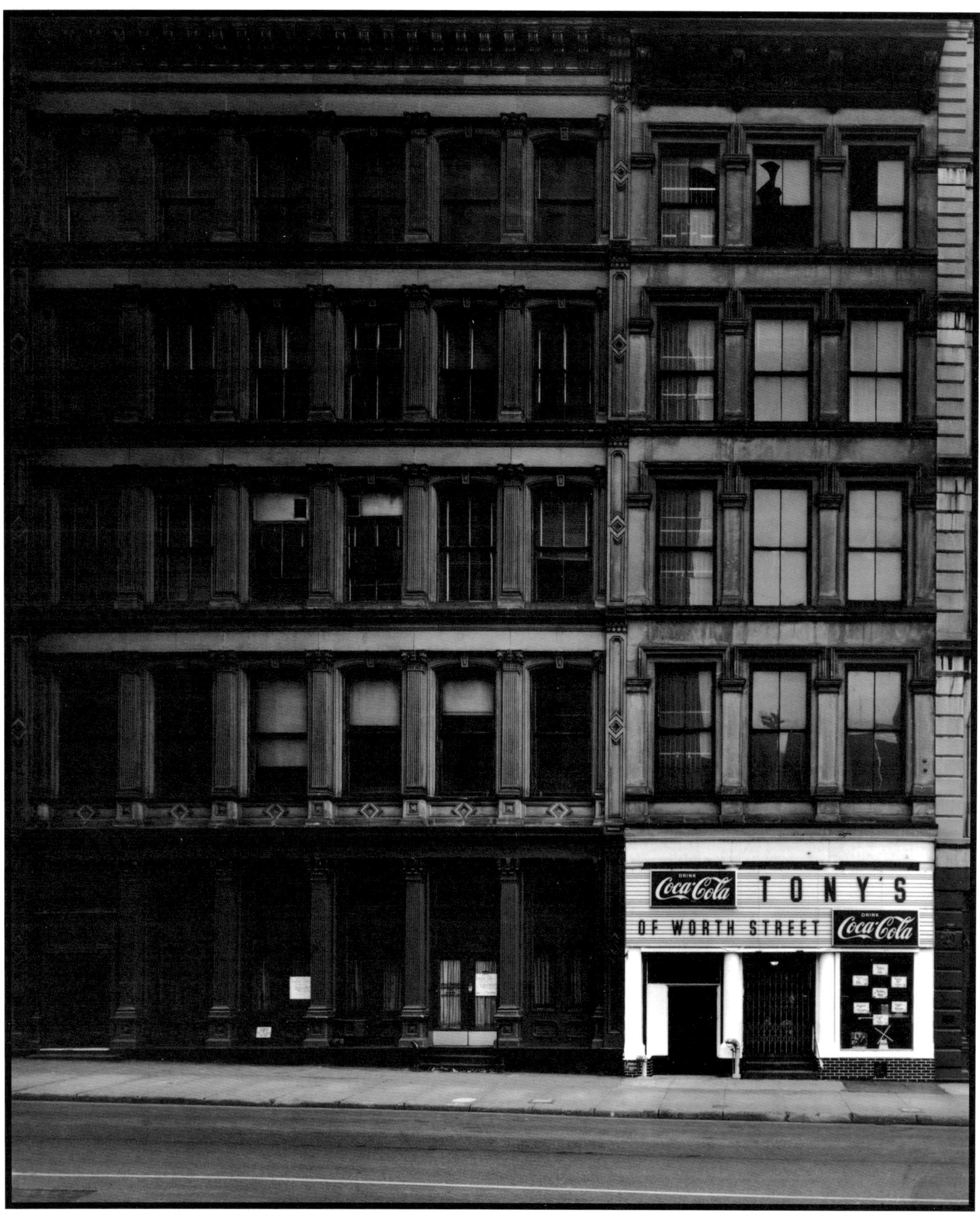

New York, USA, 1969

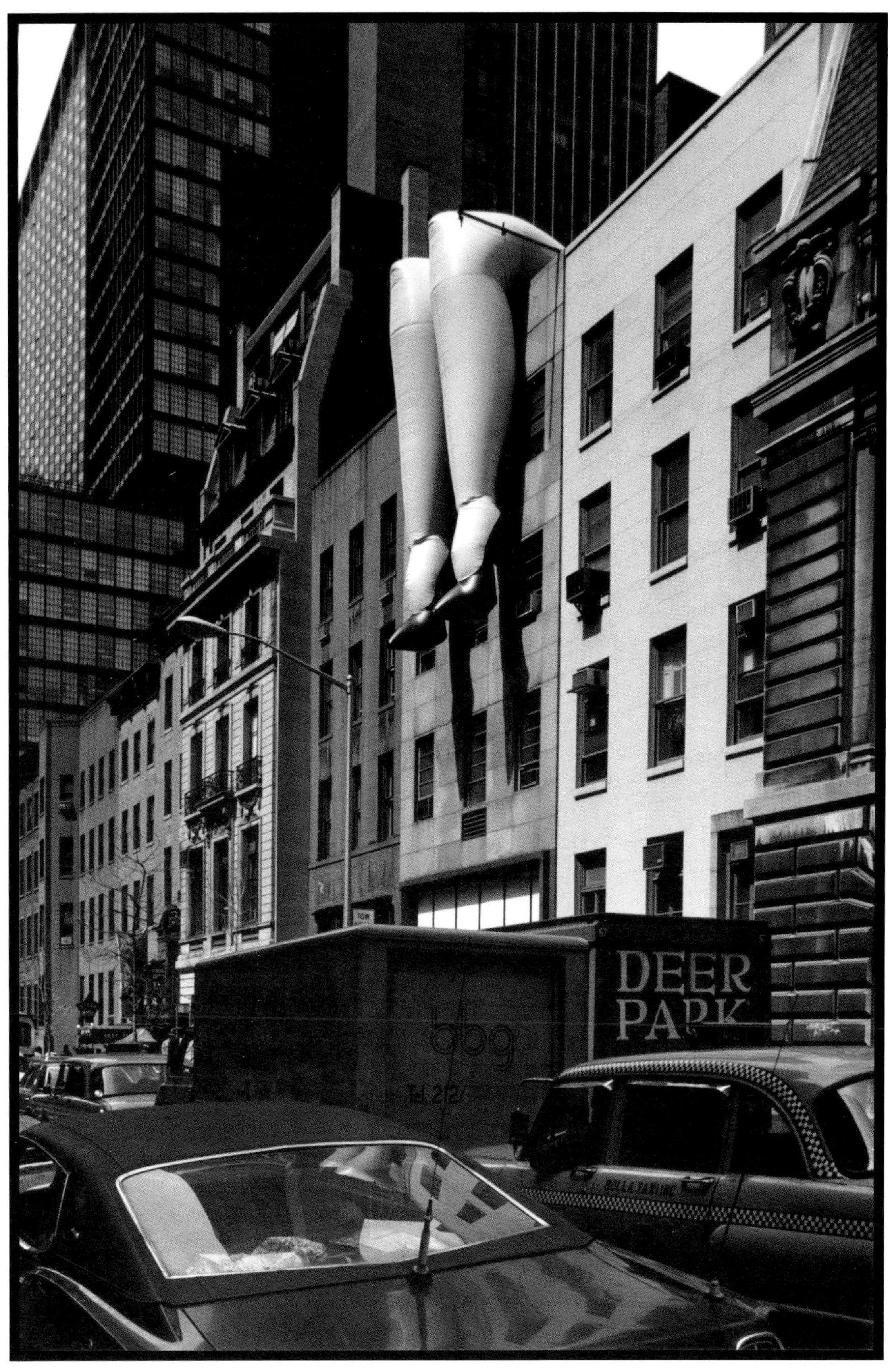

New York, USA, 1978

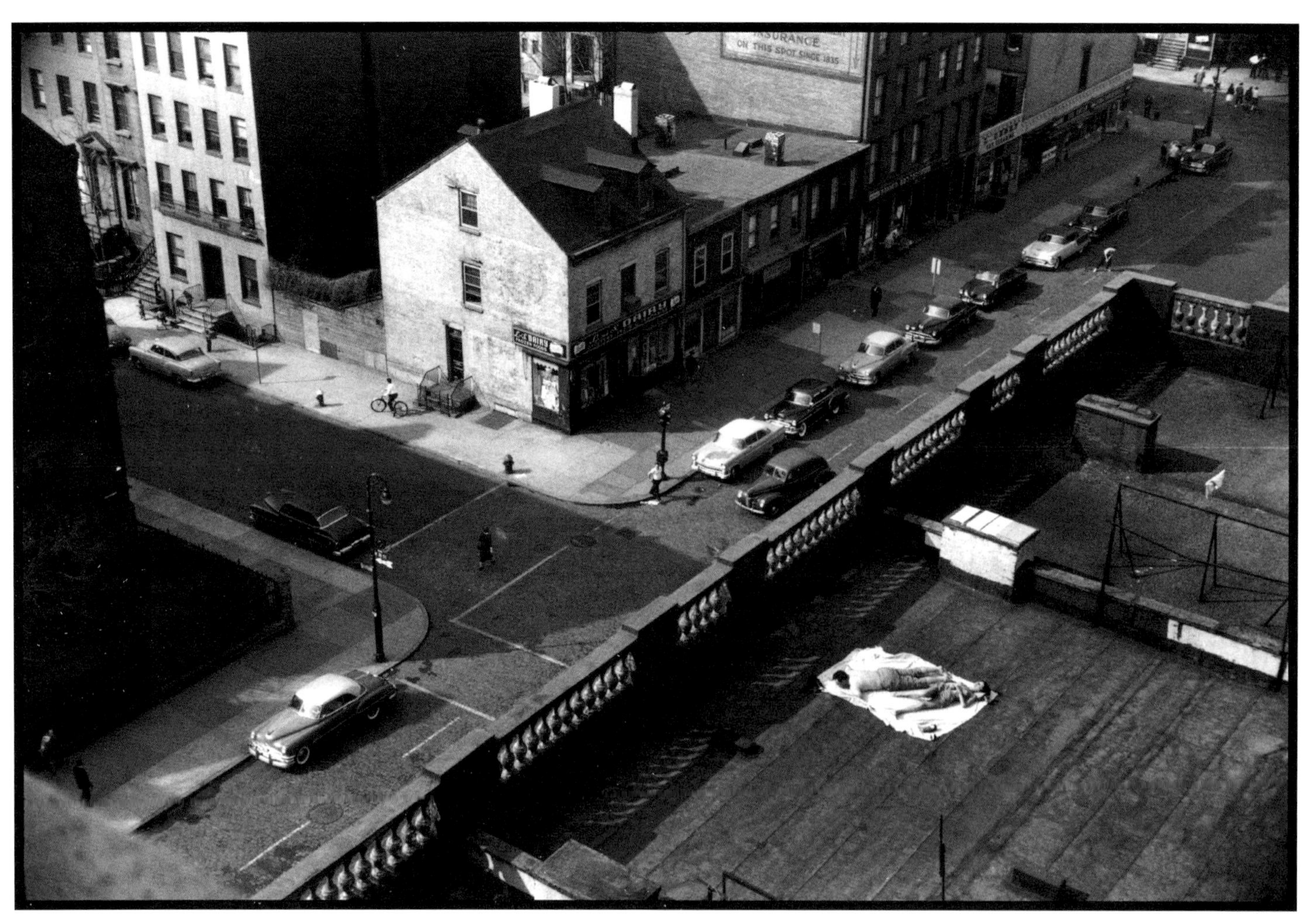

New York, USA, 1954

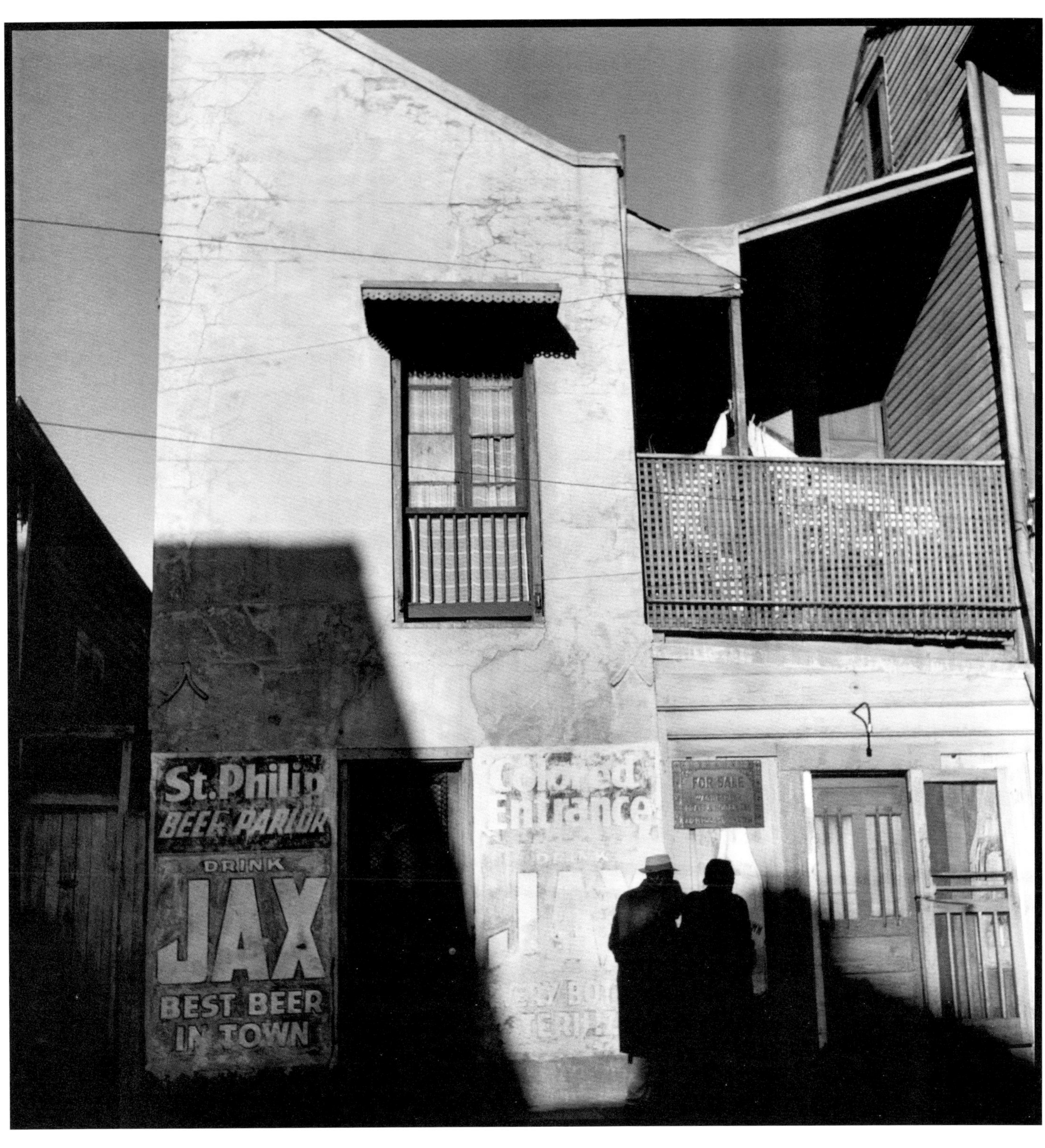

New Orleans, USA, 1949

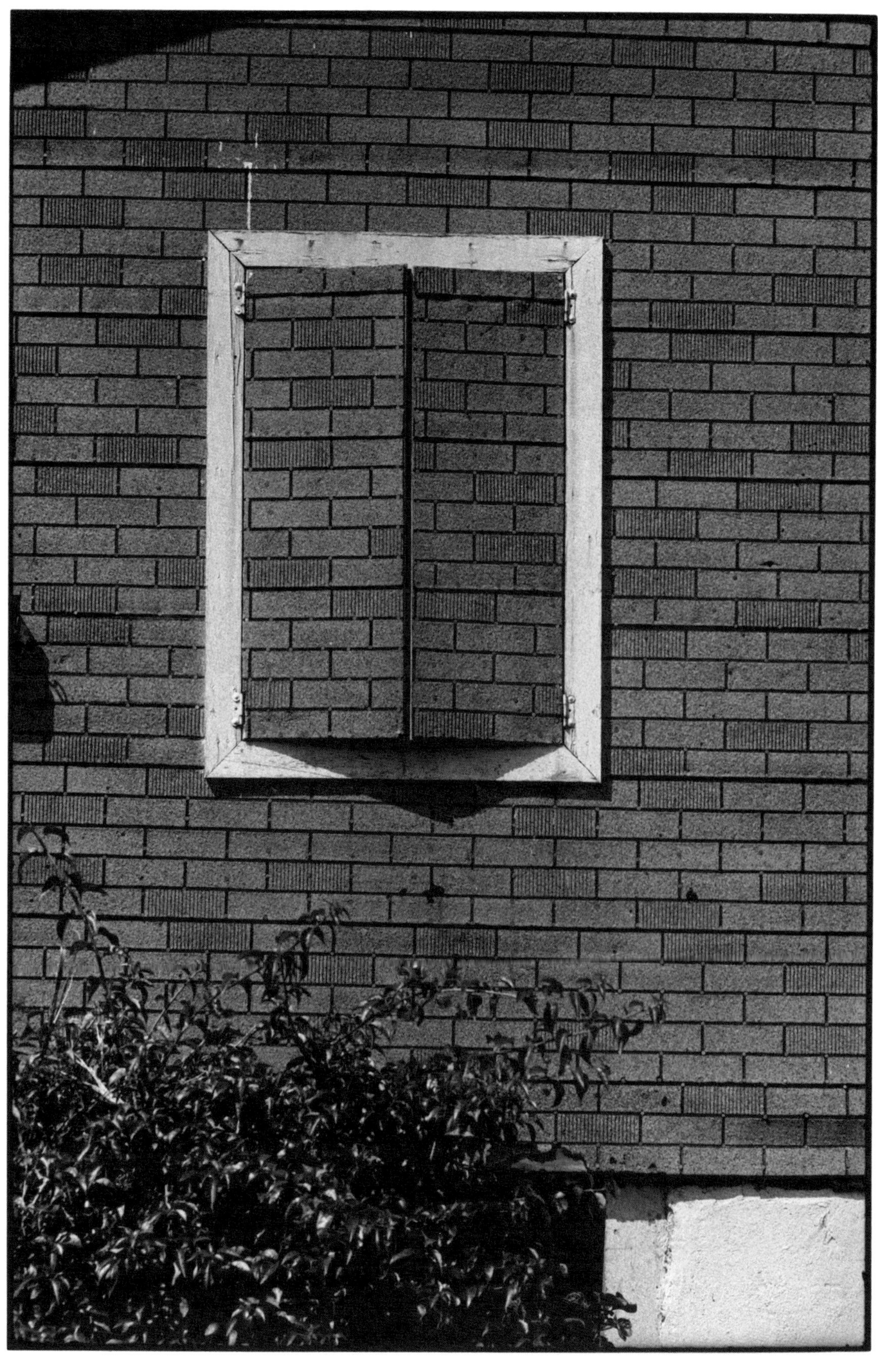

Puerto Rico, 1969

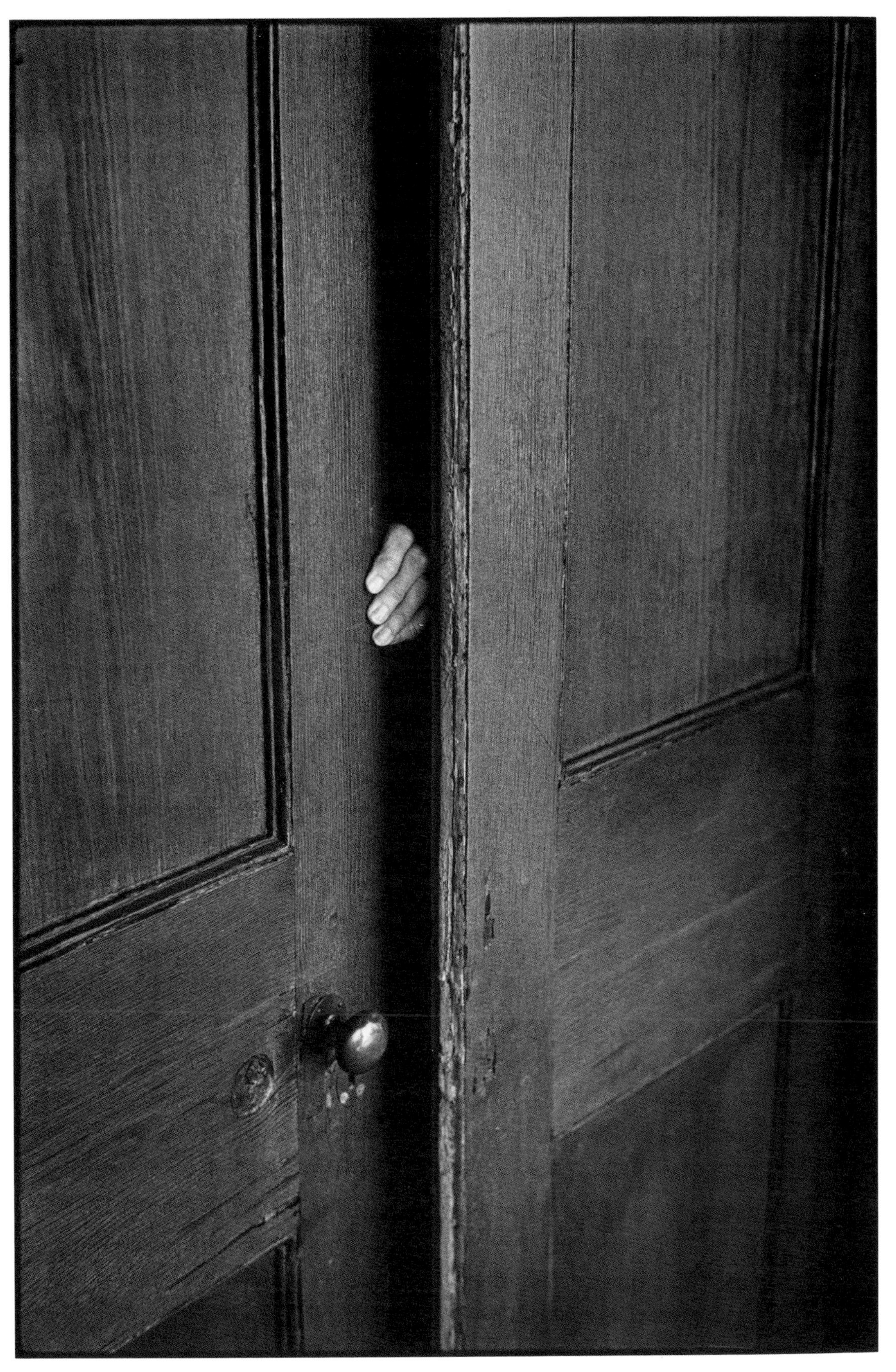

Jacksonville, Florida, USA, 1968

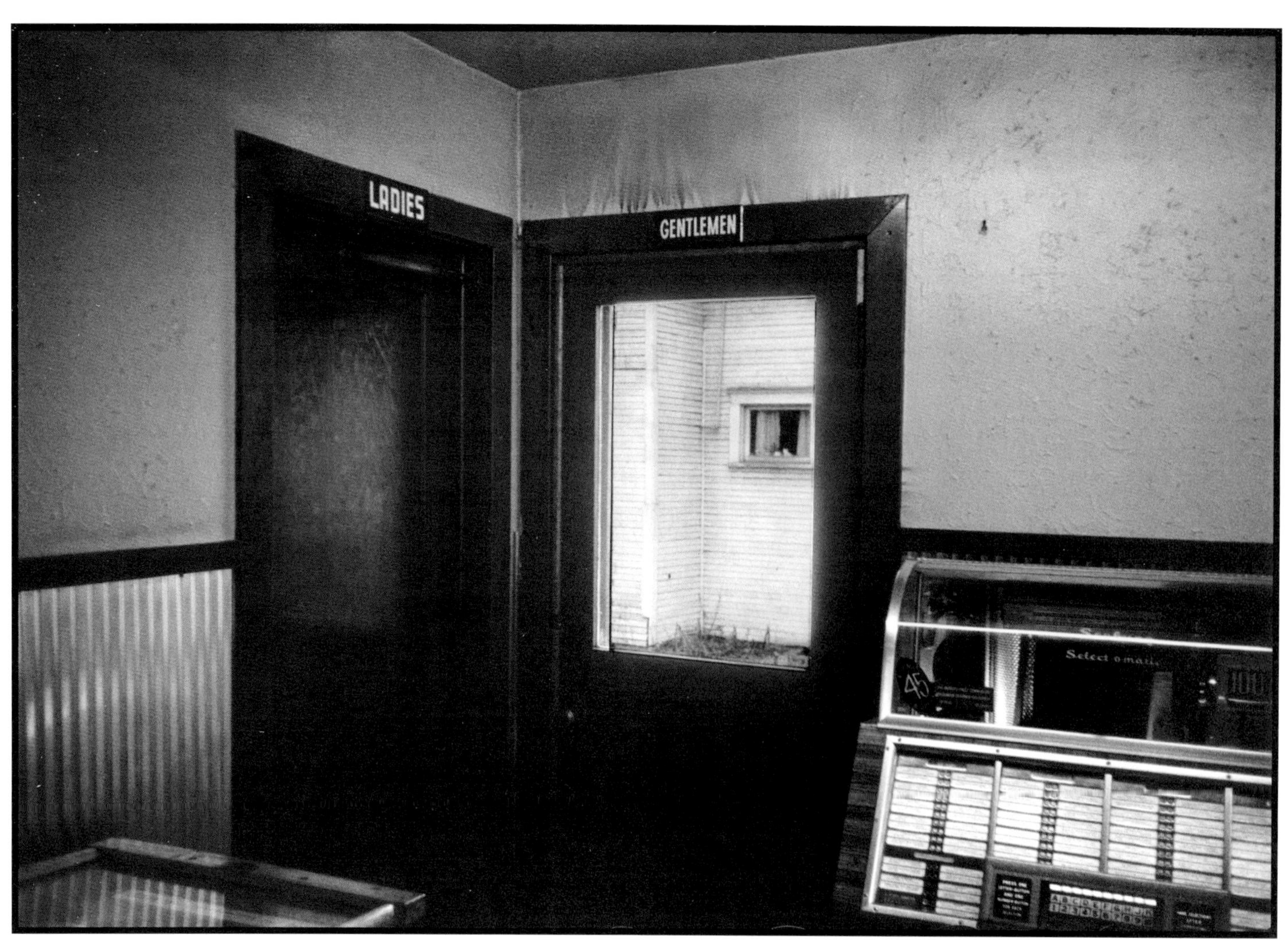

Western United States, 1954

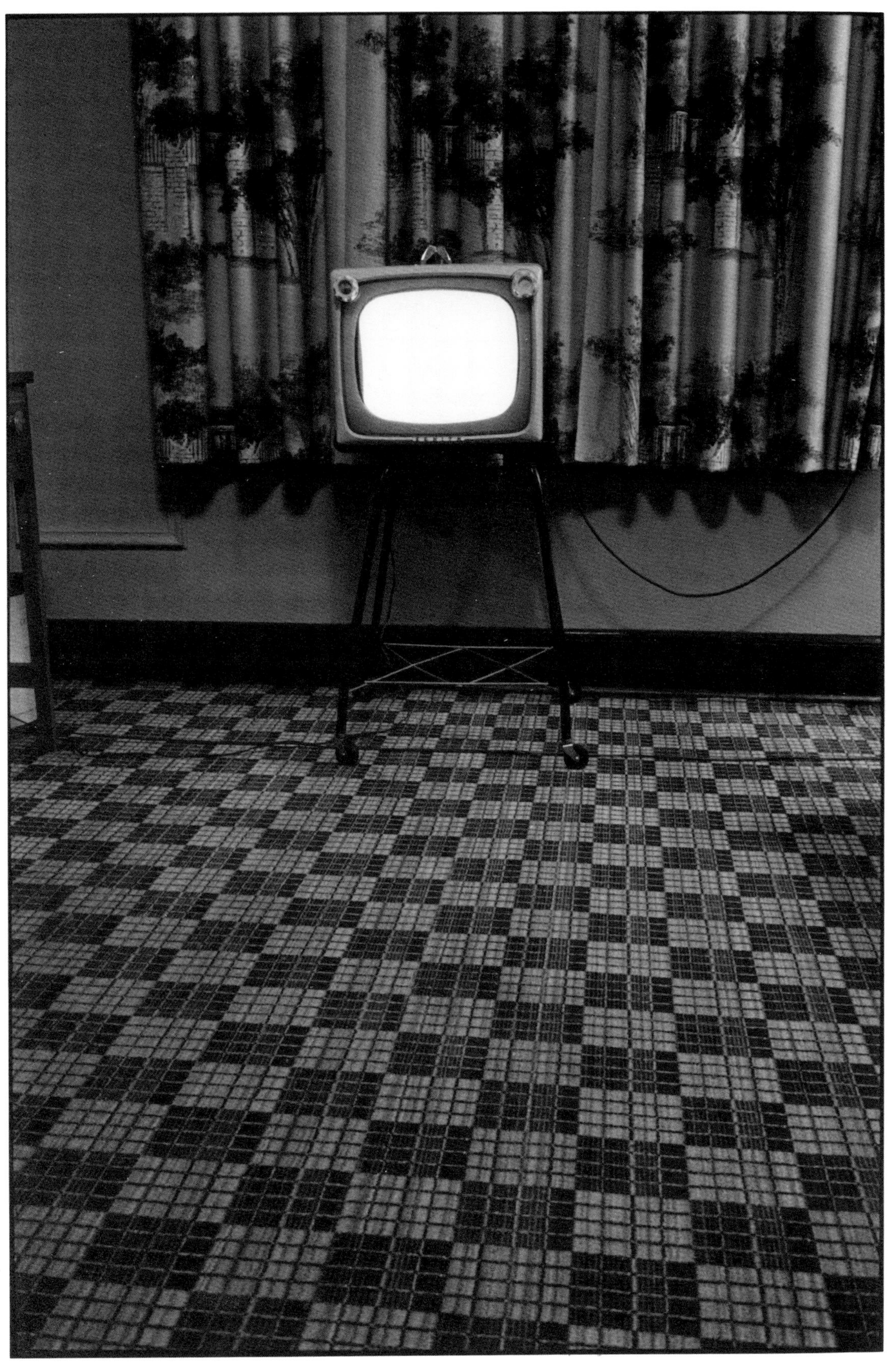

Motel Room, Texas, USA, 1962

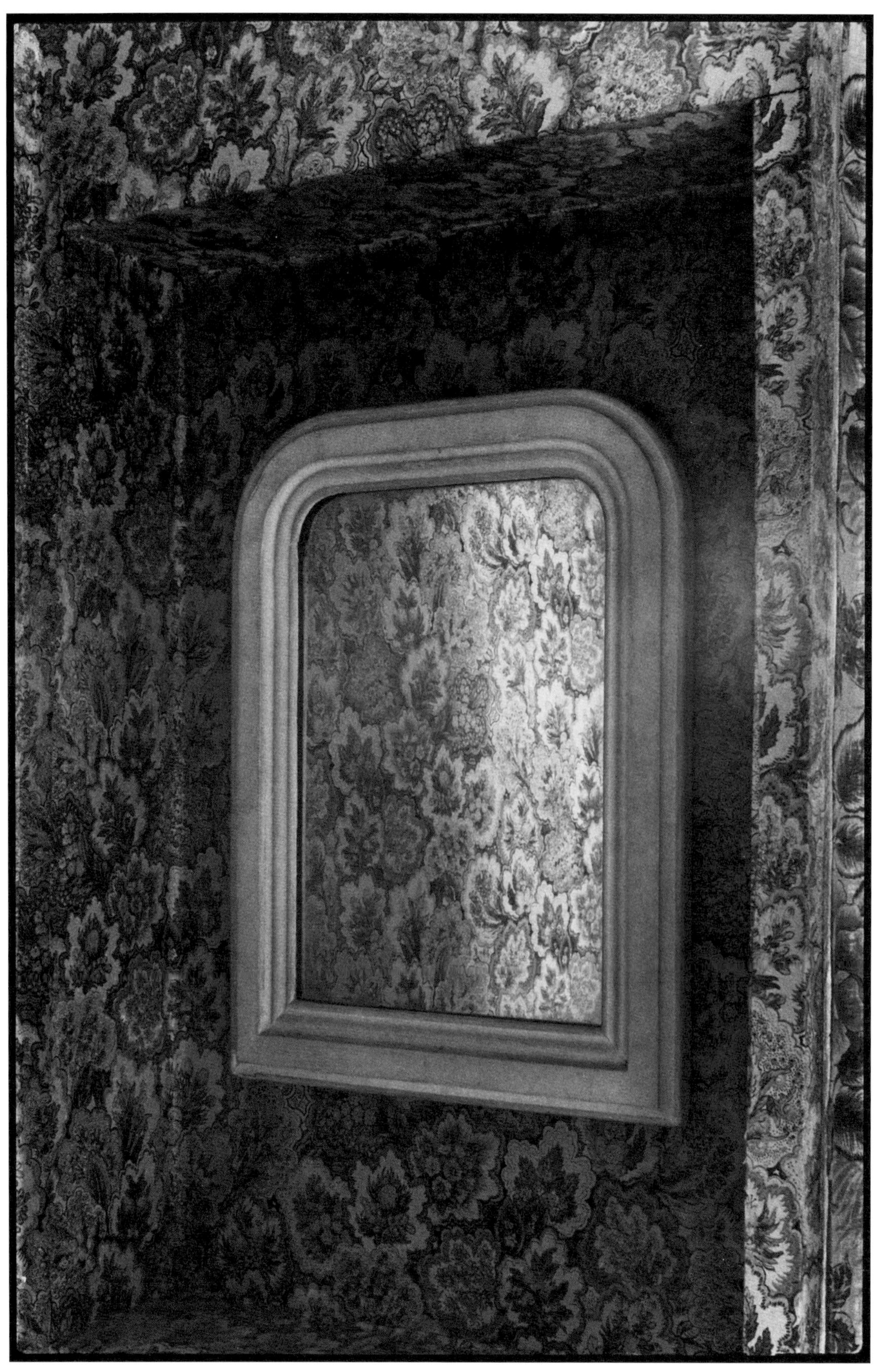

Series of Hotel Rooms in France and England, 1975

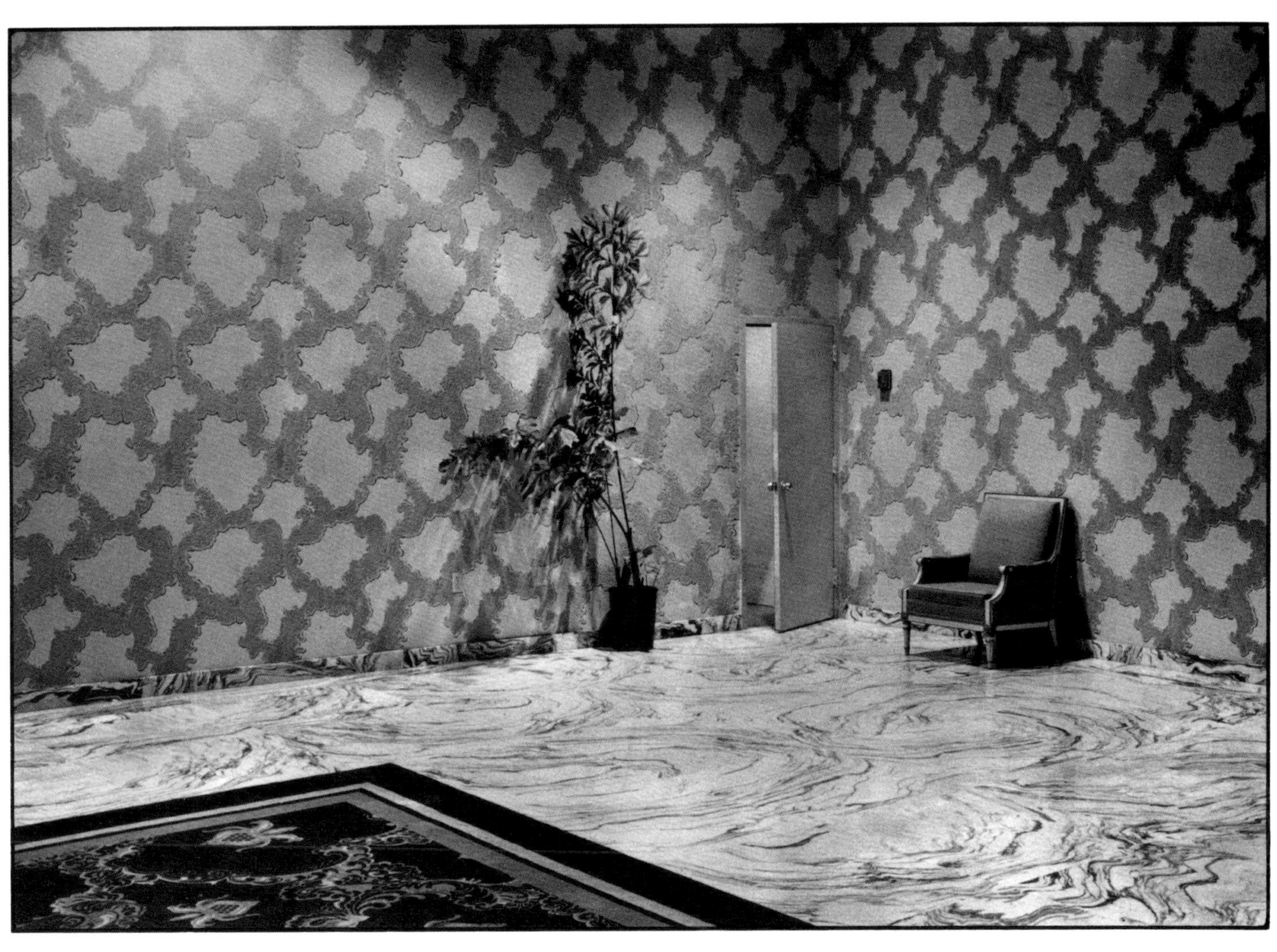

Miami Beach, USA, 1962

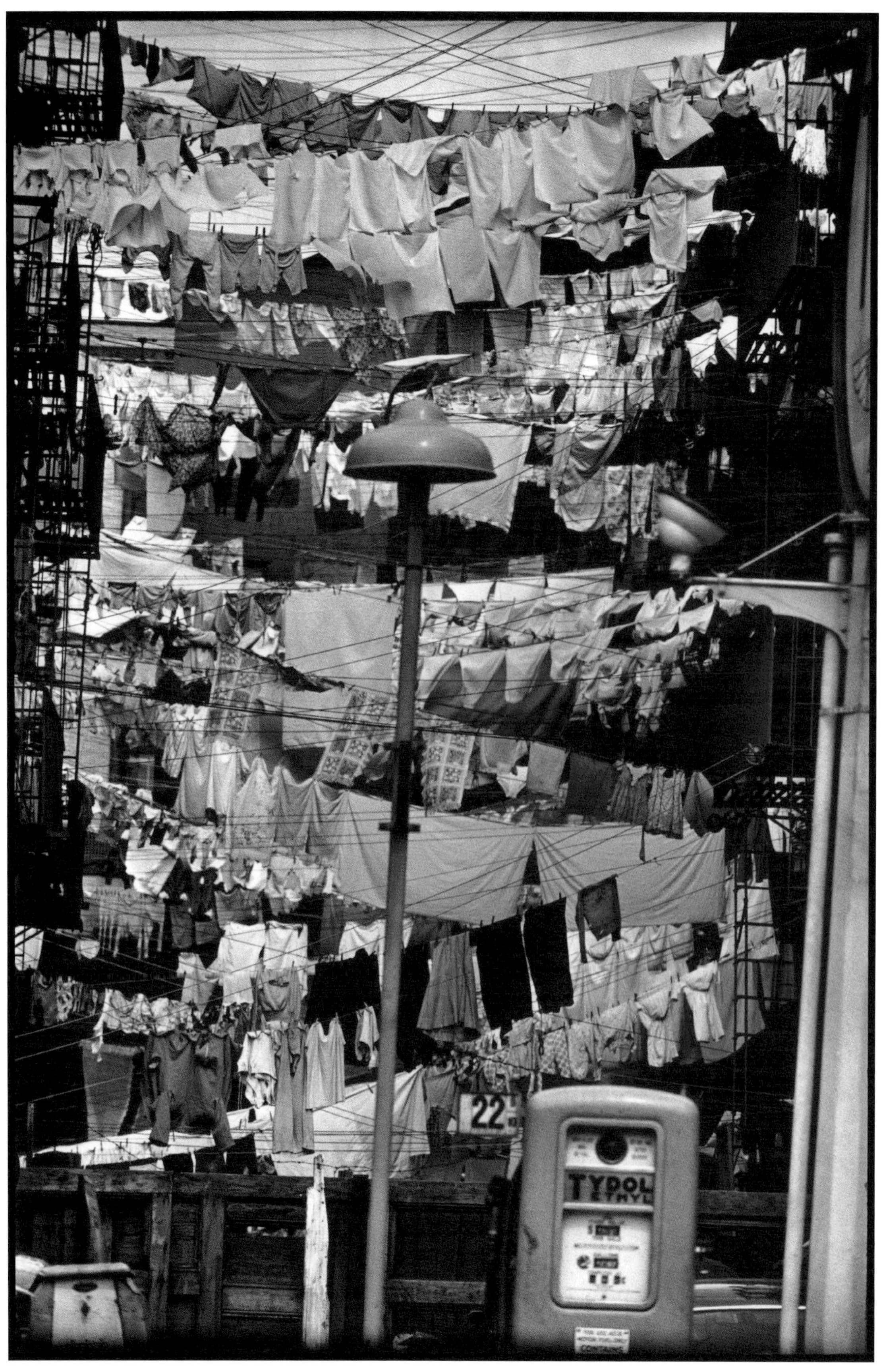

Hoboken, New Jersey, 1954

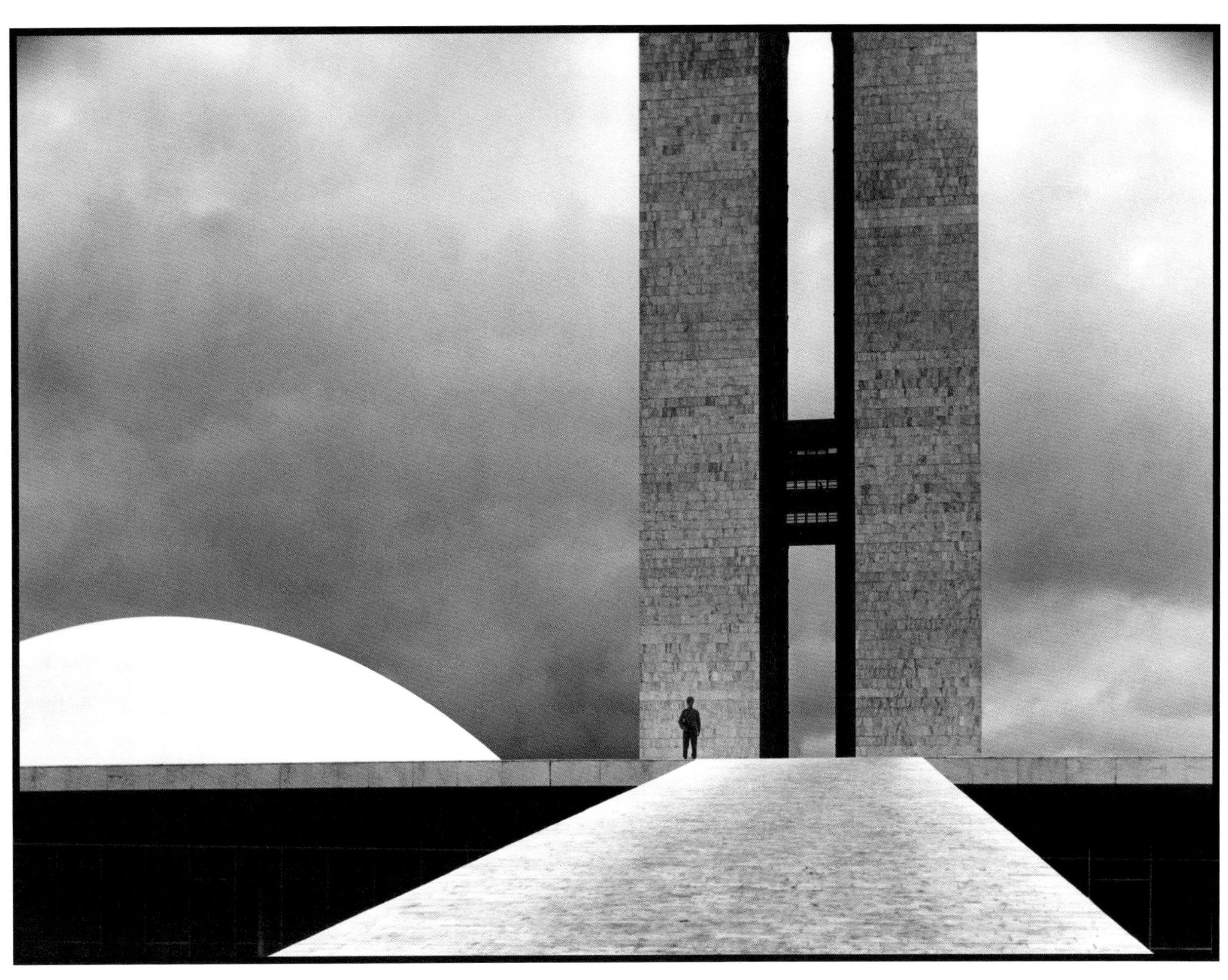

Brasília, Brazil, 1961

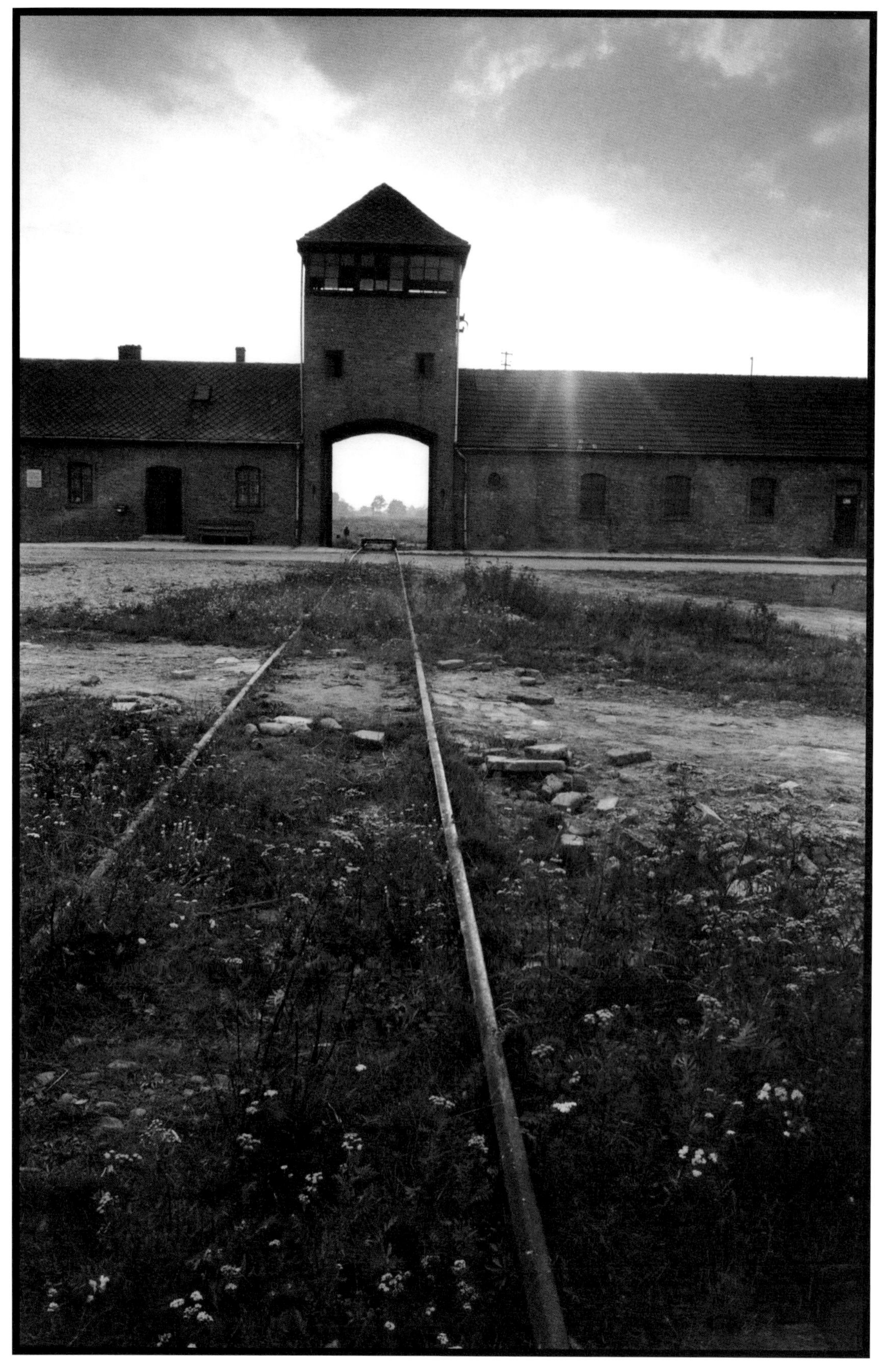

Poland, 1964

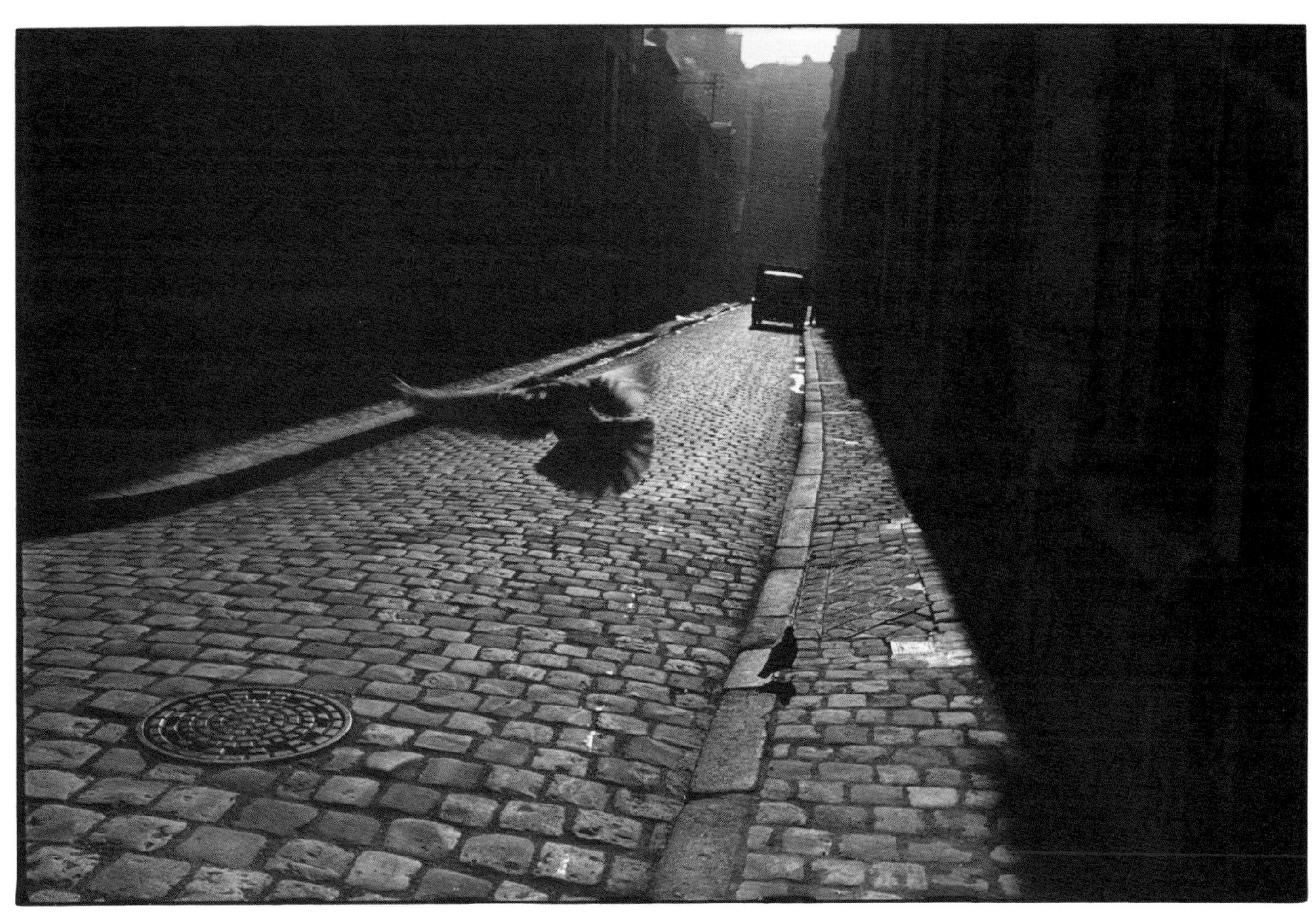

Orléans, France, 1955

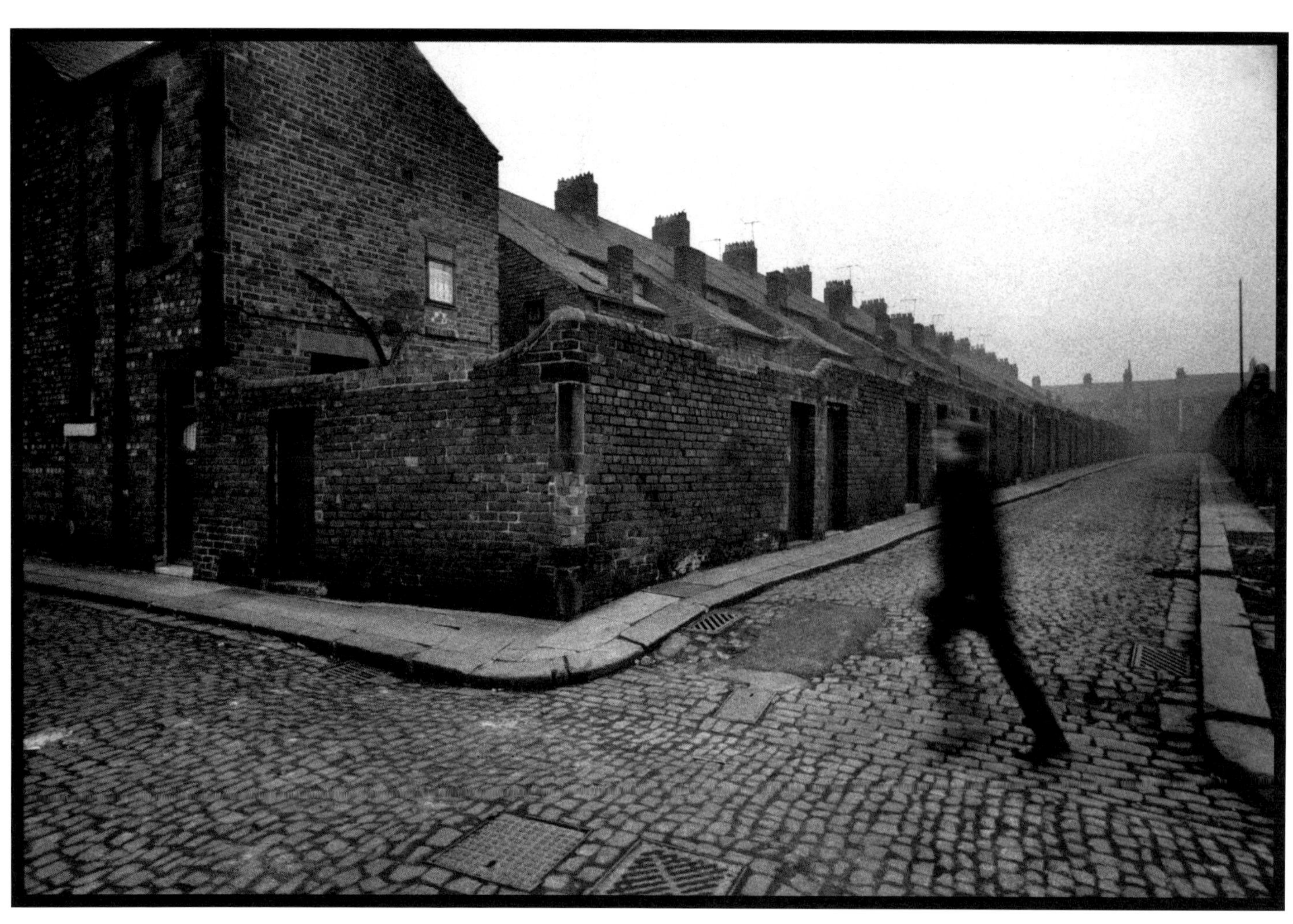

Newcastle, England, 1969

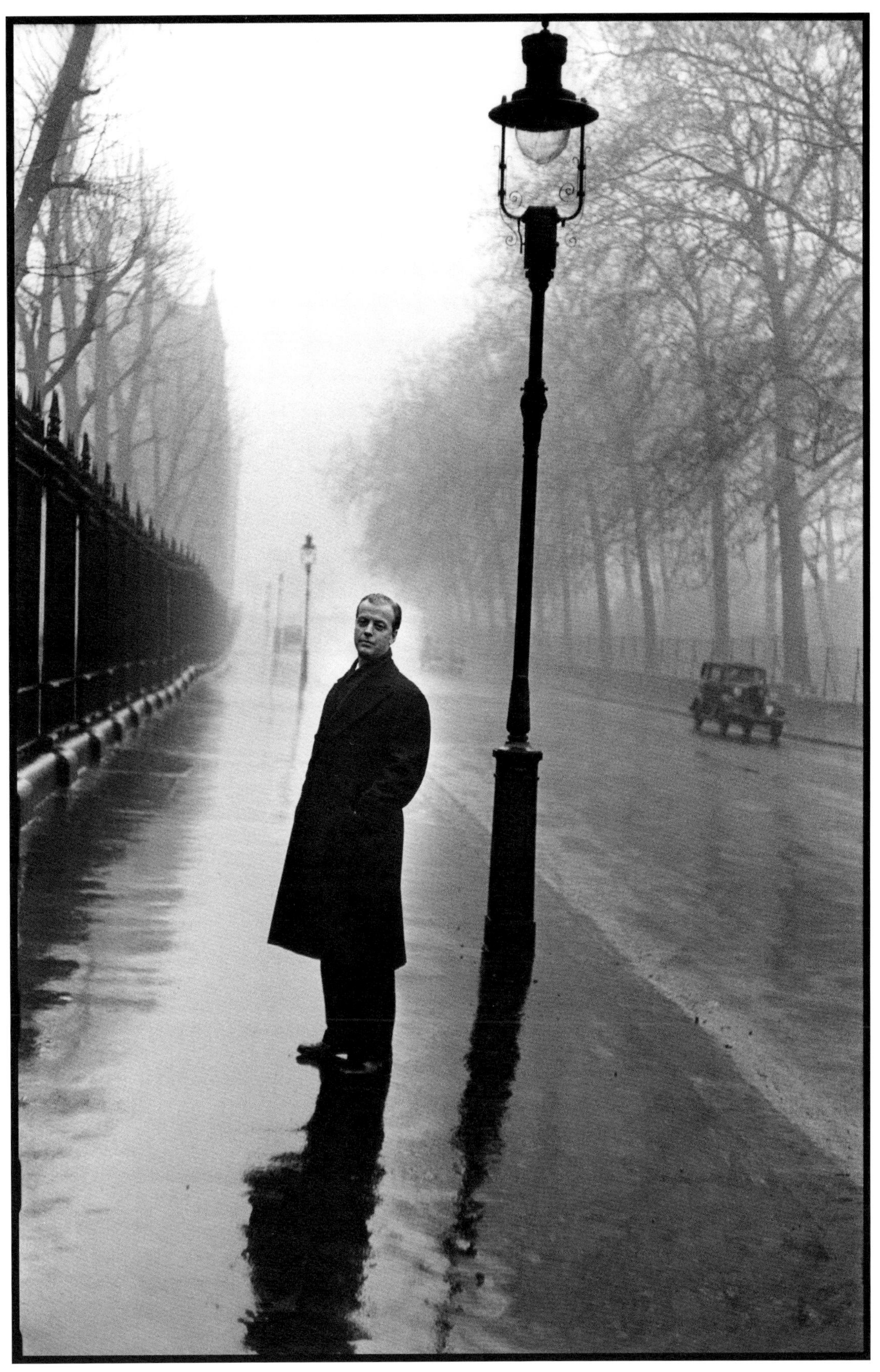

Eric Ambler, London, England, 1952

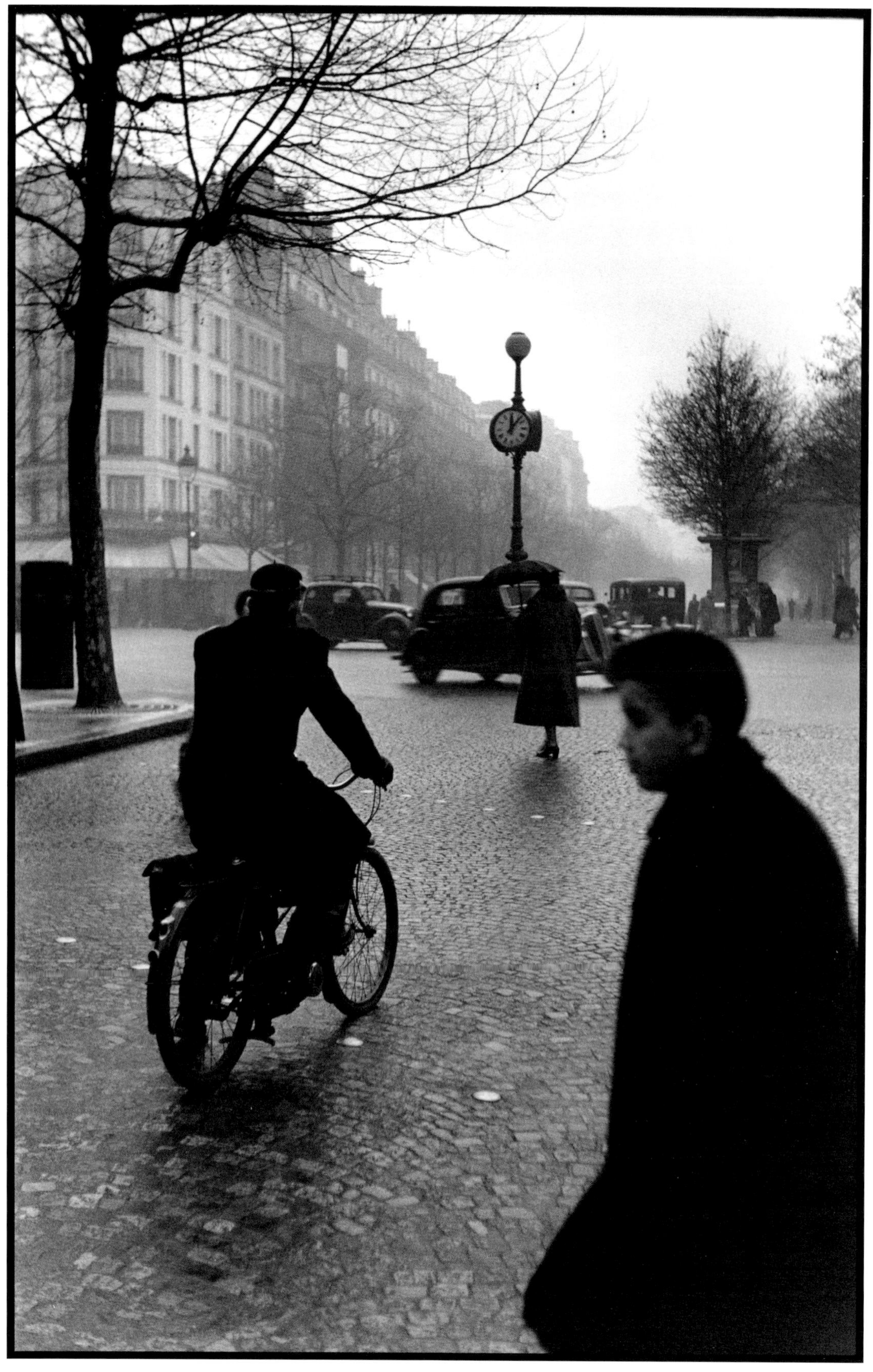

Paris, France, 1952

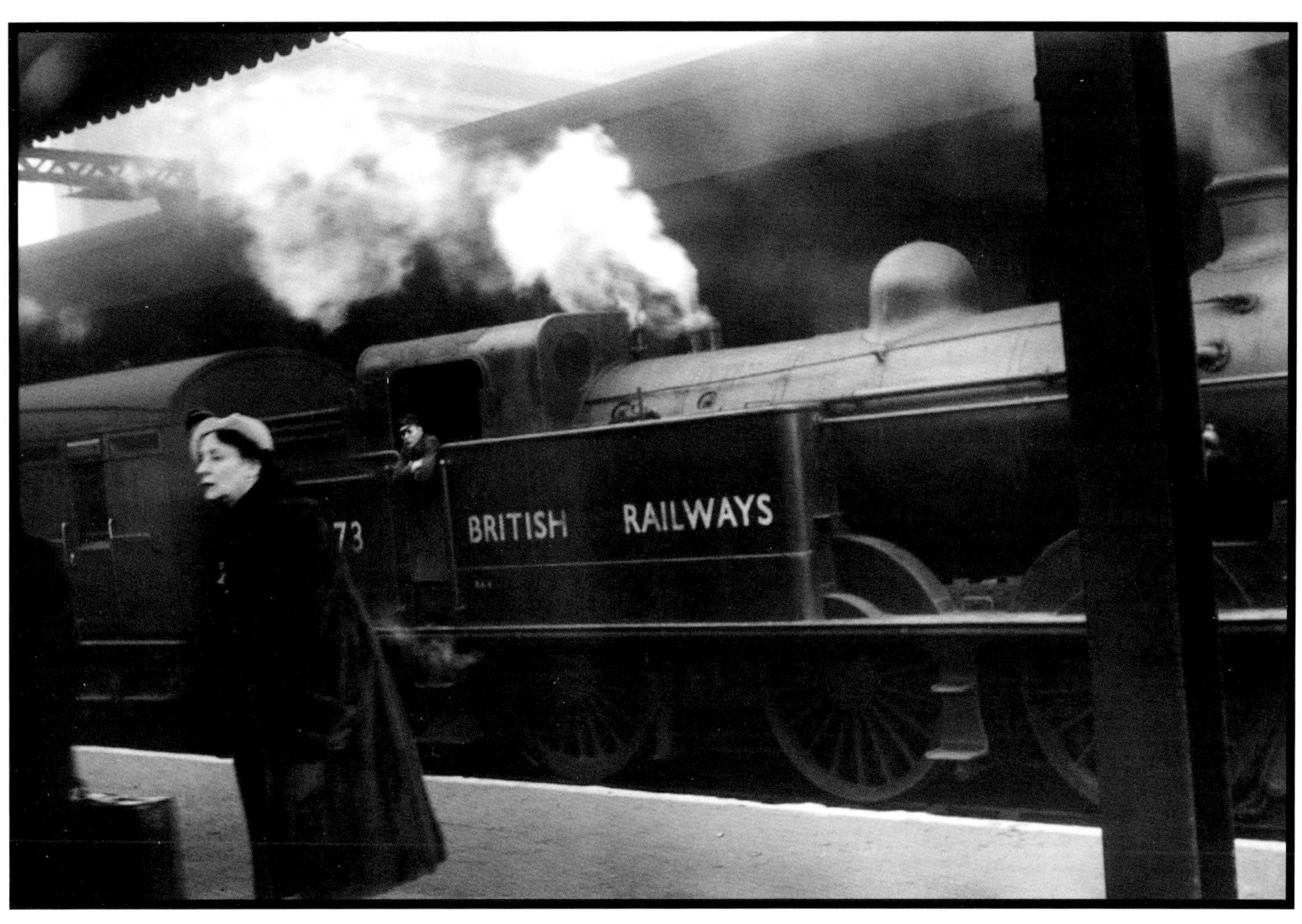

London, England, 1952

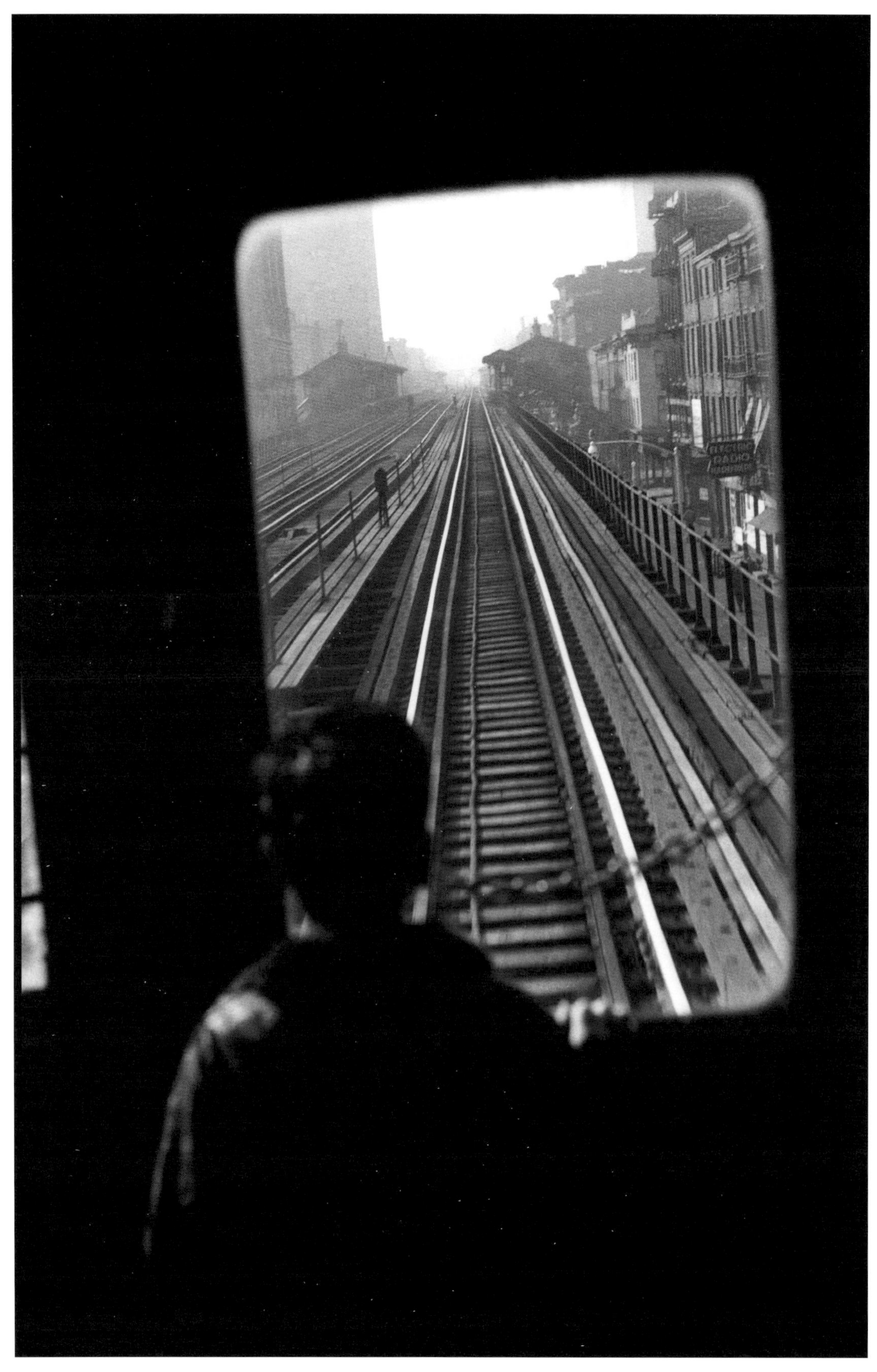

Third Avenue El., New York, USA, 1955

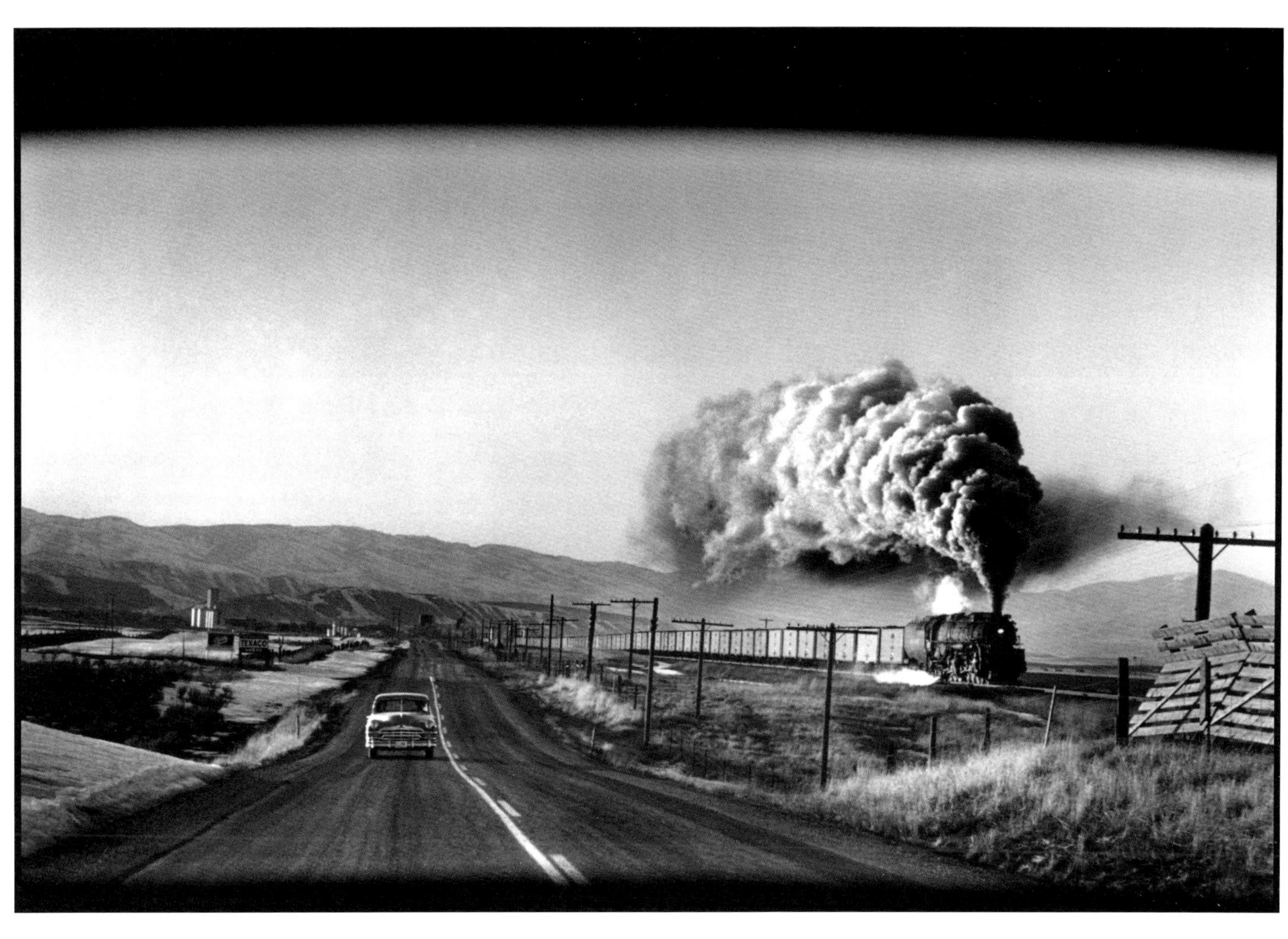

Wyoming, USA, 1954

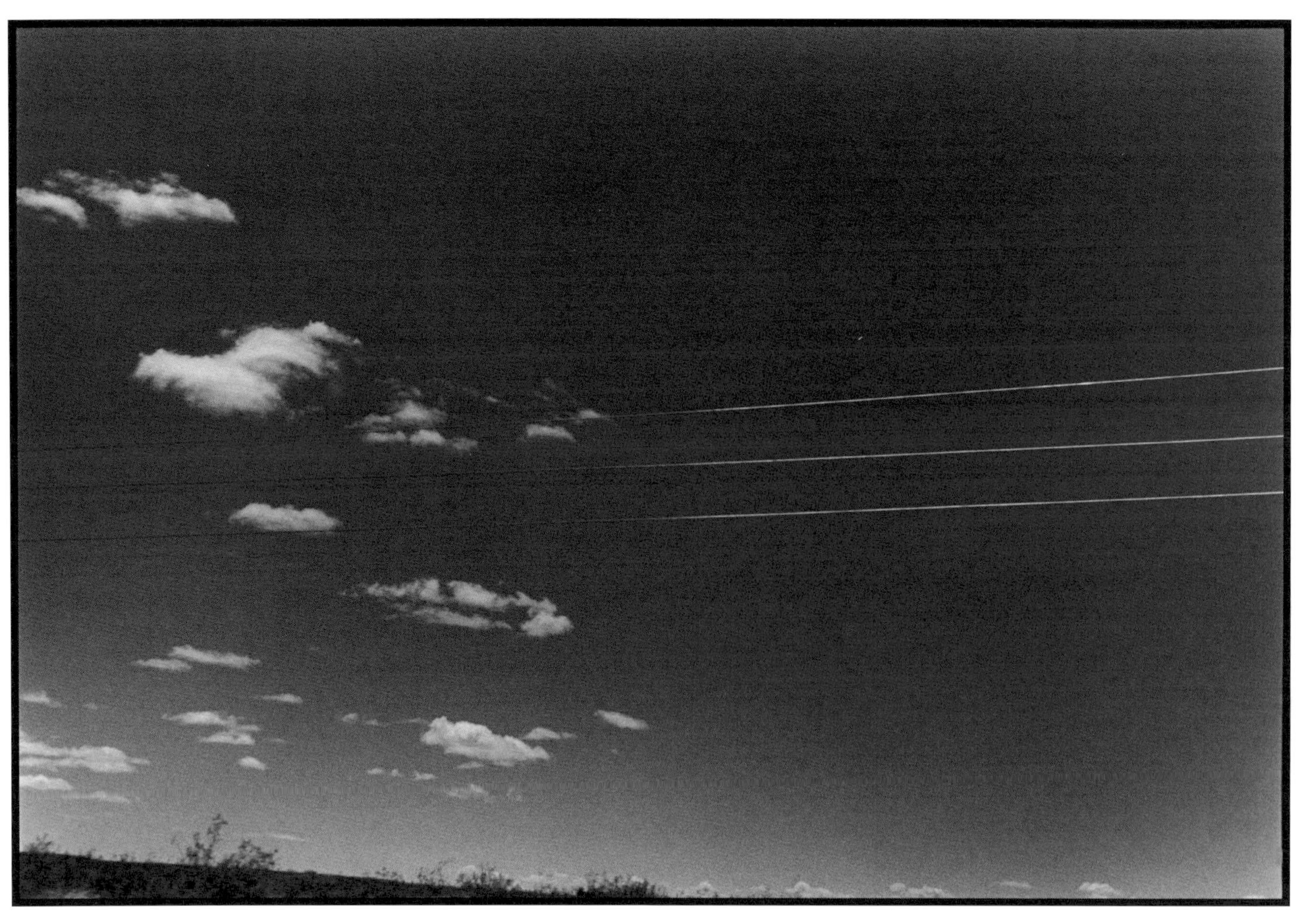

Argentina, 2001

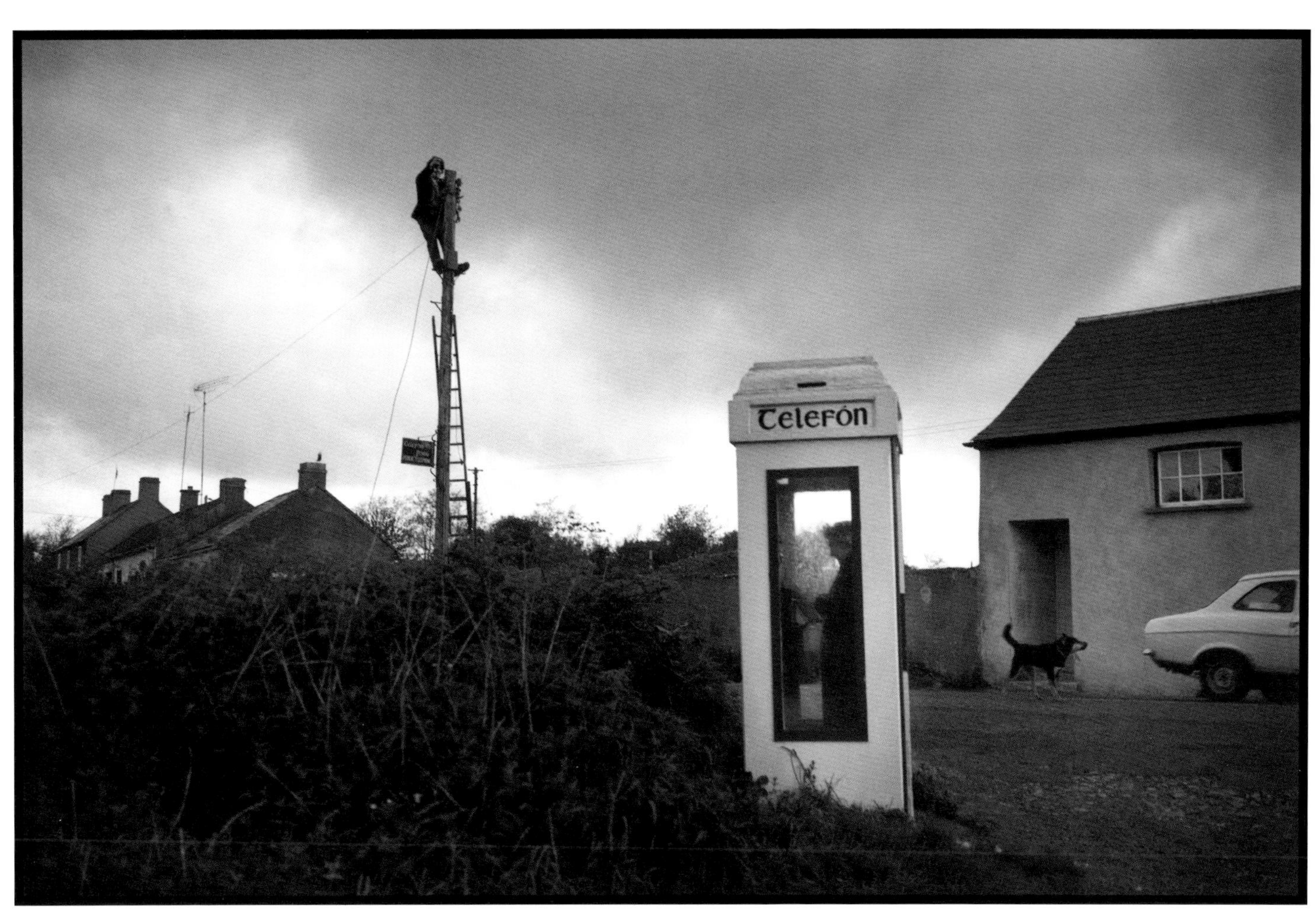

Ballycotton, Ireland, 1982

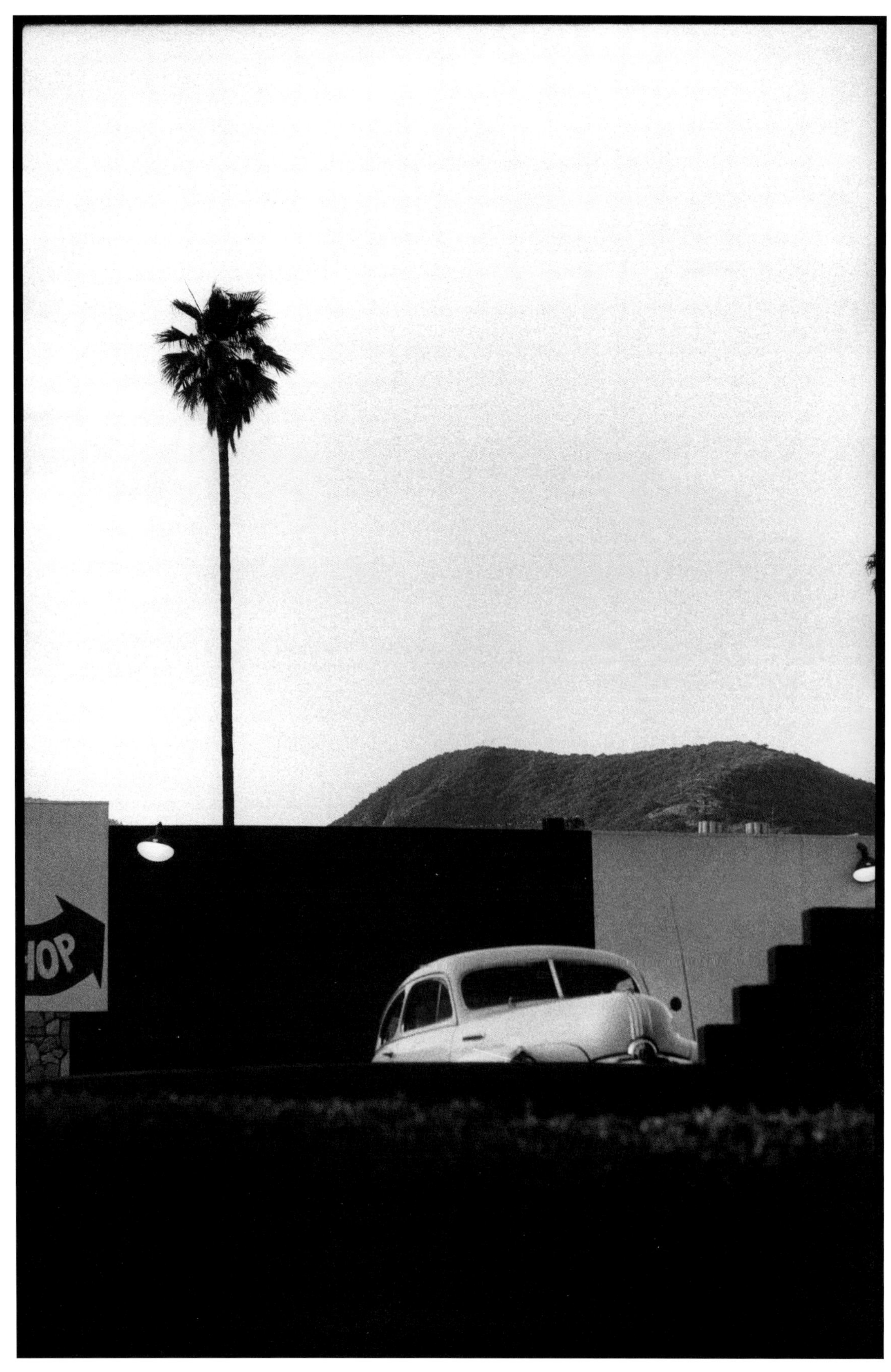

Hollywood, USA, 1956

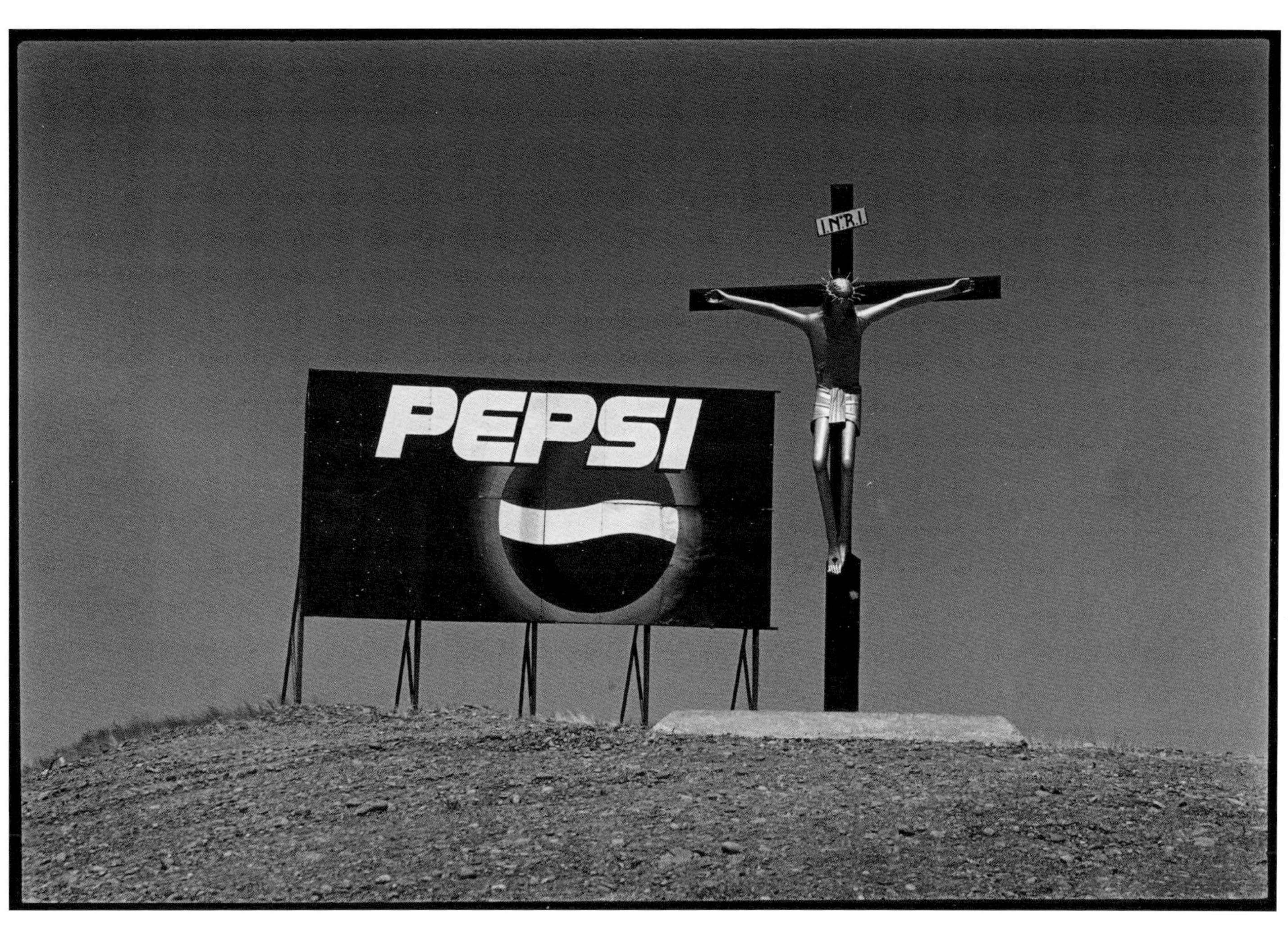

Valdes Peninsula, Argentina, 2001

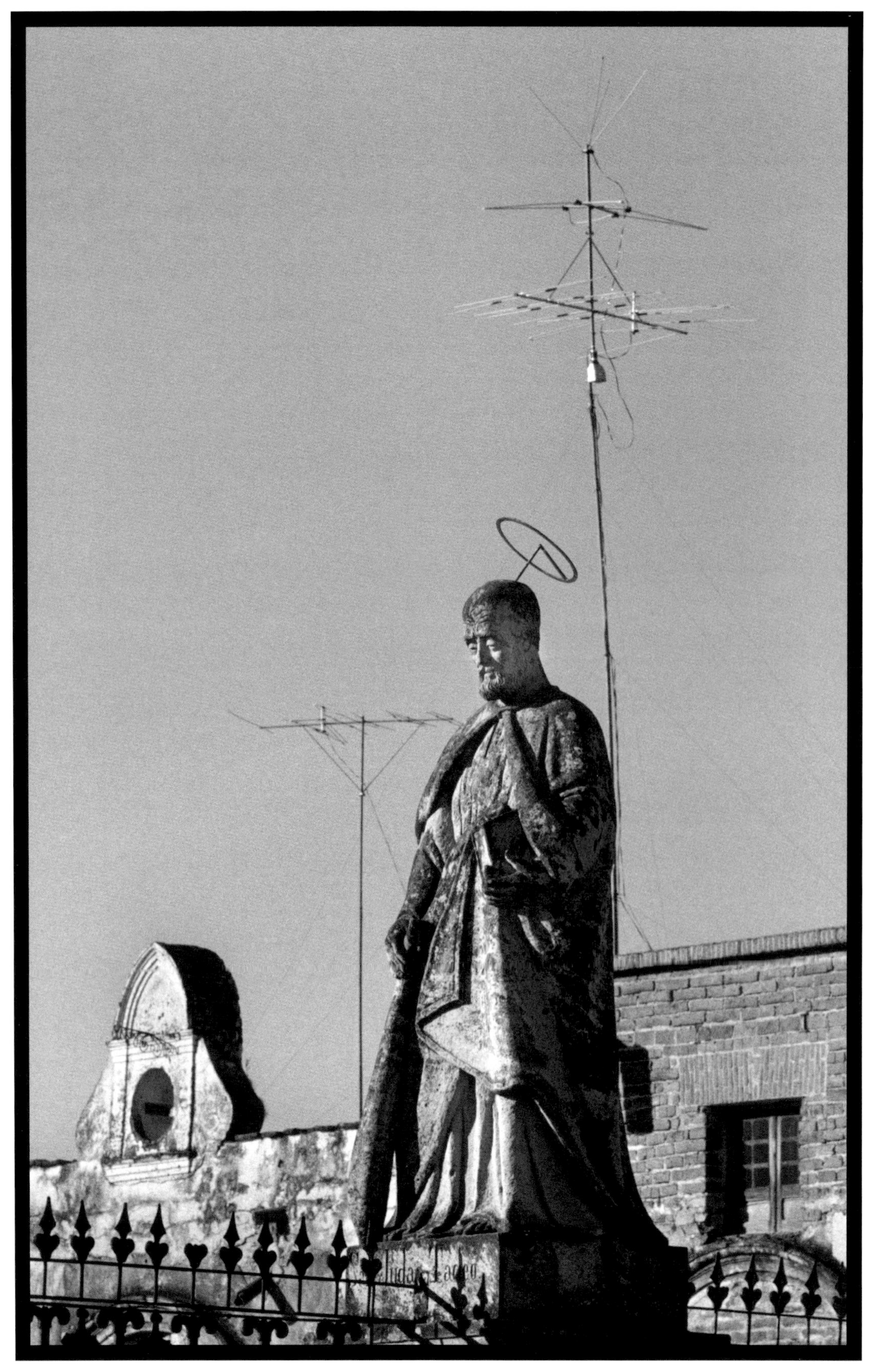

Mexico, 1973

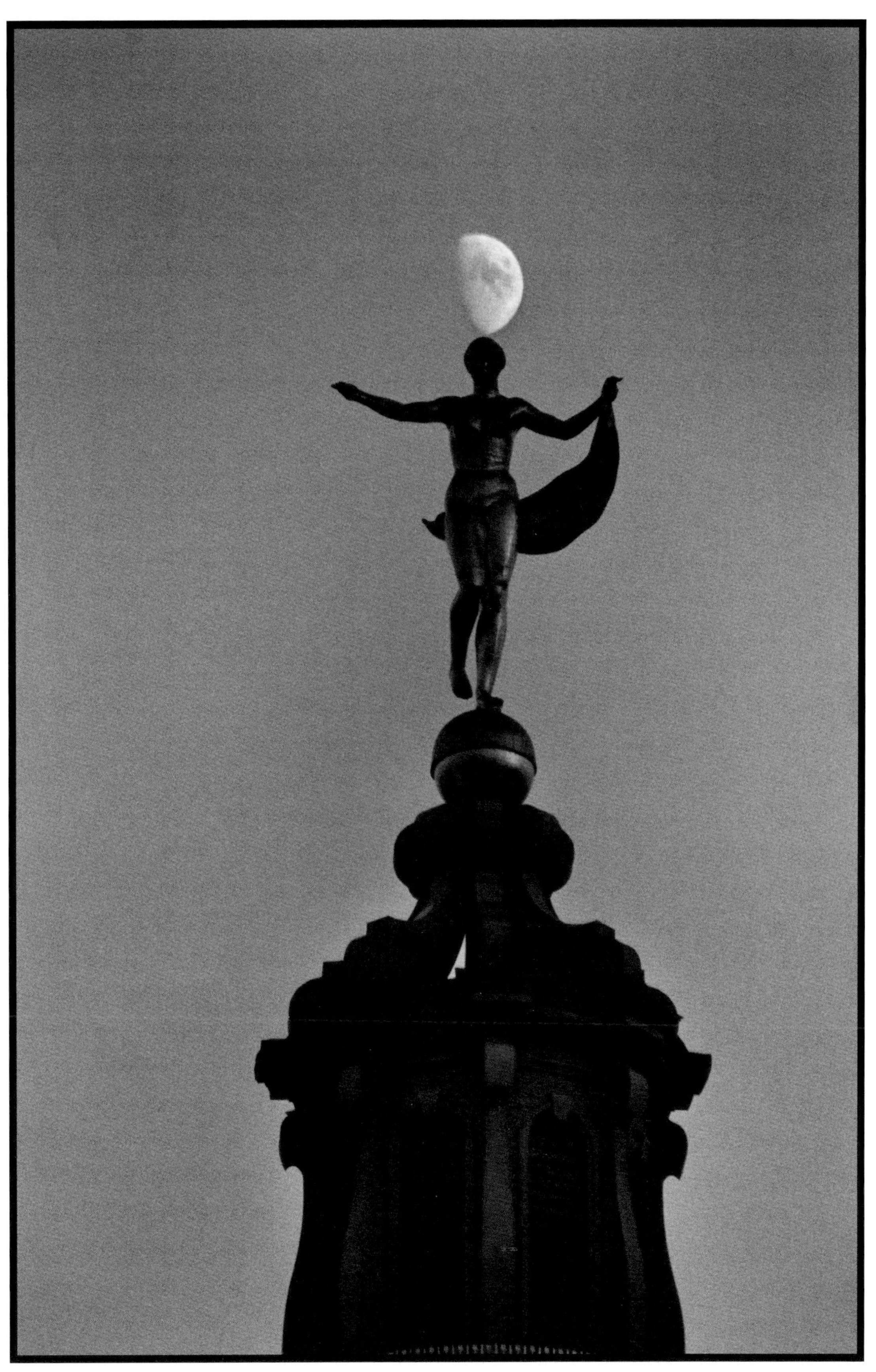

Schloss Charlottenburg, Berlin, Germany, 1995

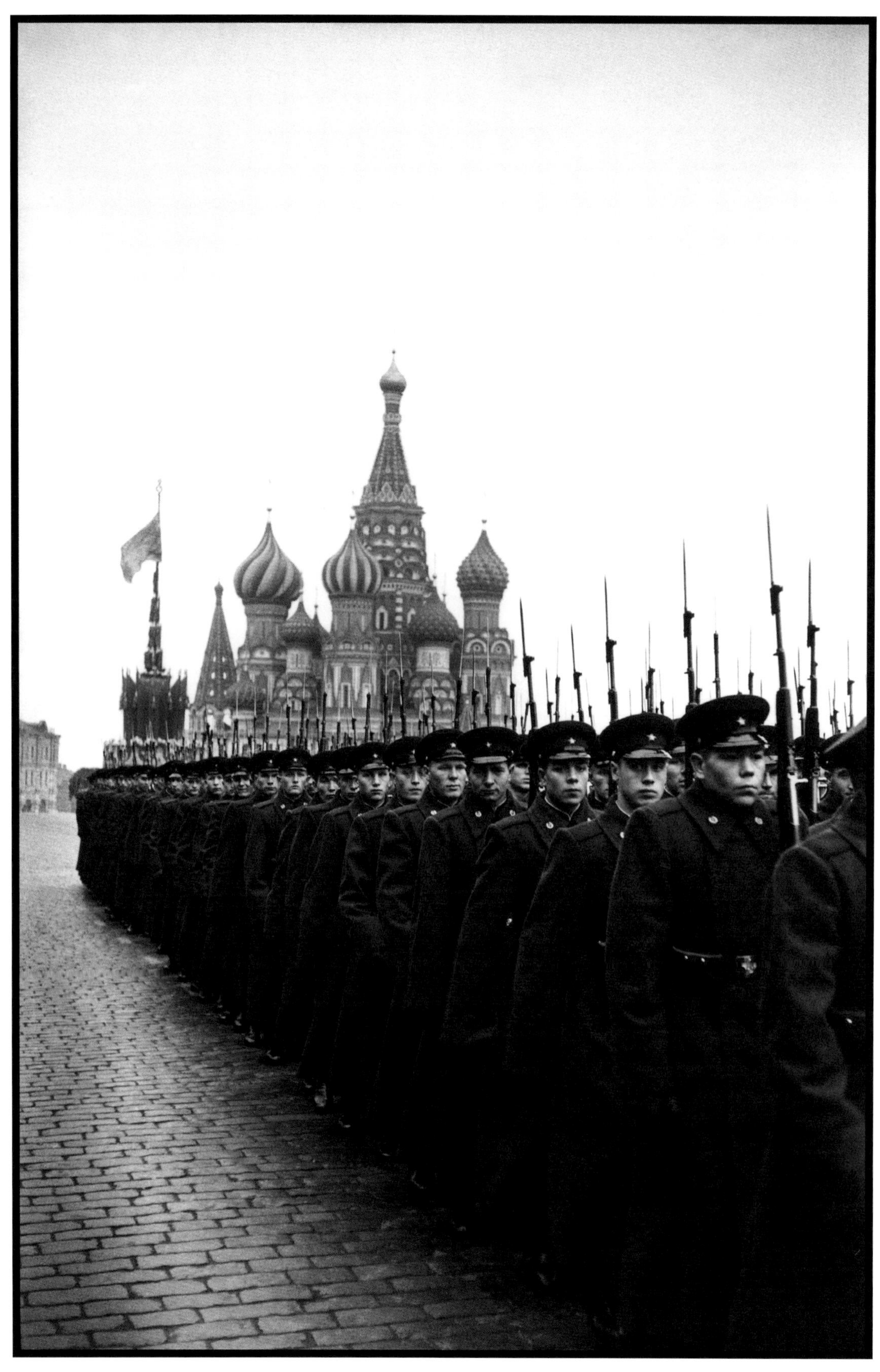

Moscow, Russia, 1957

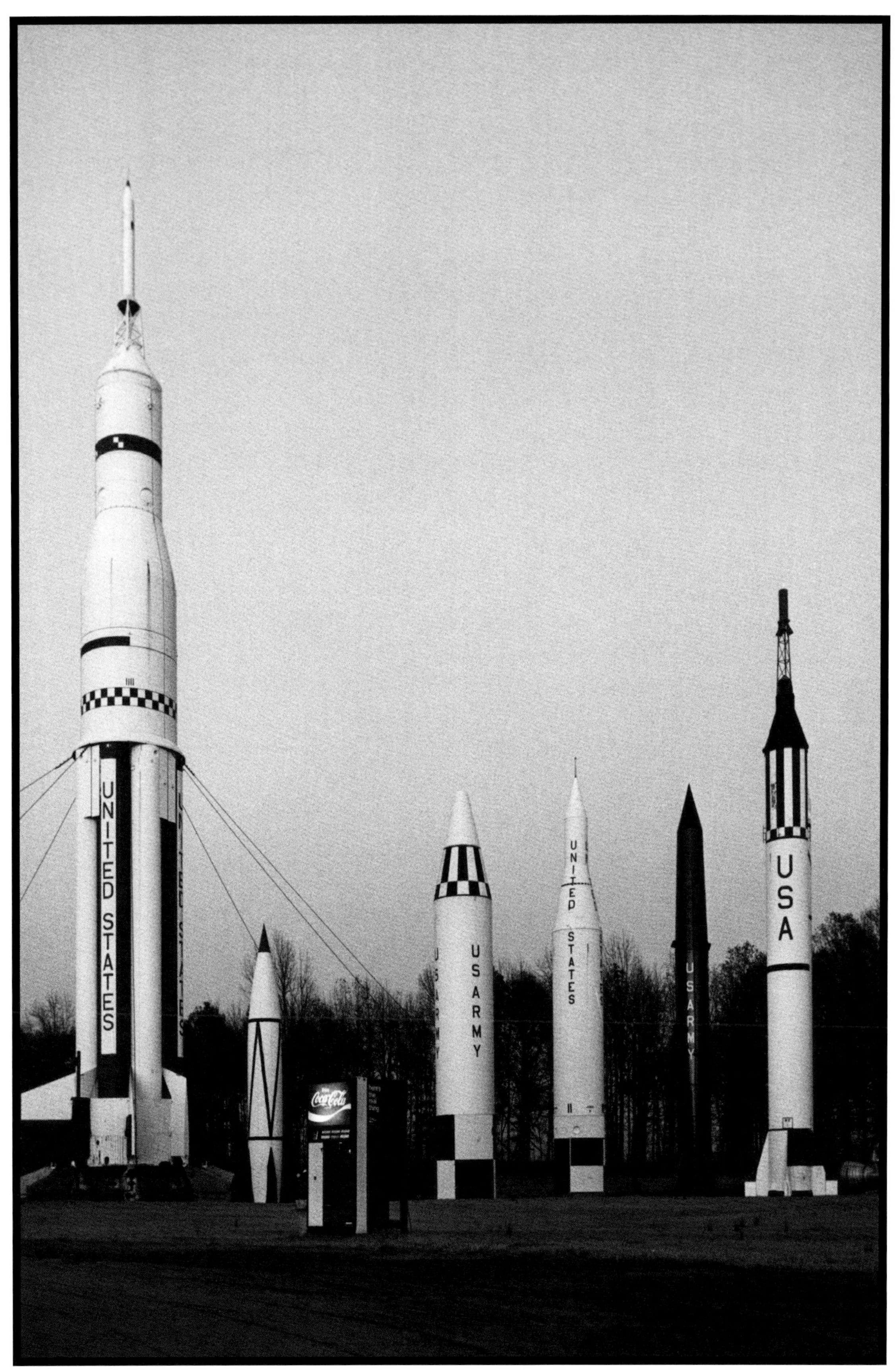

Air and Space Museum, Huntsville, Alabama, USA, 1974

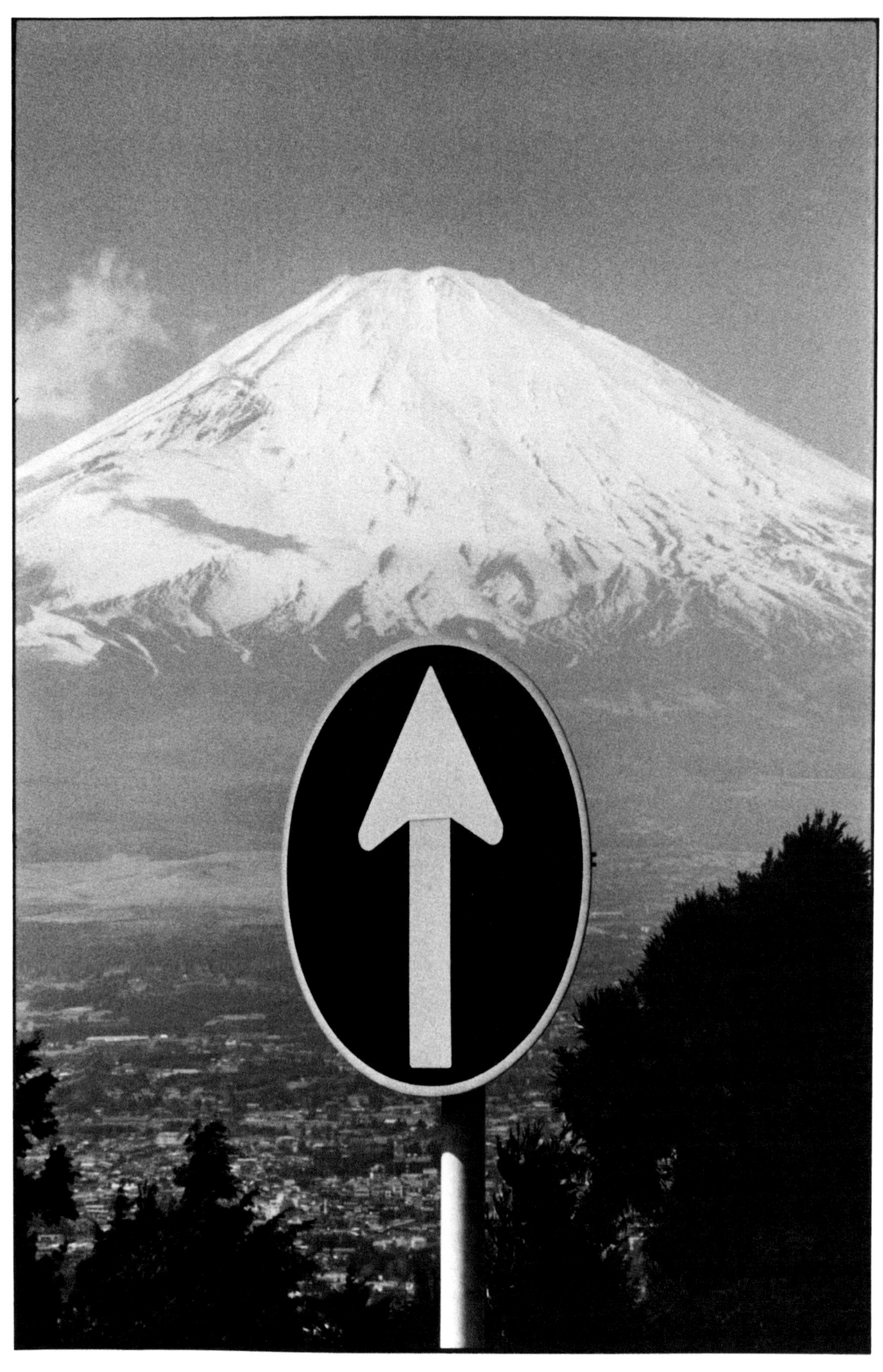

Mount Fuji, Japan, 1977

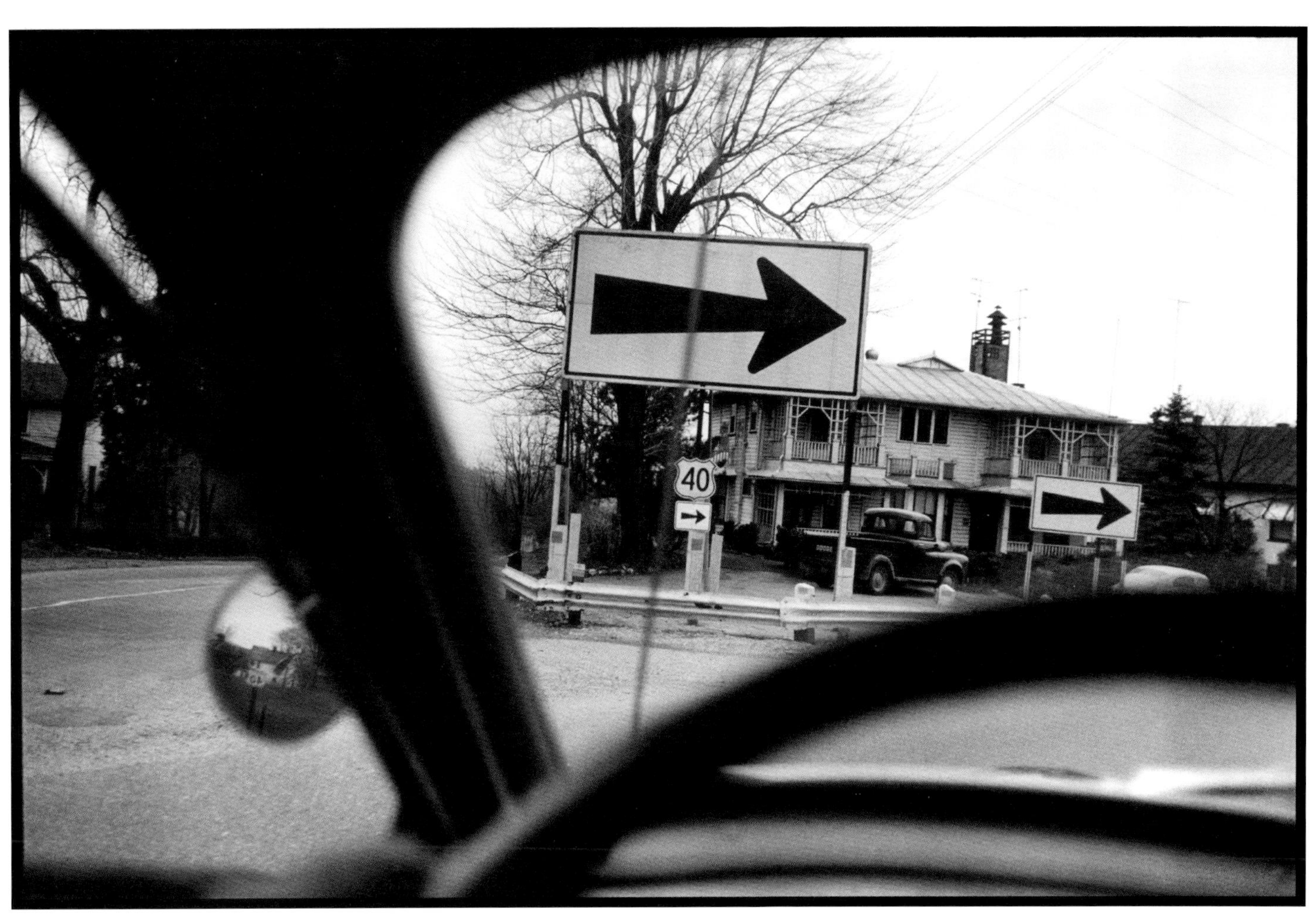

Idaho, USA, 1954

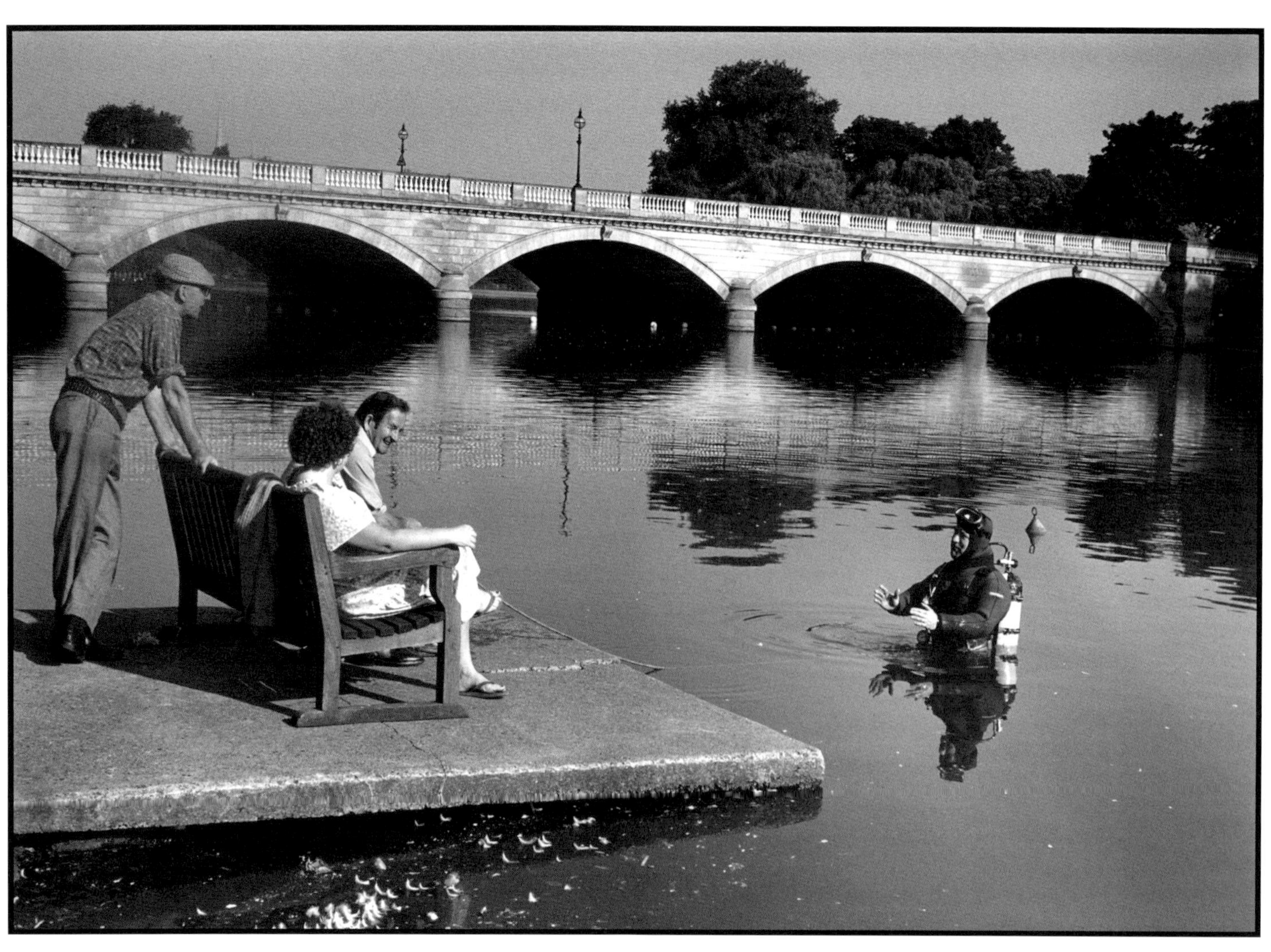

London, England, 1978

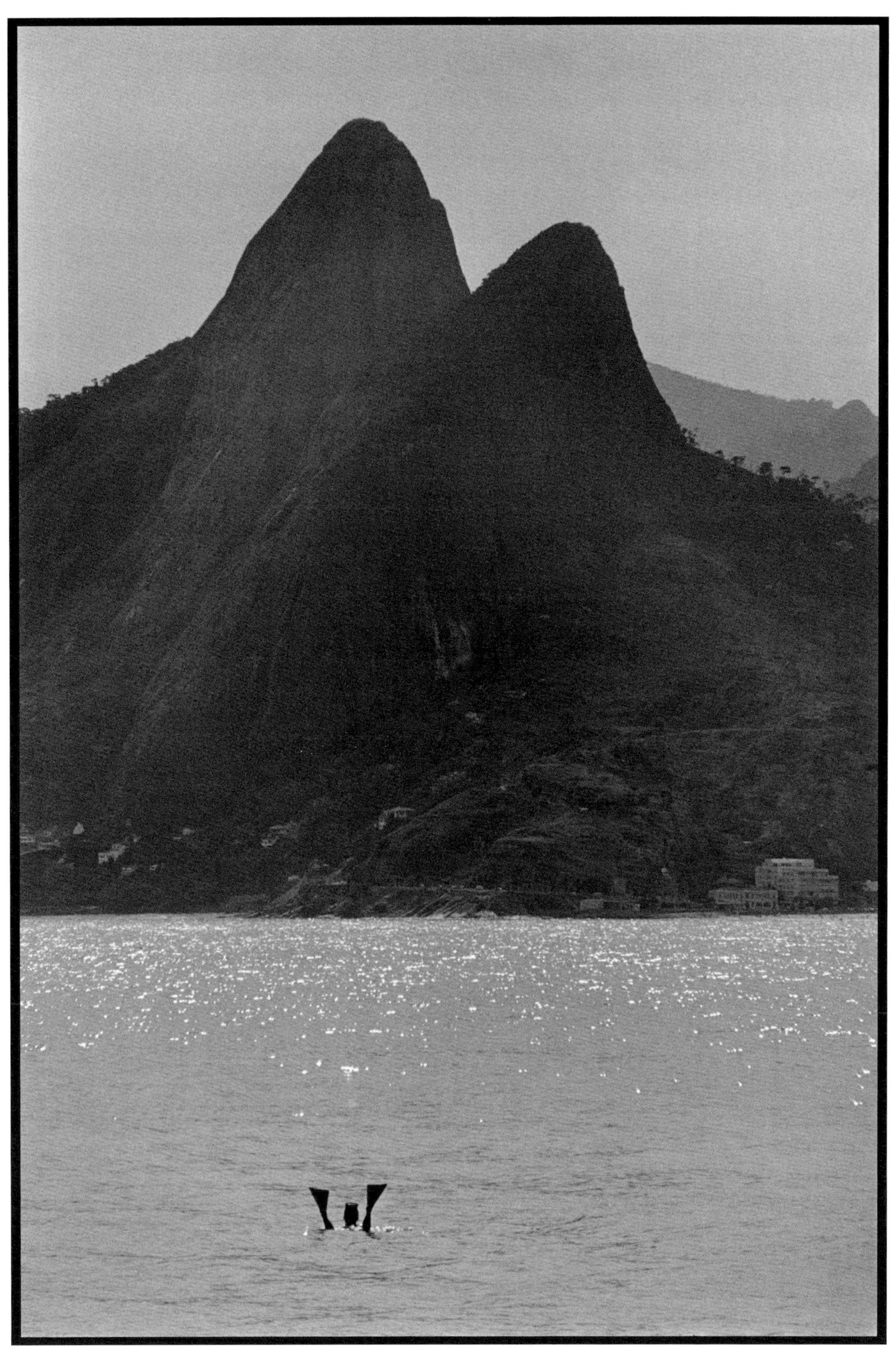

Rio de Janeiro, Brazil, 1963

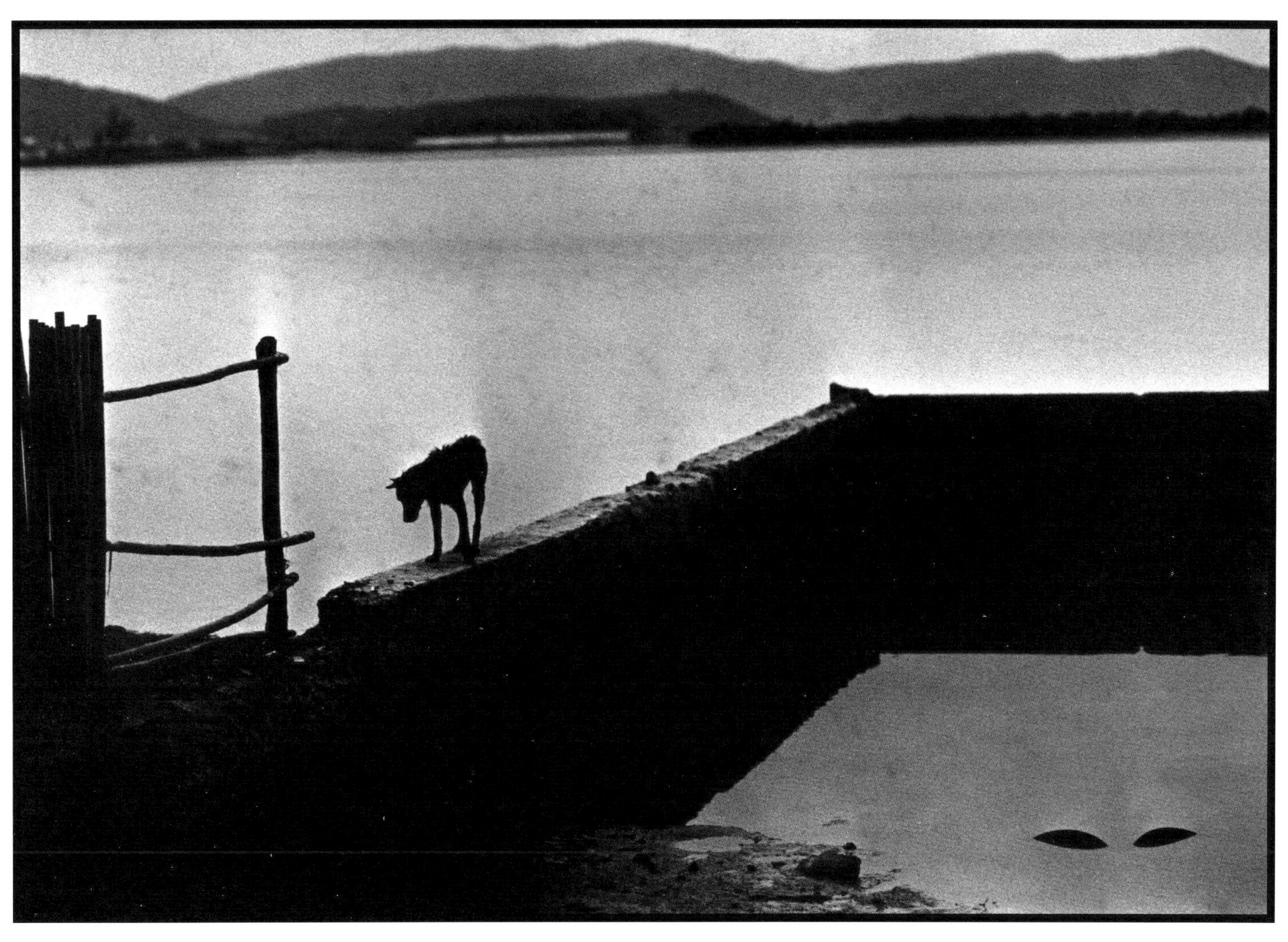

Brazil, 1965

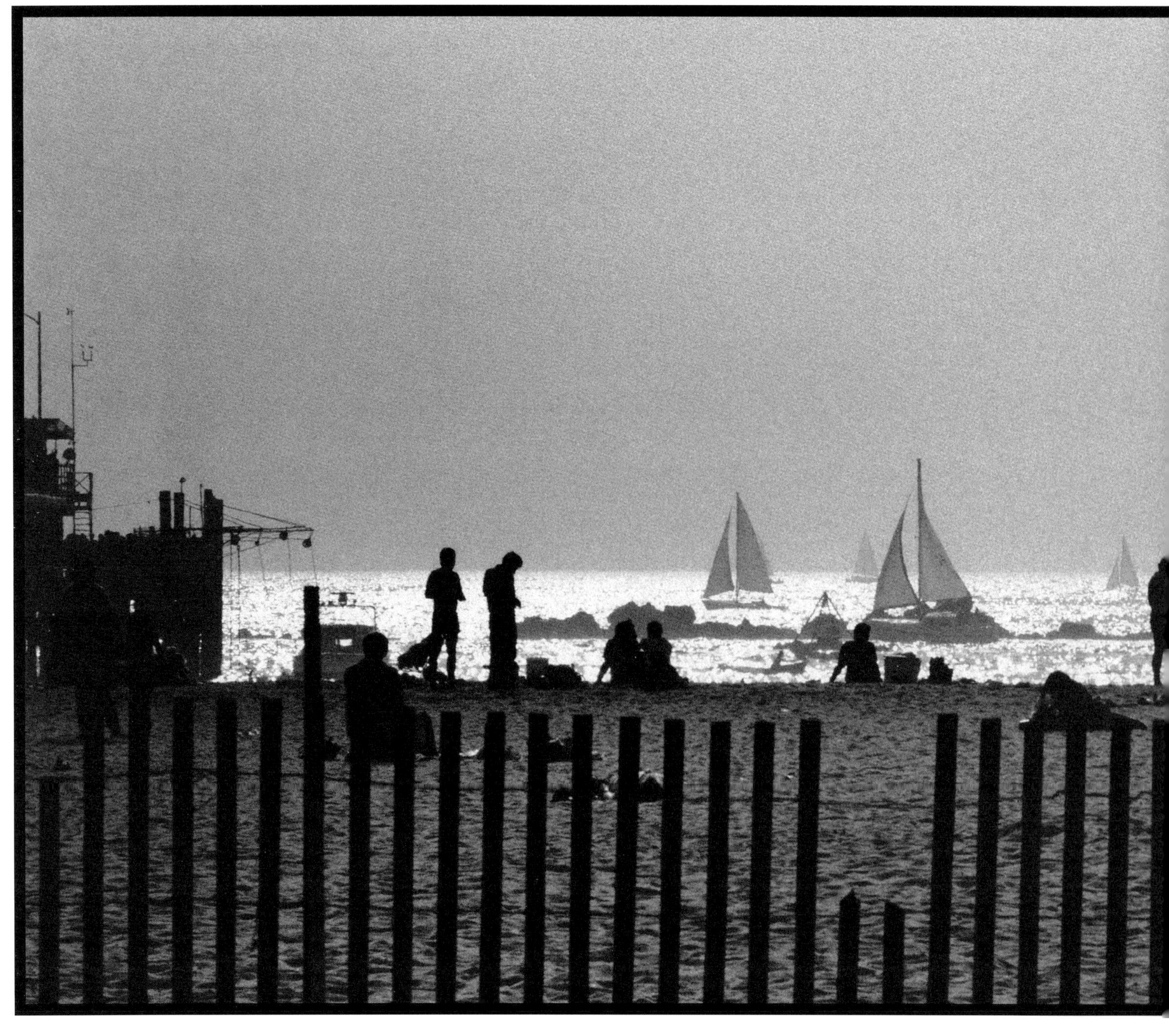

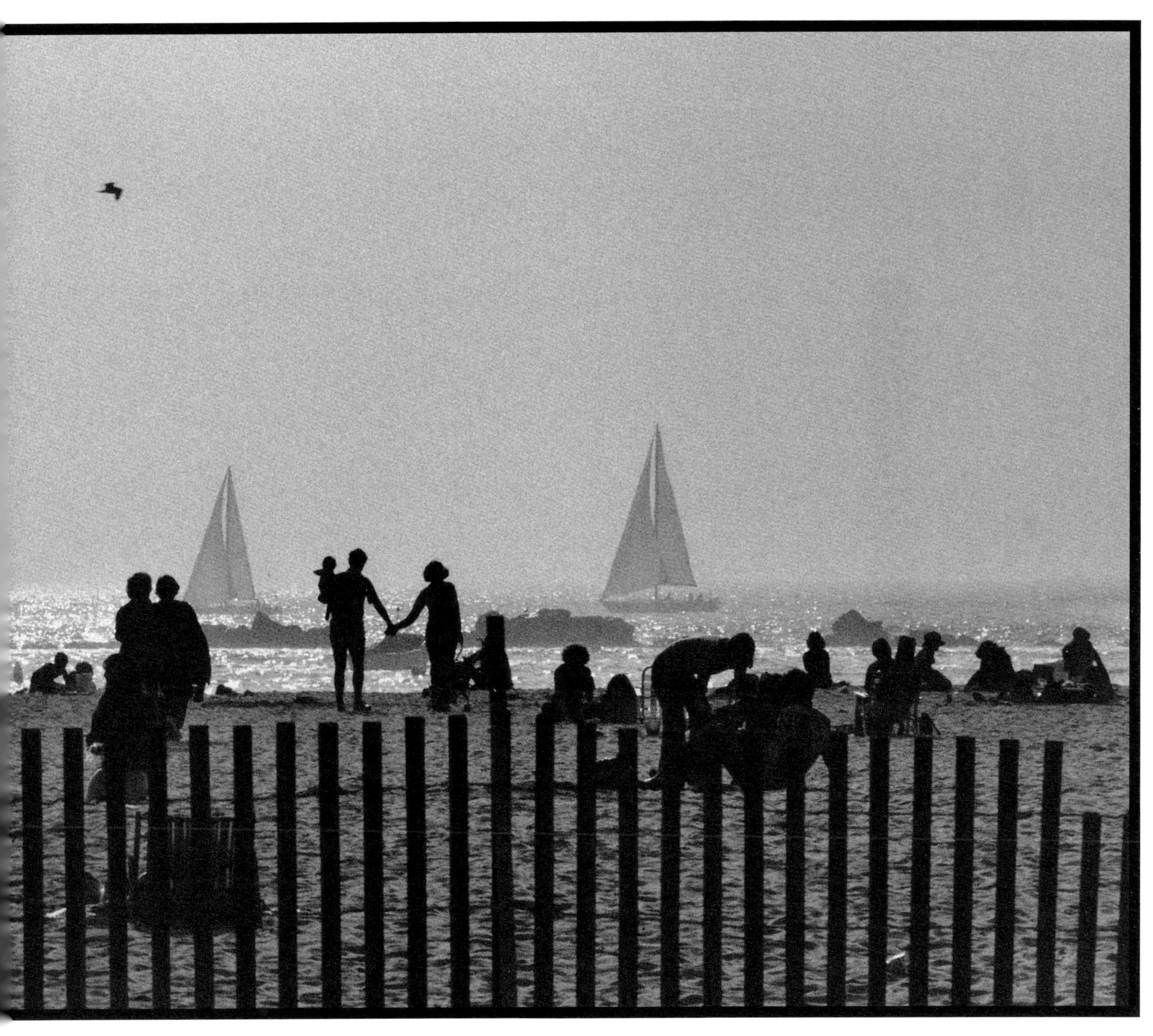

Santa Monica, California, USA, 1977

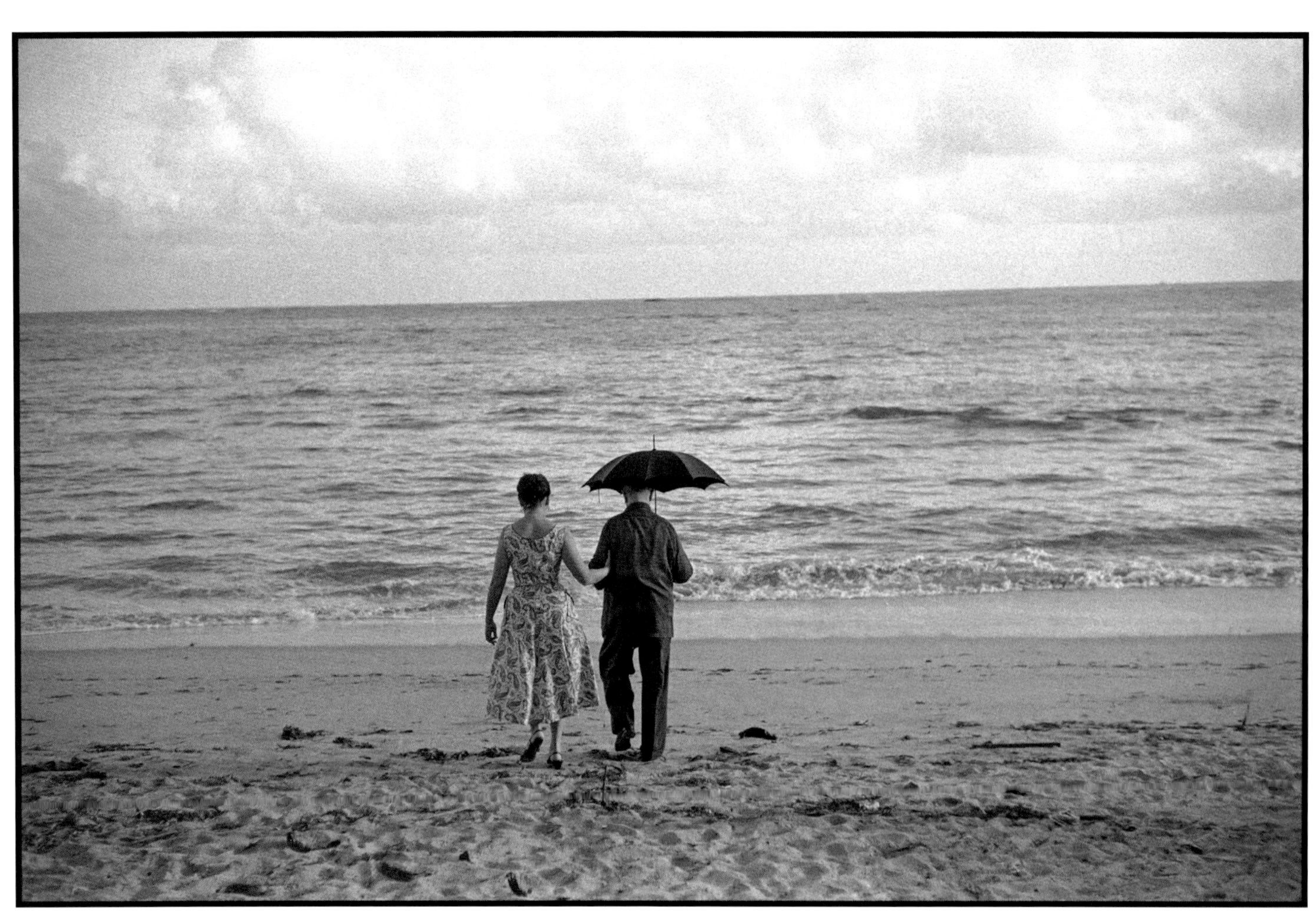

San Juan, Puerto Rico, 1957

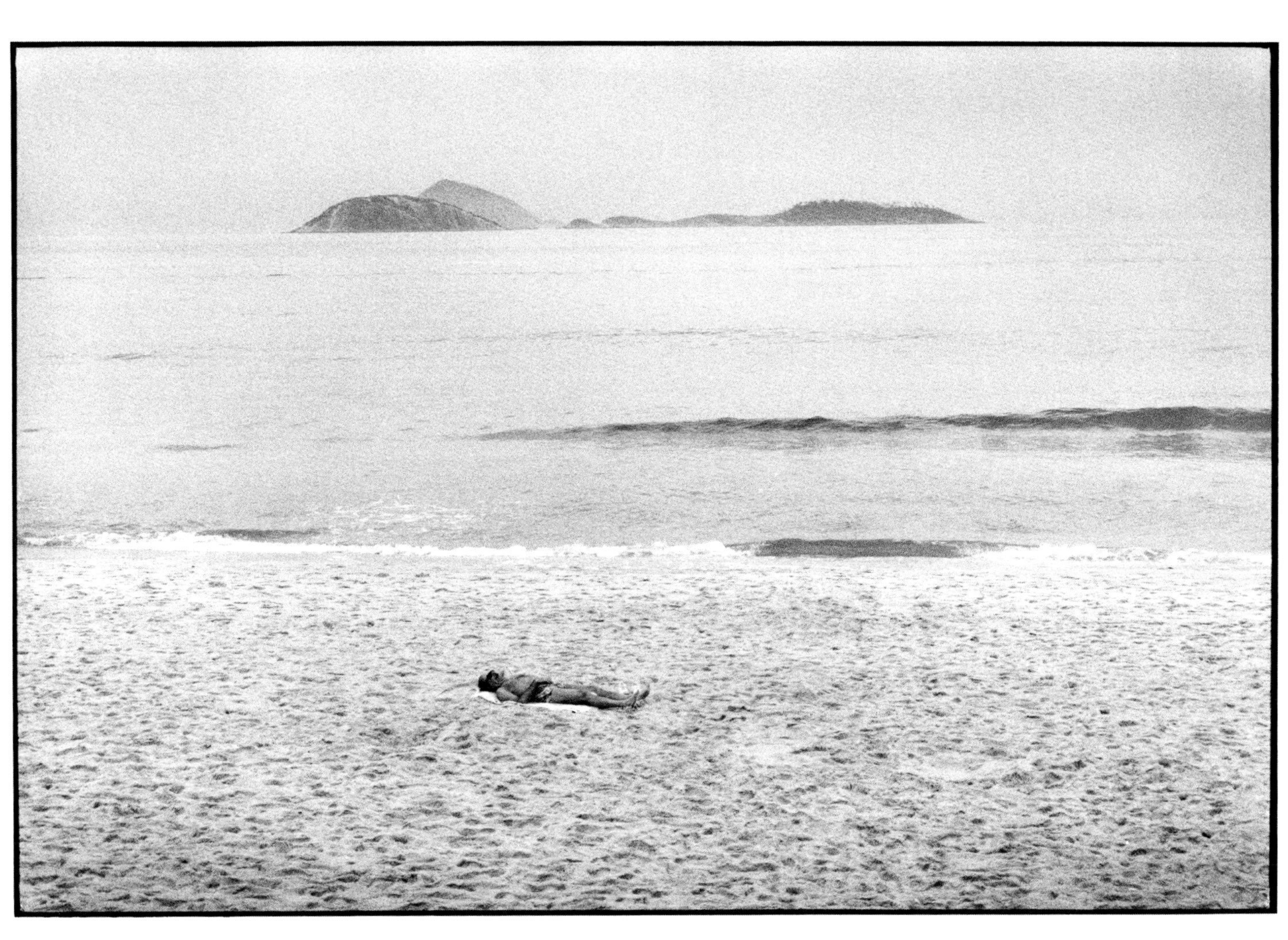

Rio de Janeiro, Brazil, 1986

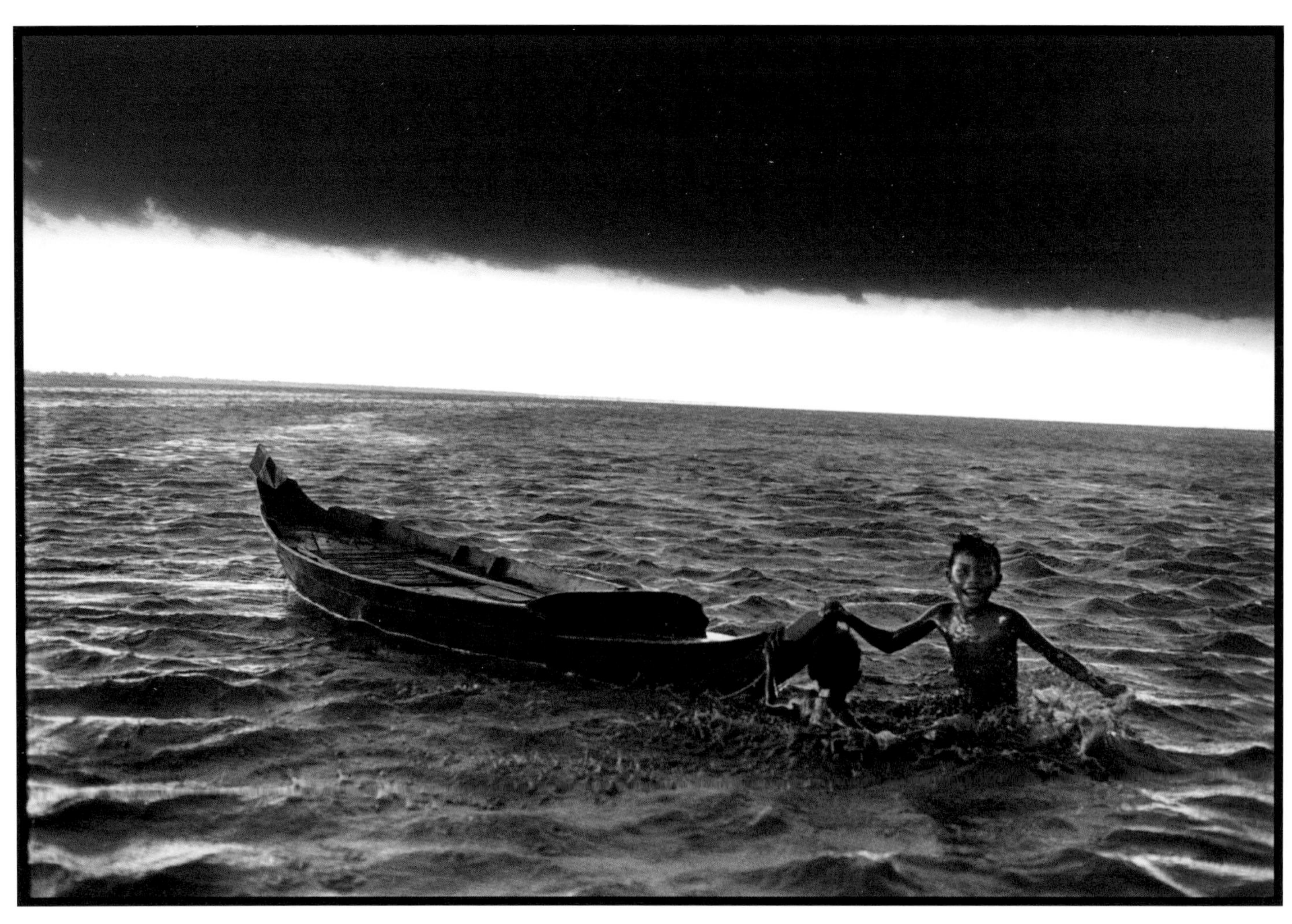

Cambodia, 1998

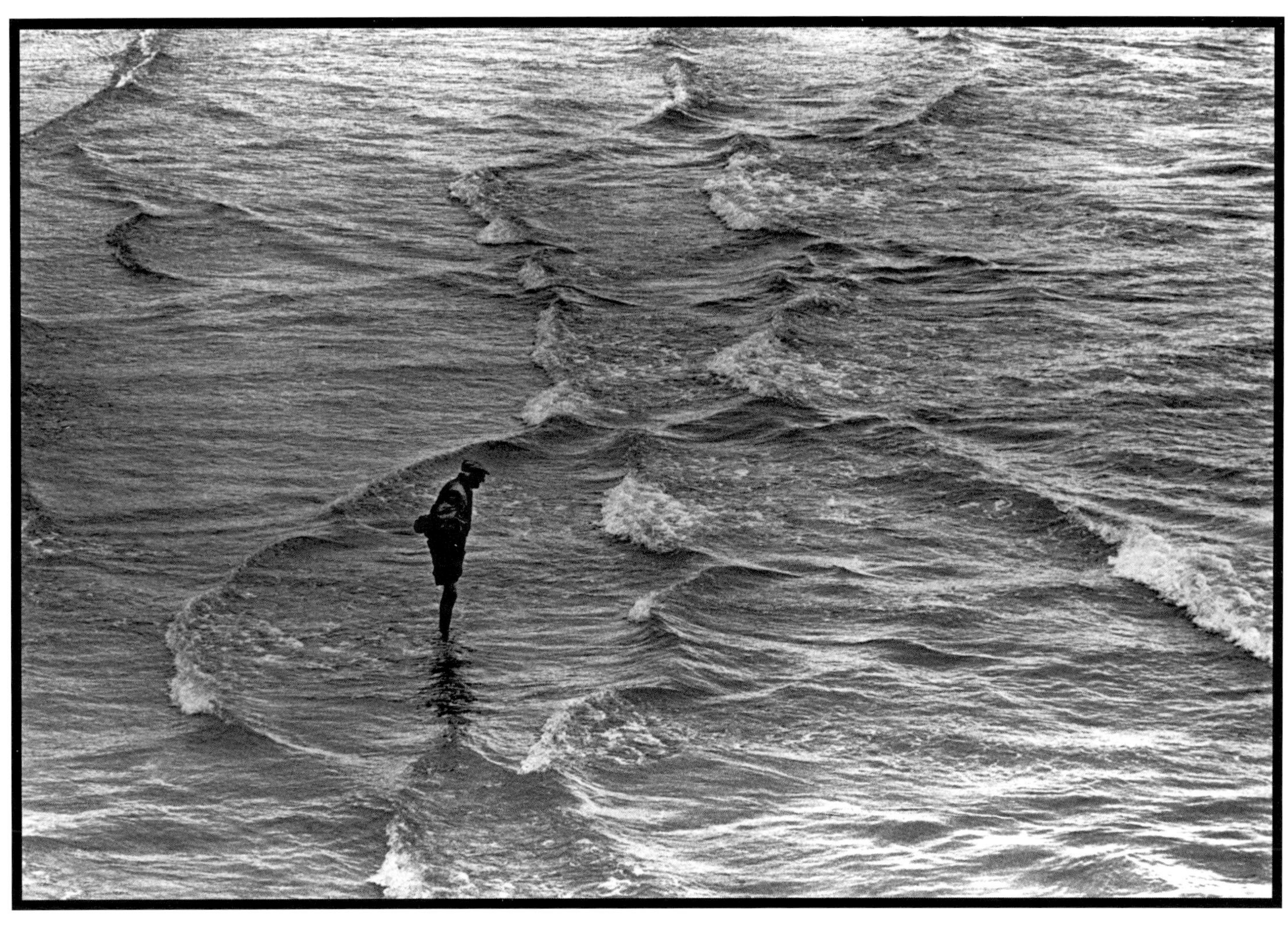

Brighton, England, 1966

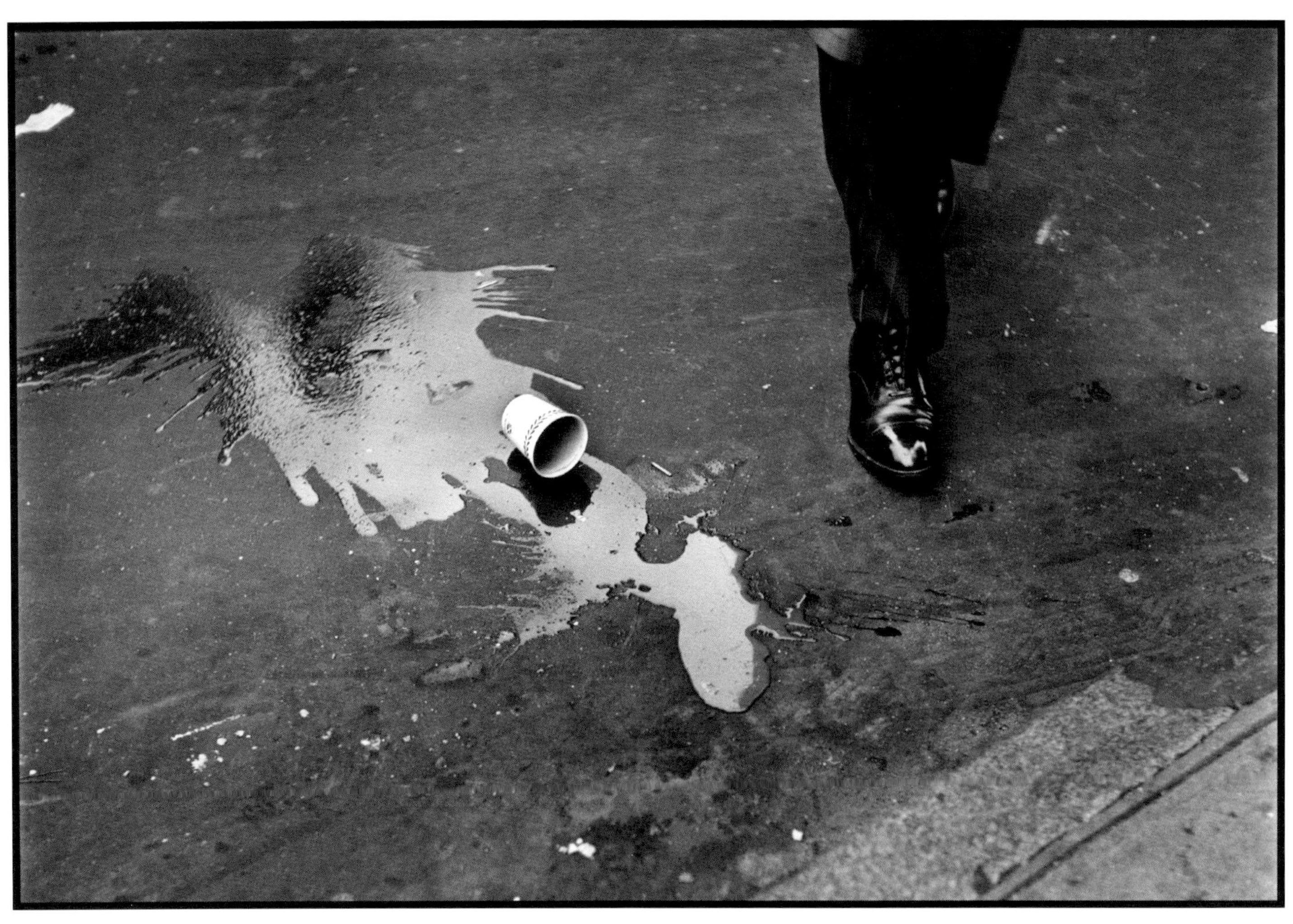

New York, USA, c.1950

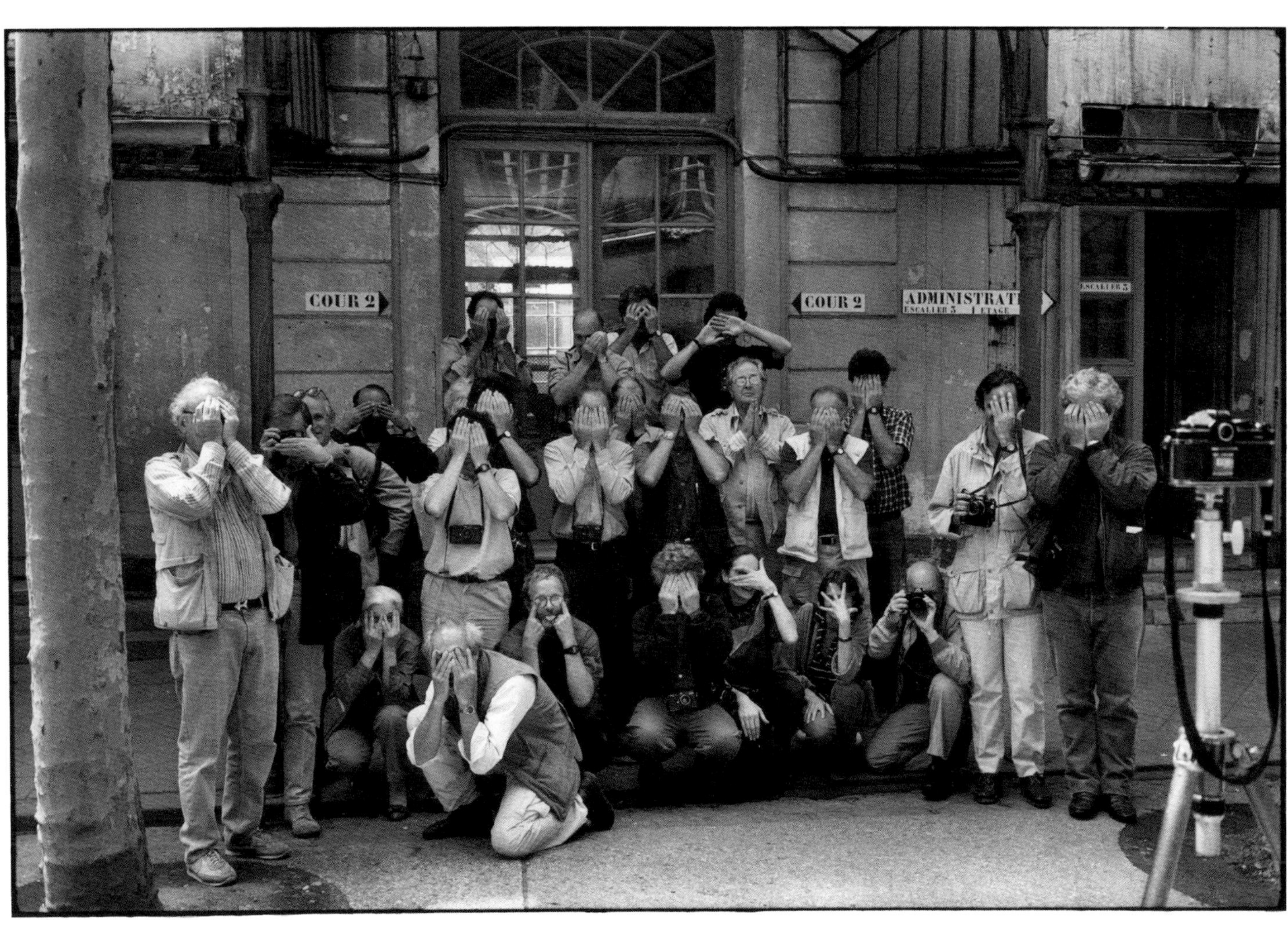

Magnum photographers hiding their faces, Paris, France, 1988

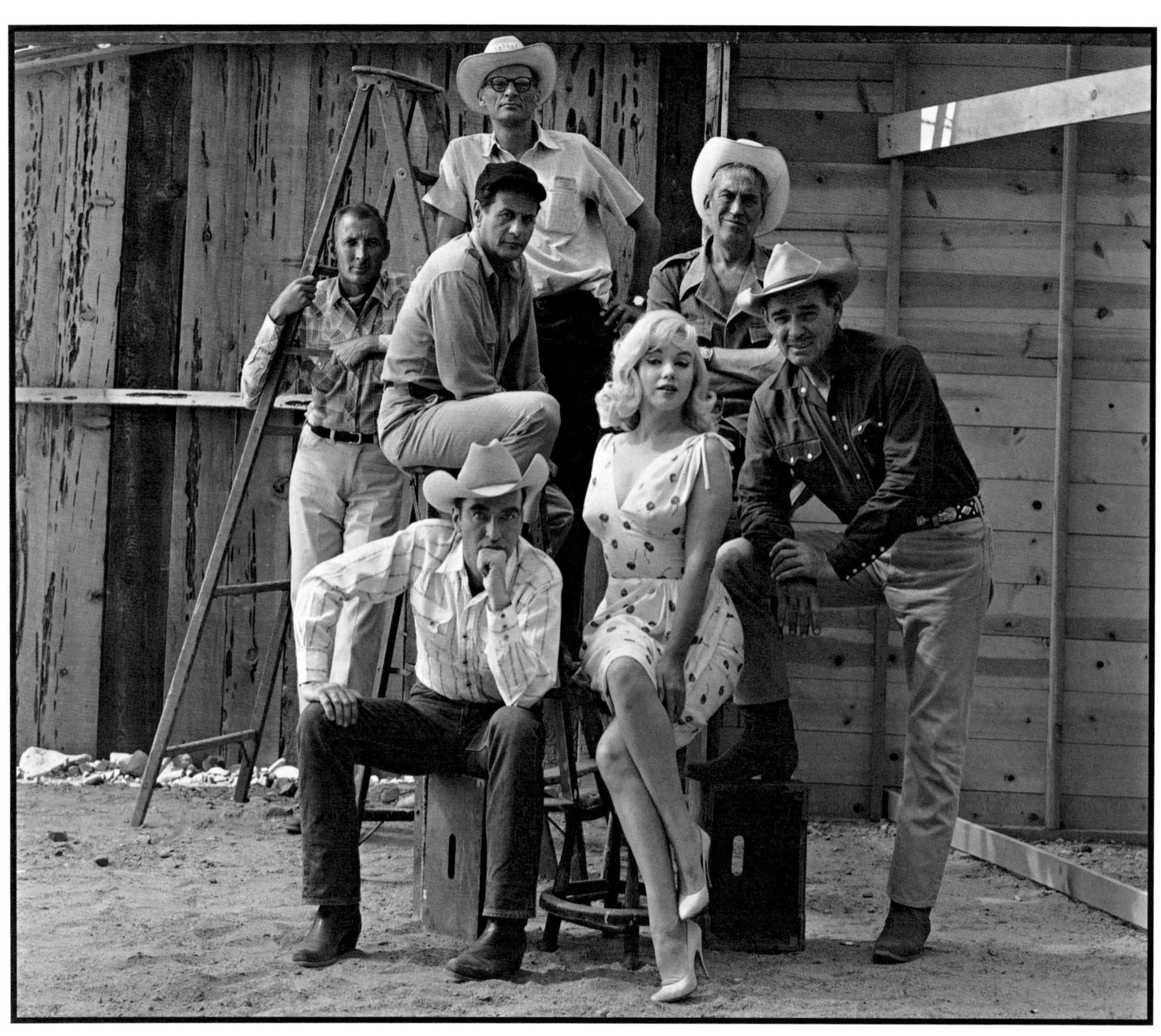

On the set of "The Misfits", Reno, Nevada, USA, 1960

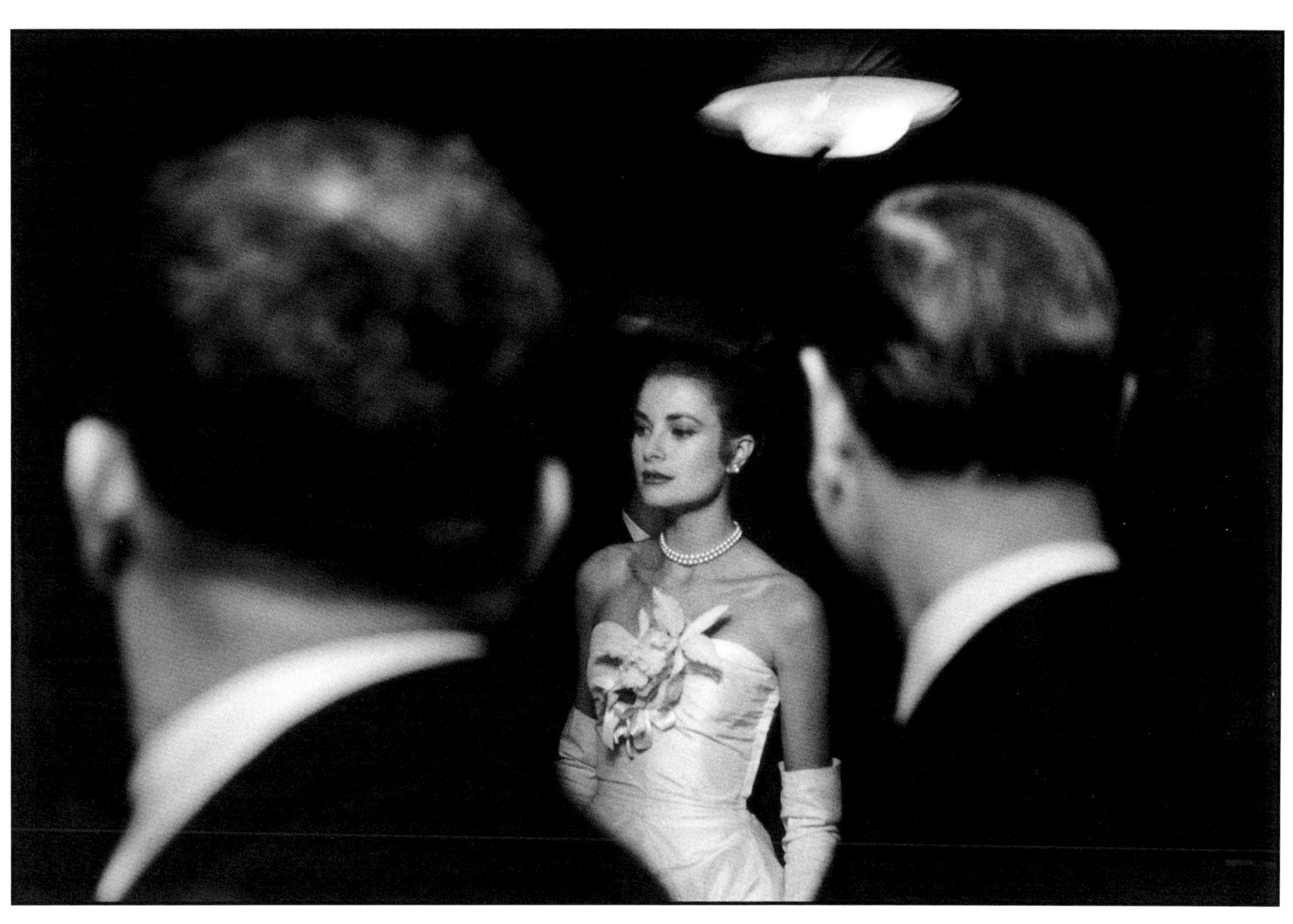

Grace Kelly, New York, USA, 1955

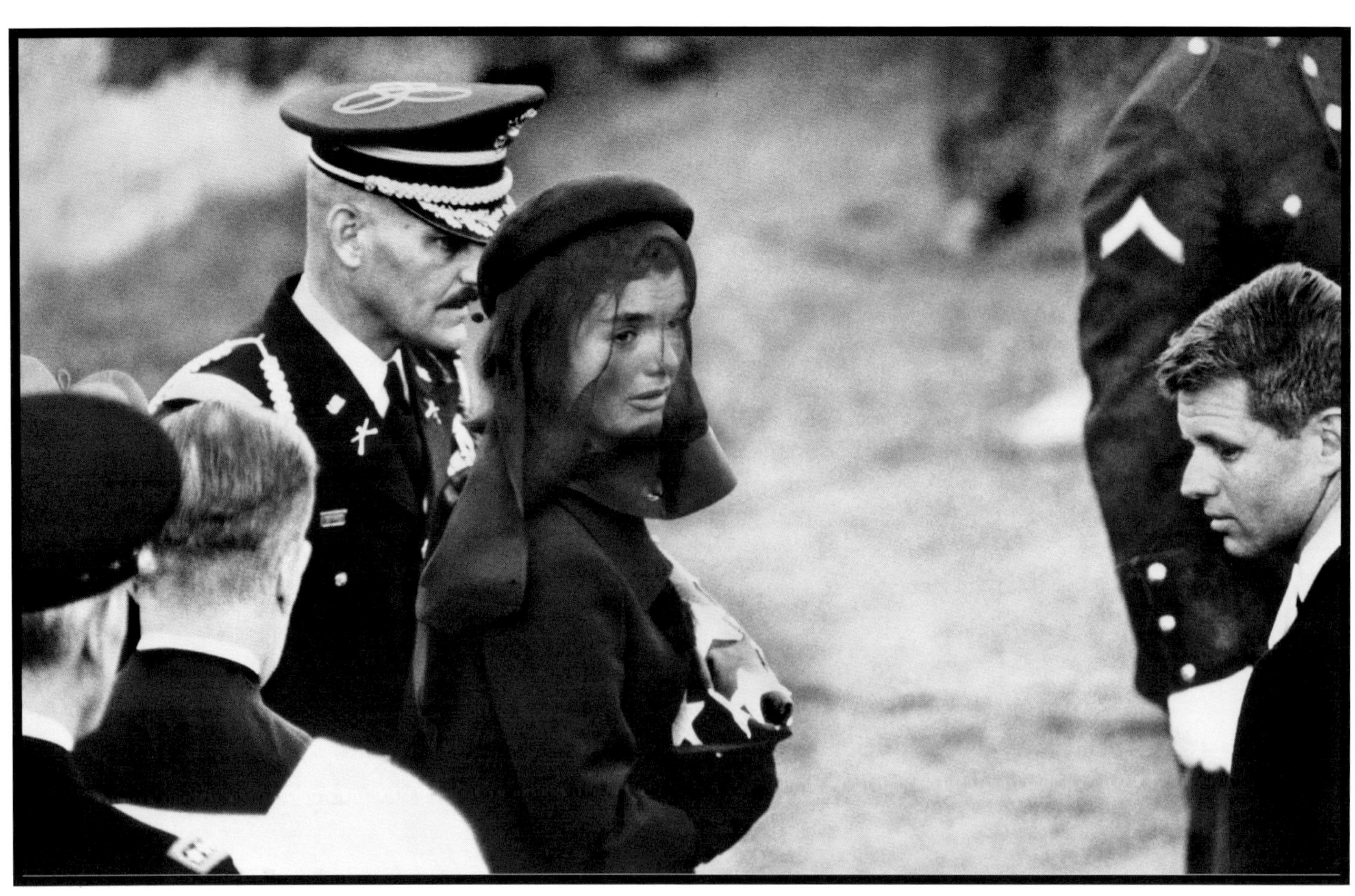

Jackie Kennedy, Arlington, Virginia, USA, 1963

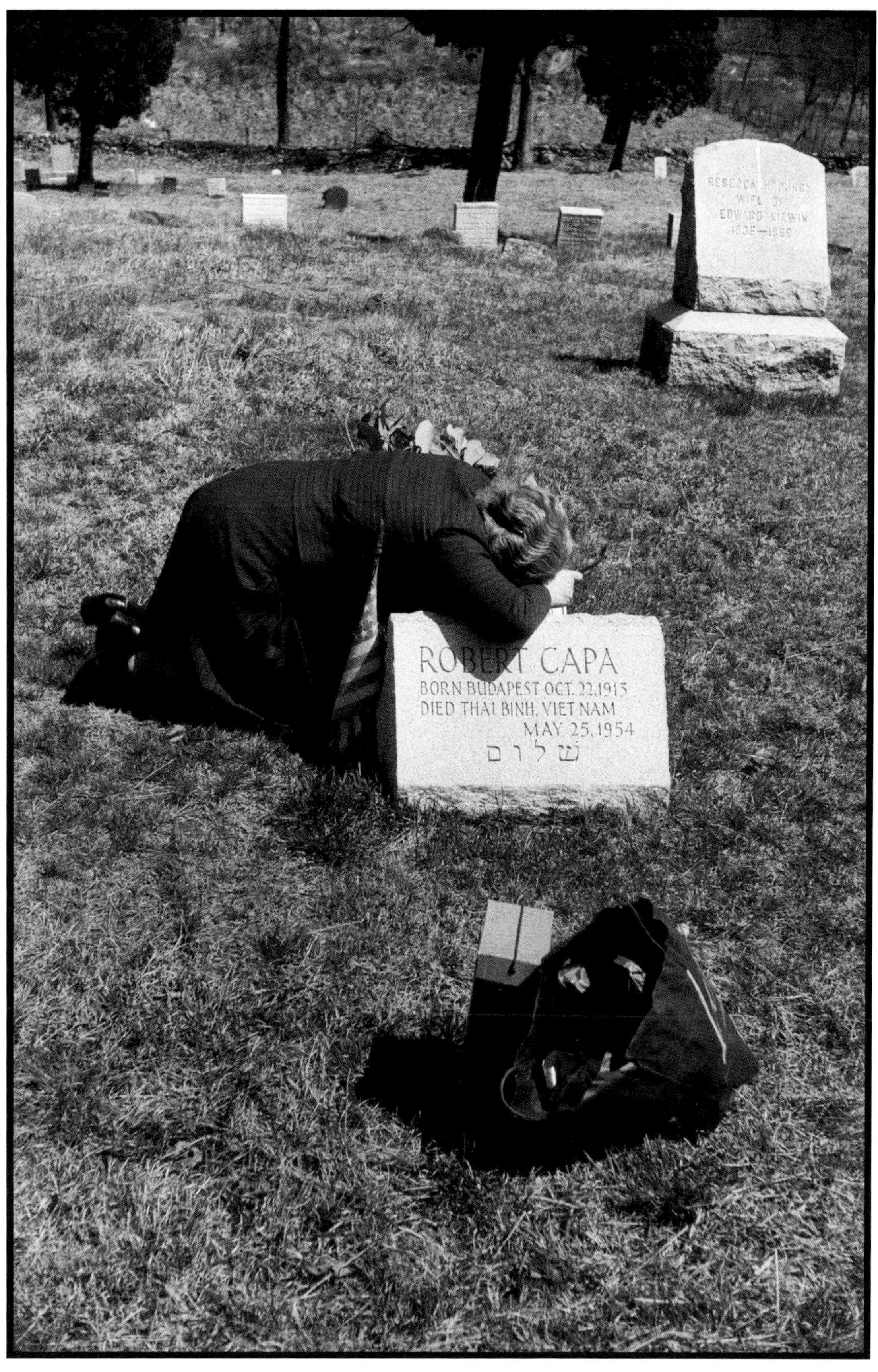

Robert Capa's mother, Julia, Armonk, New York, USA, 1954

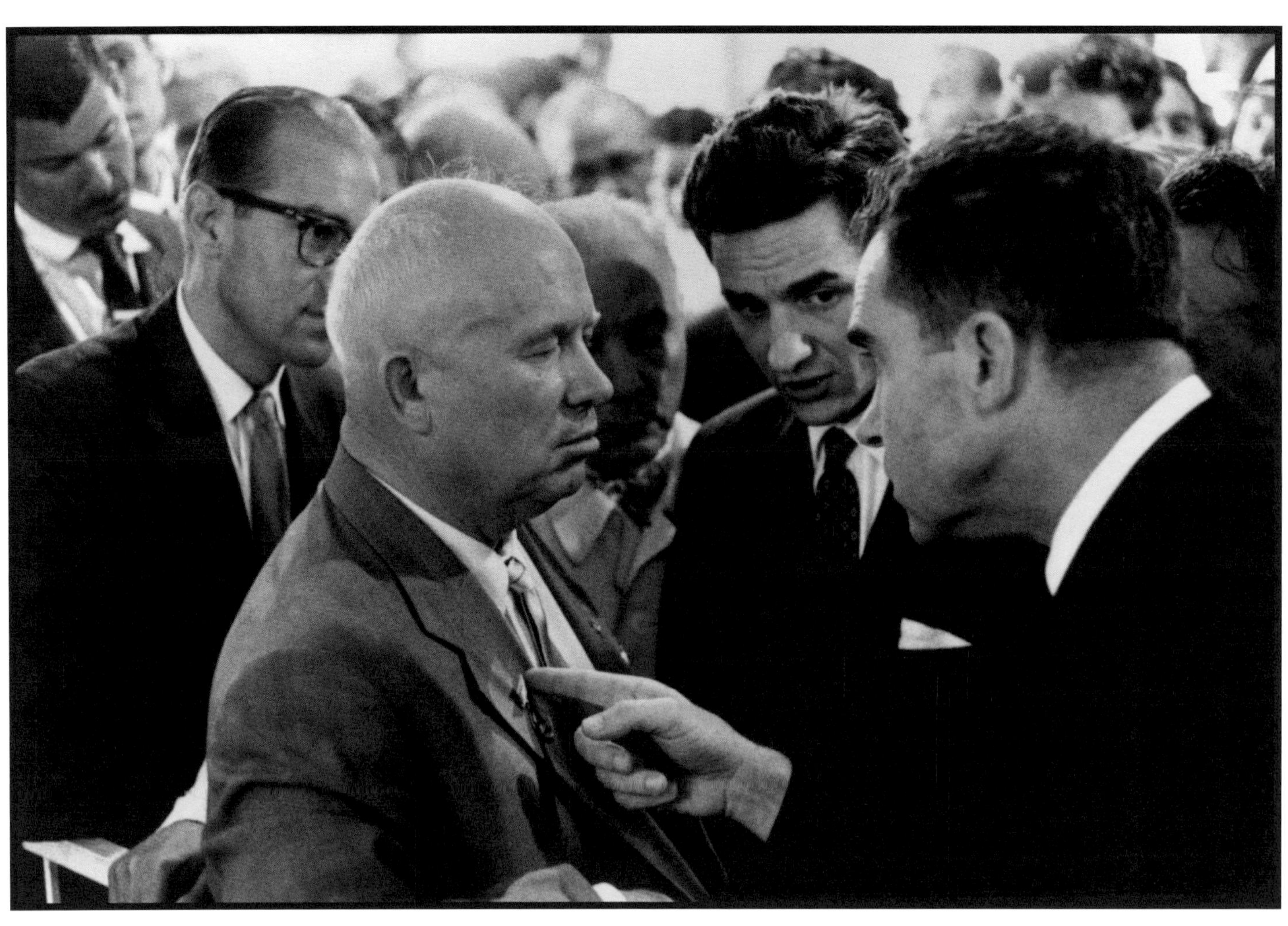

Nikita Khrushchev and Richard Nixon, Moscow, Russia, 1959

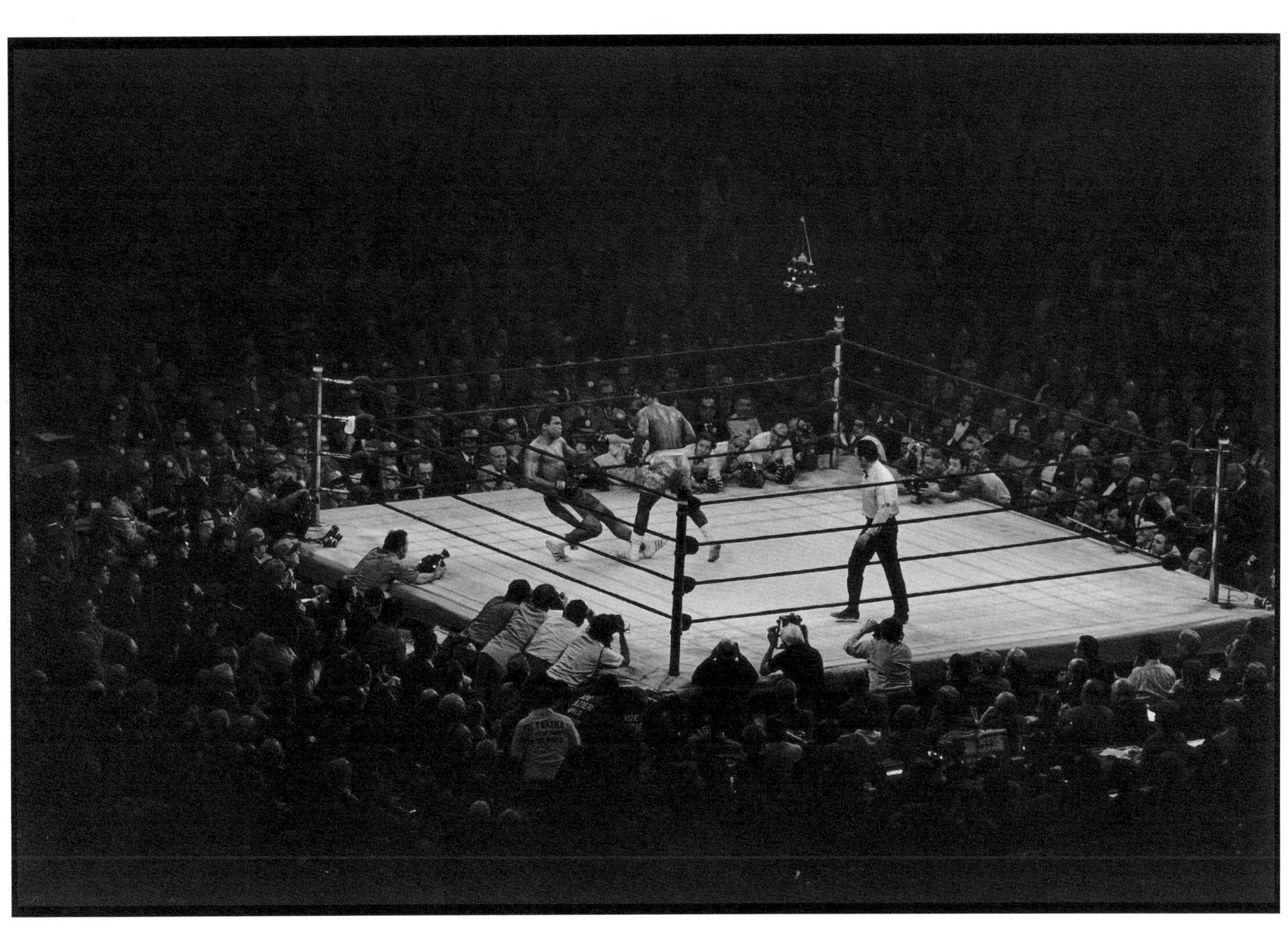

Joe Frazier and Muhammad Ali, New York, USA, 1971

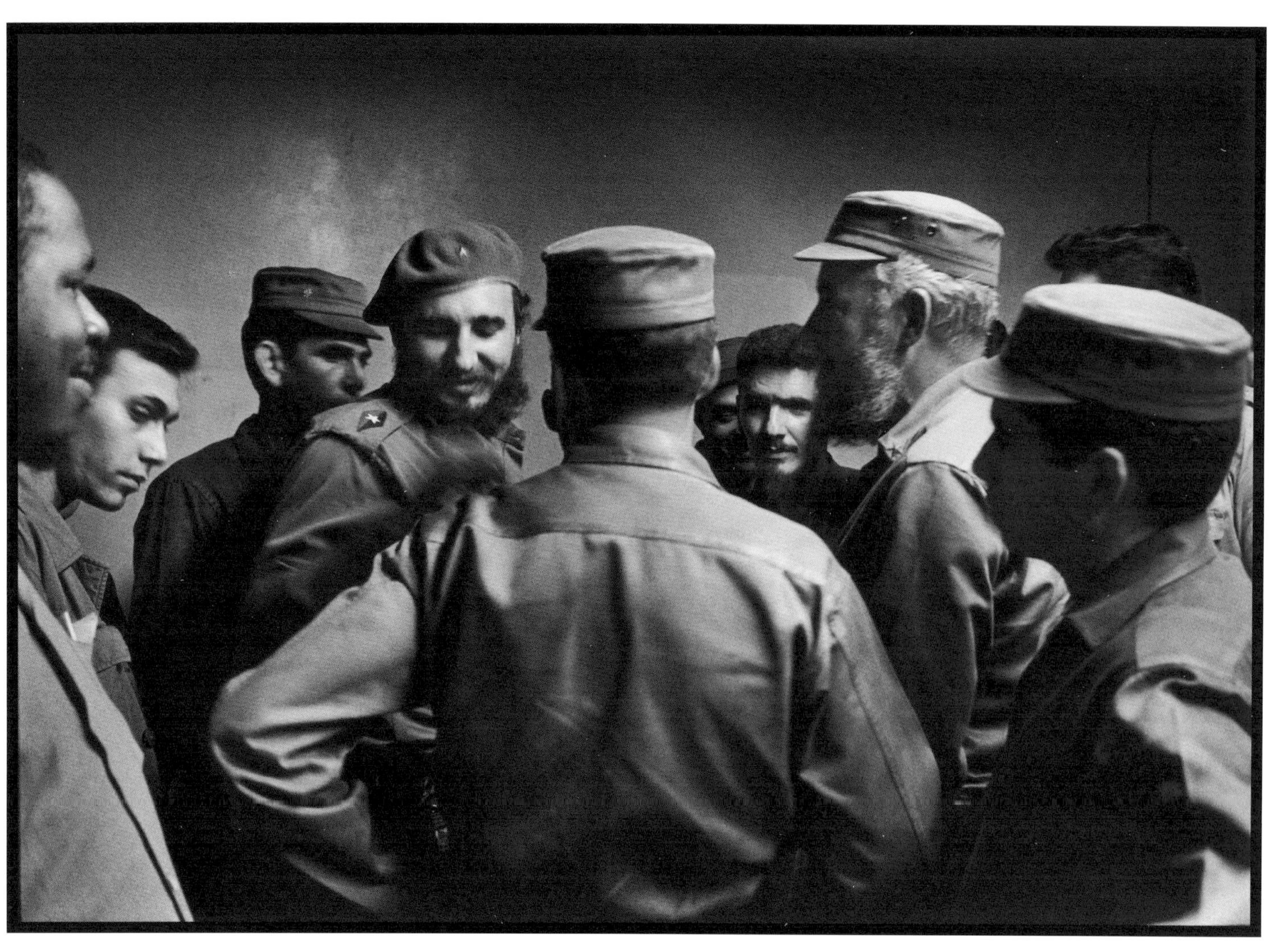

Havana, Cuba, 1964

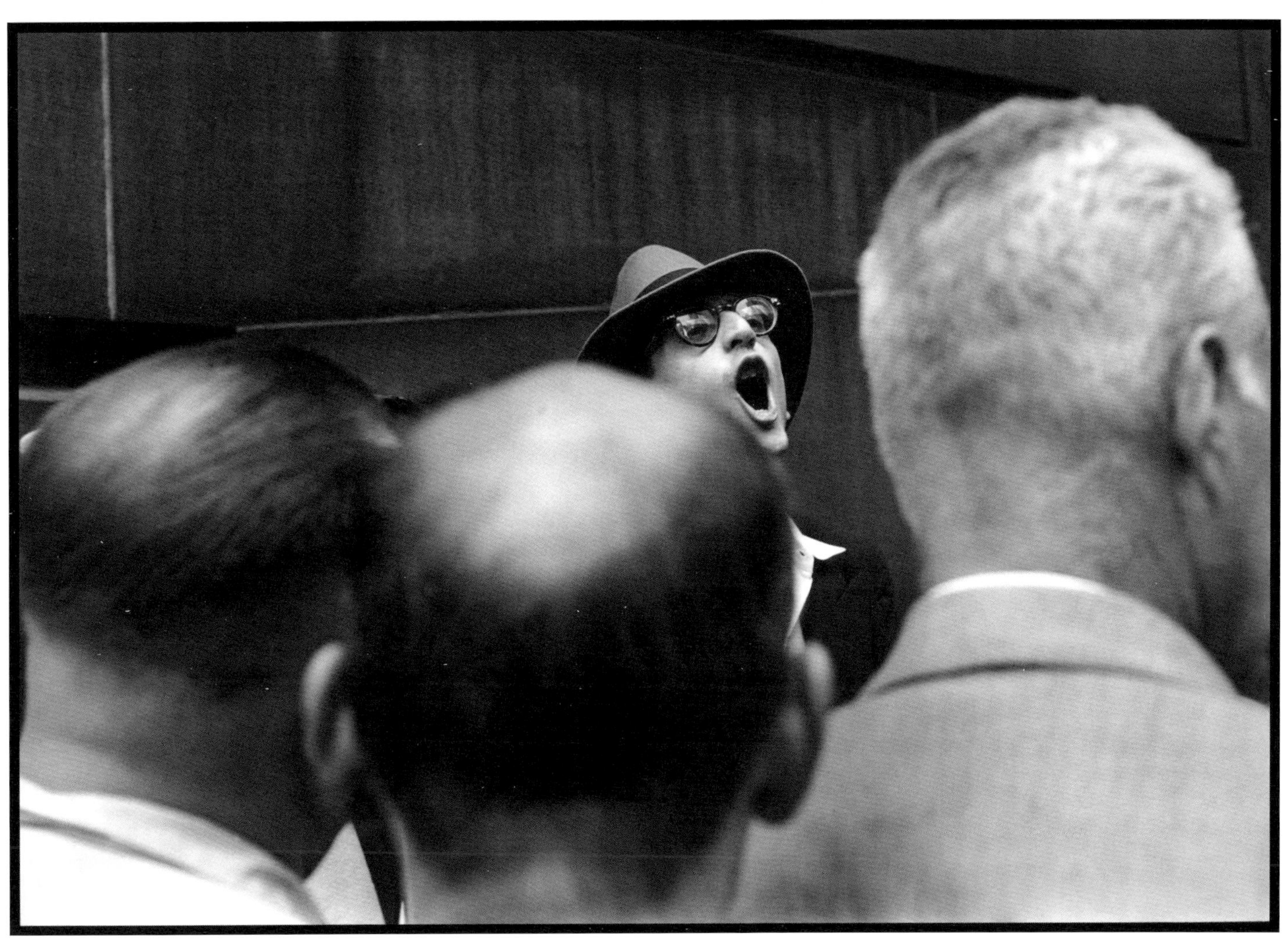

New York, USA, 1955

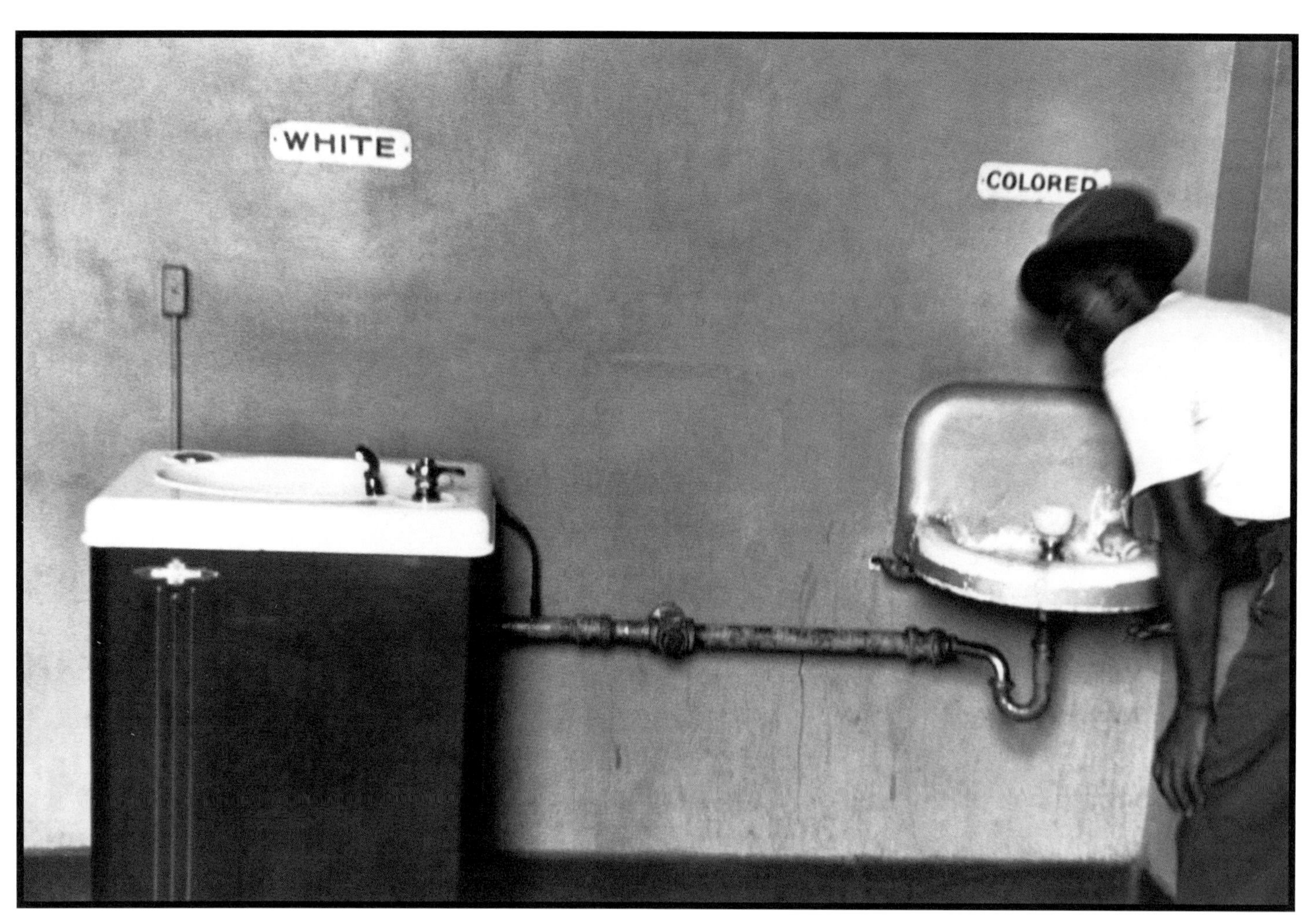

North Carolina, USA, 1950

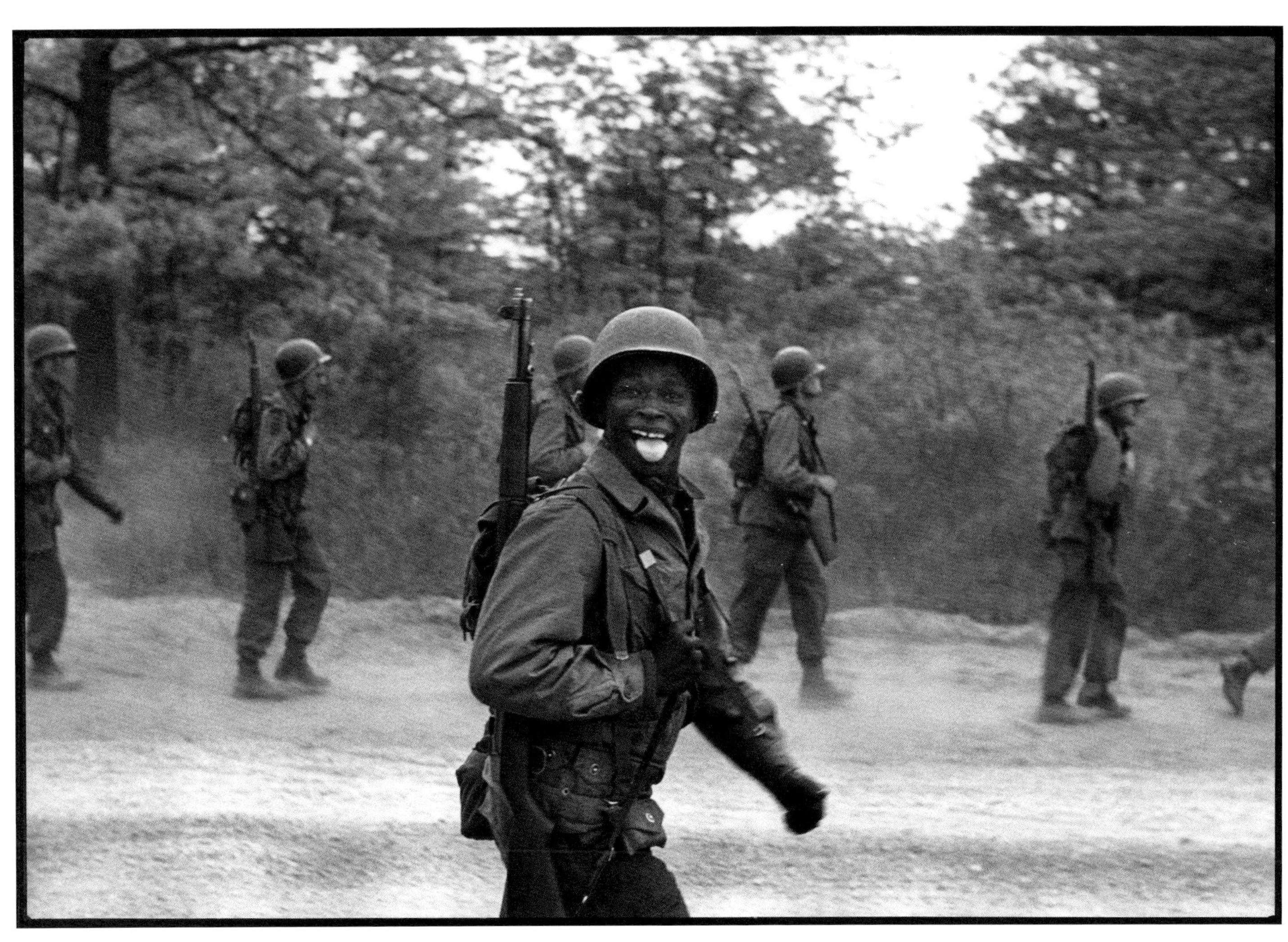

Fort Dix, New Jersey, USA, 1951

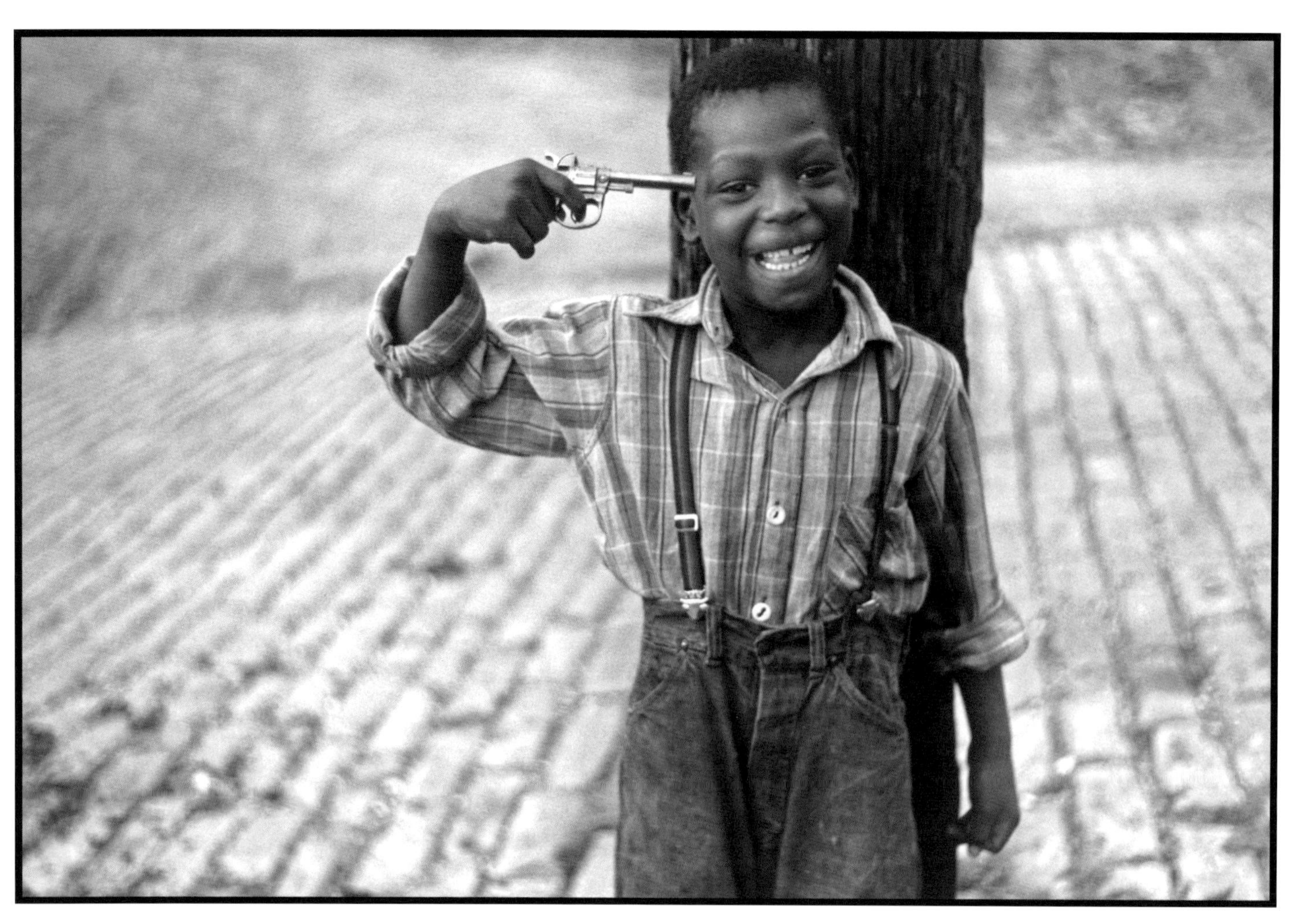

Pittsburgh, Pennsylvania, USA, 1950

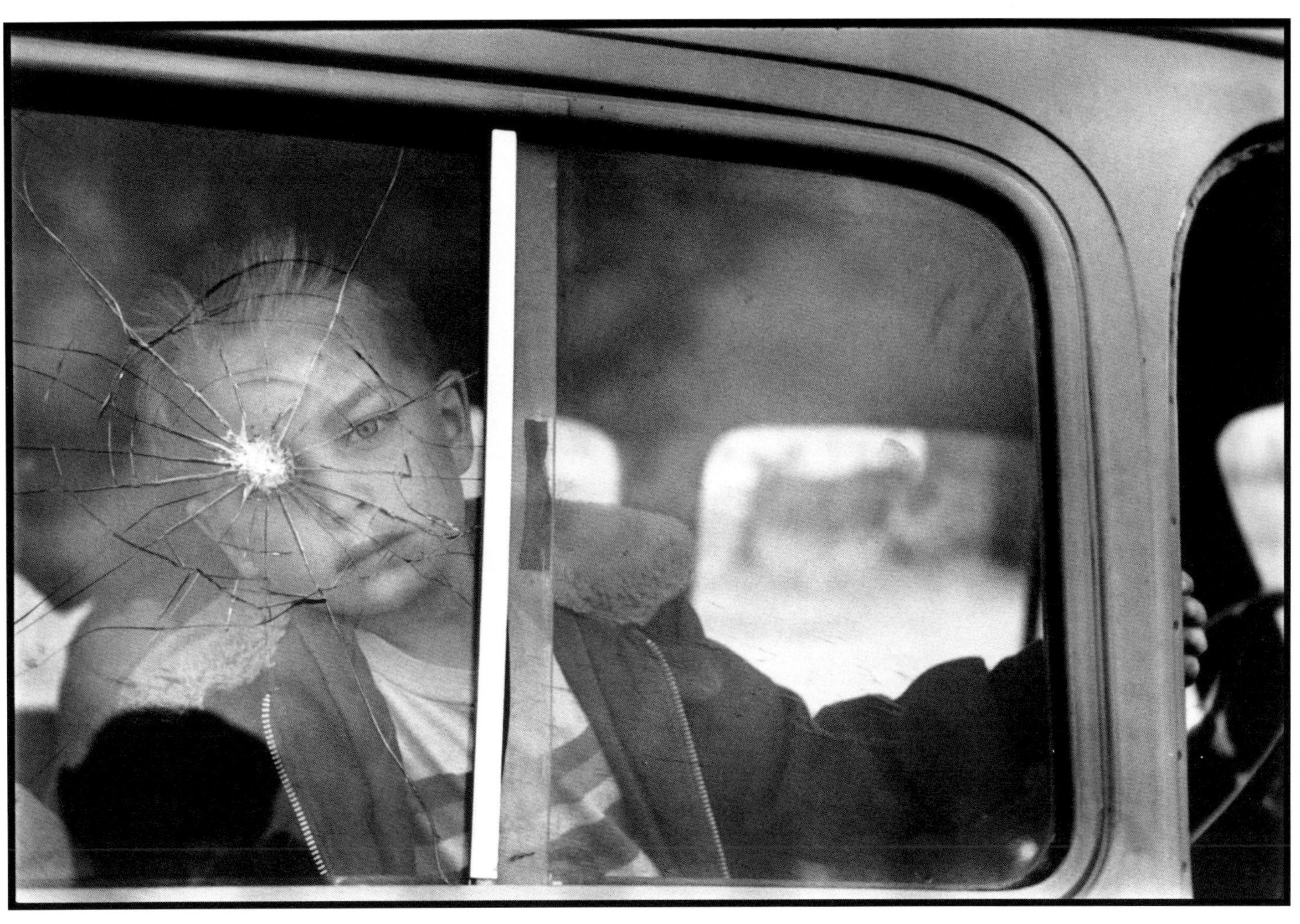

Colorado, USA, 1955

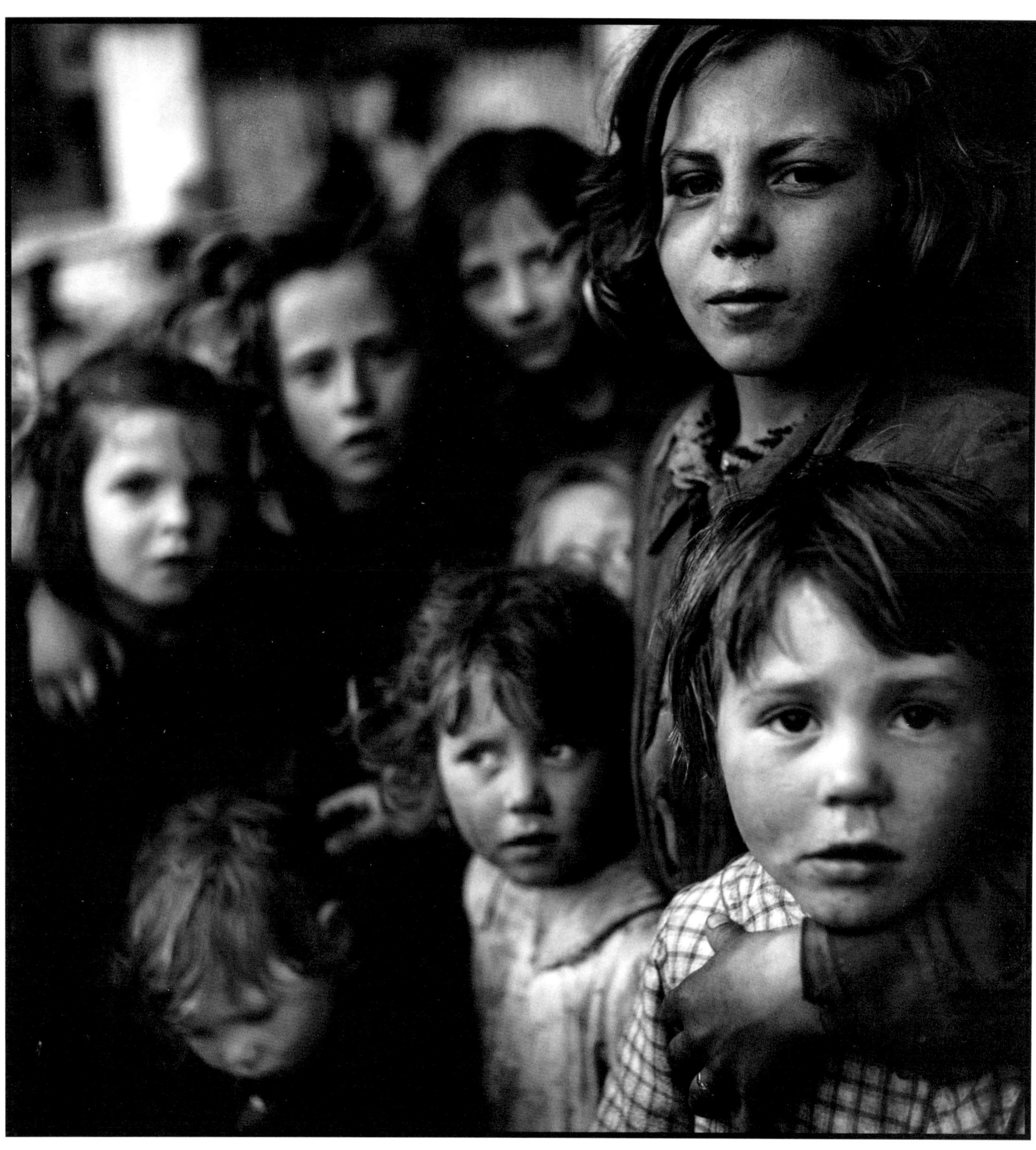

Venice, Italy, 1949

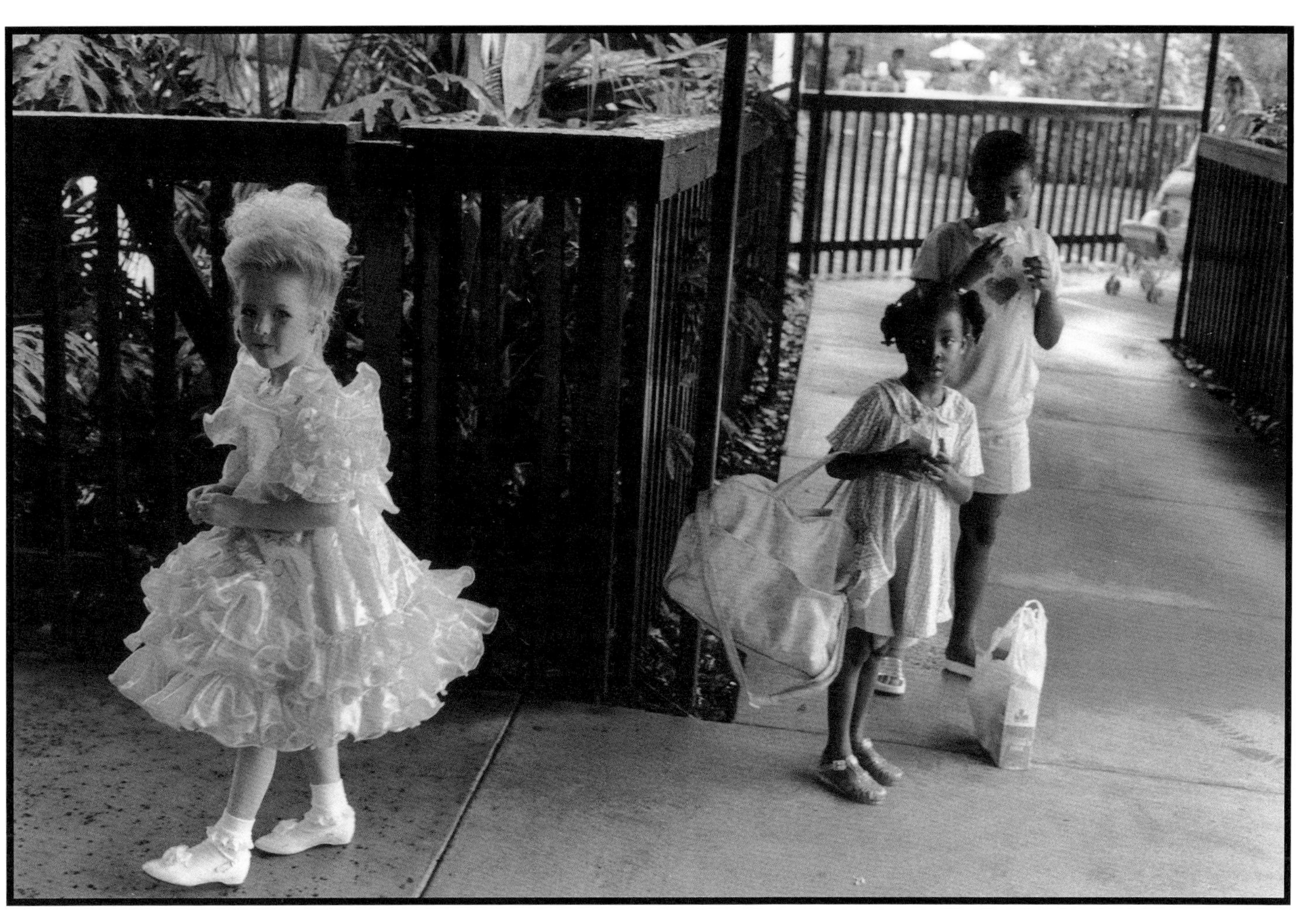

Kissimmee, Florida, USA, 1997

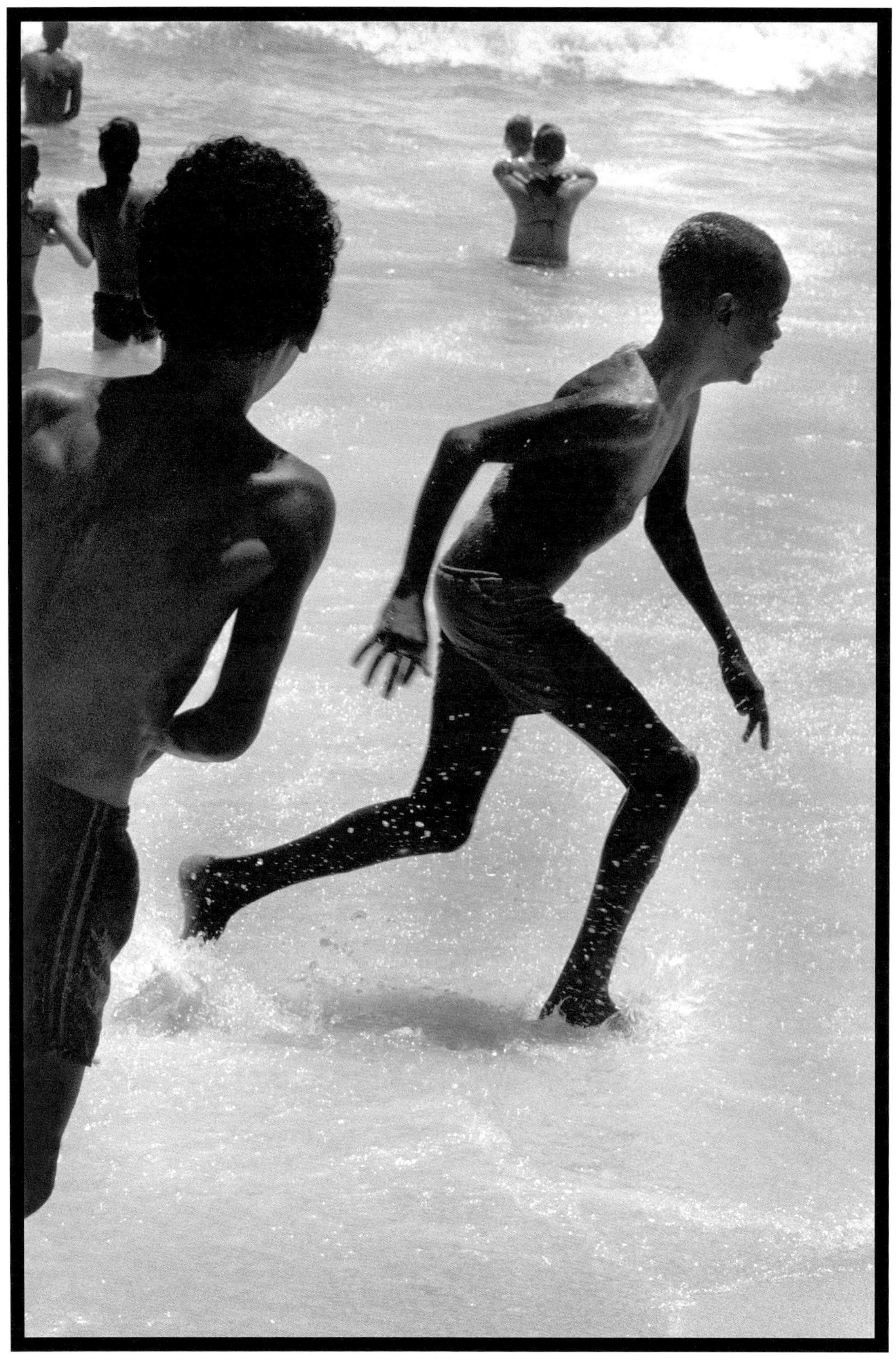

Rio de Janeiro, Brazil, 1984

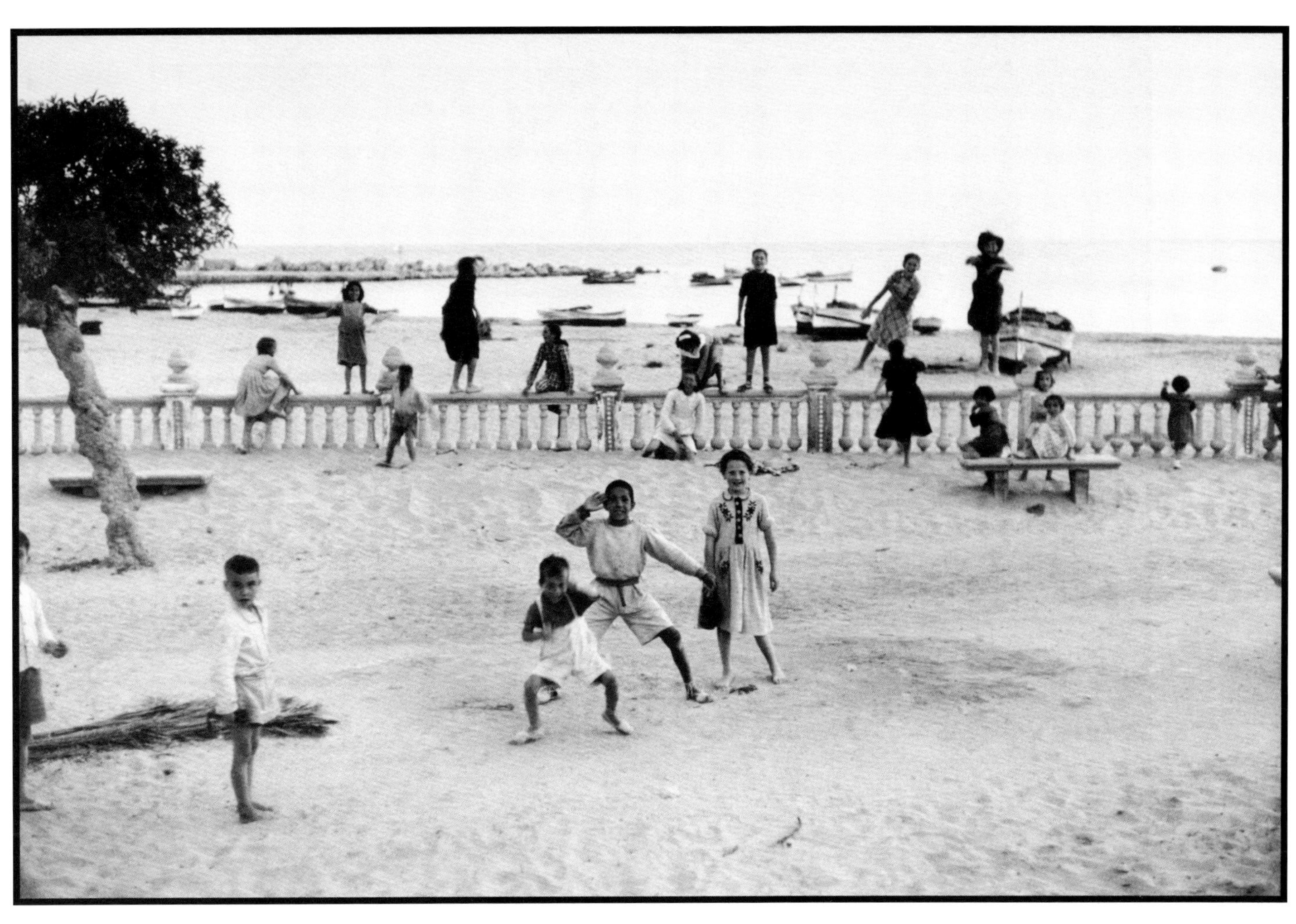

Valencia, Spain, 1952

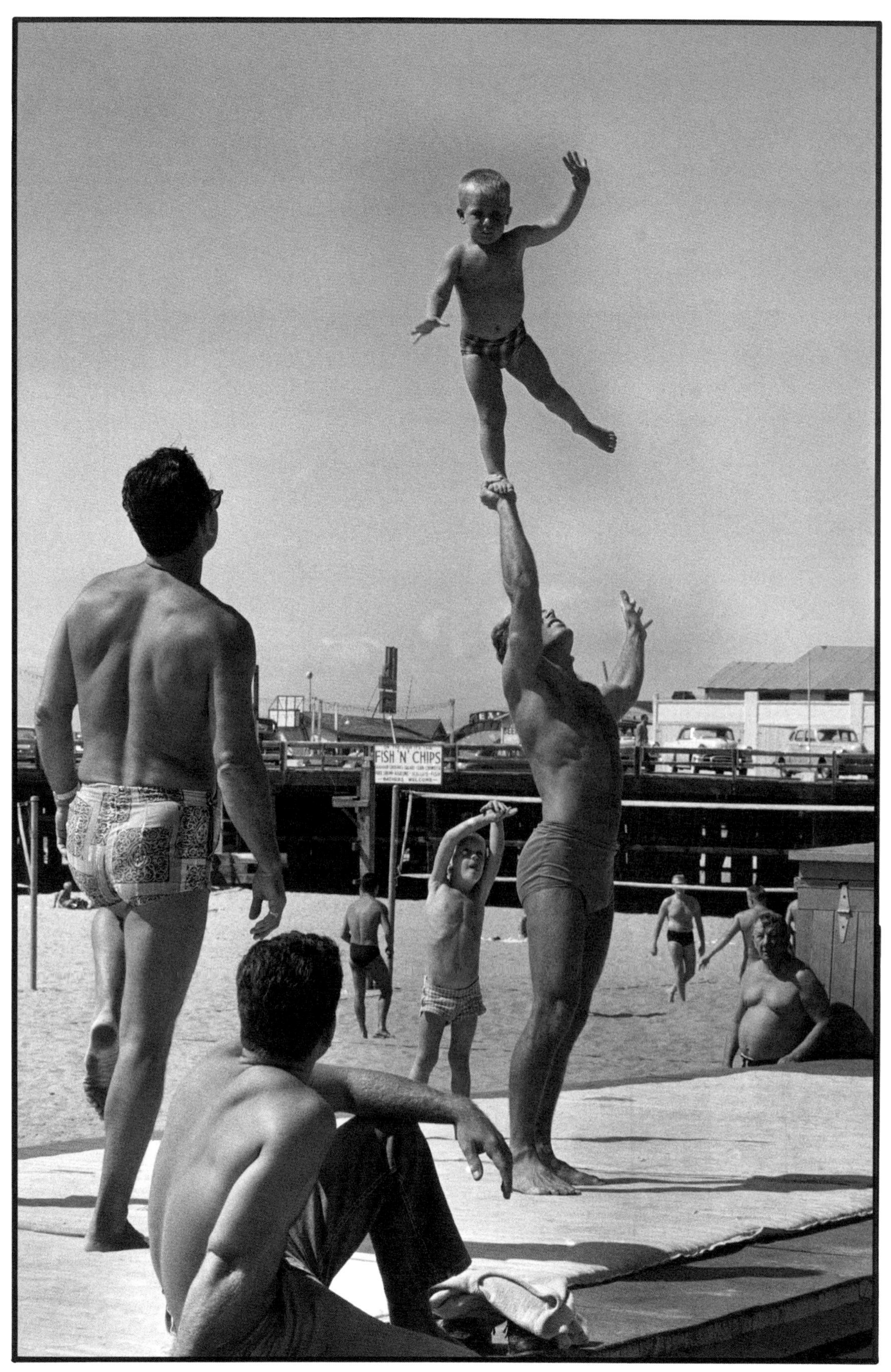

Santa Monica, California, USA, 1955

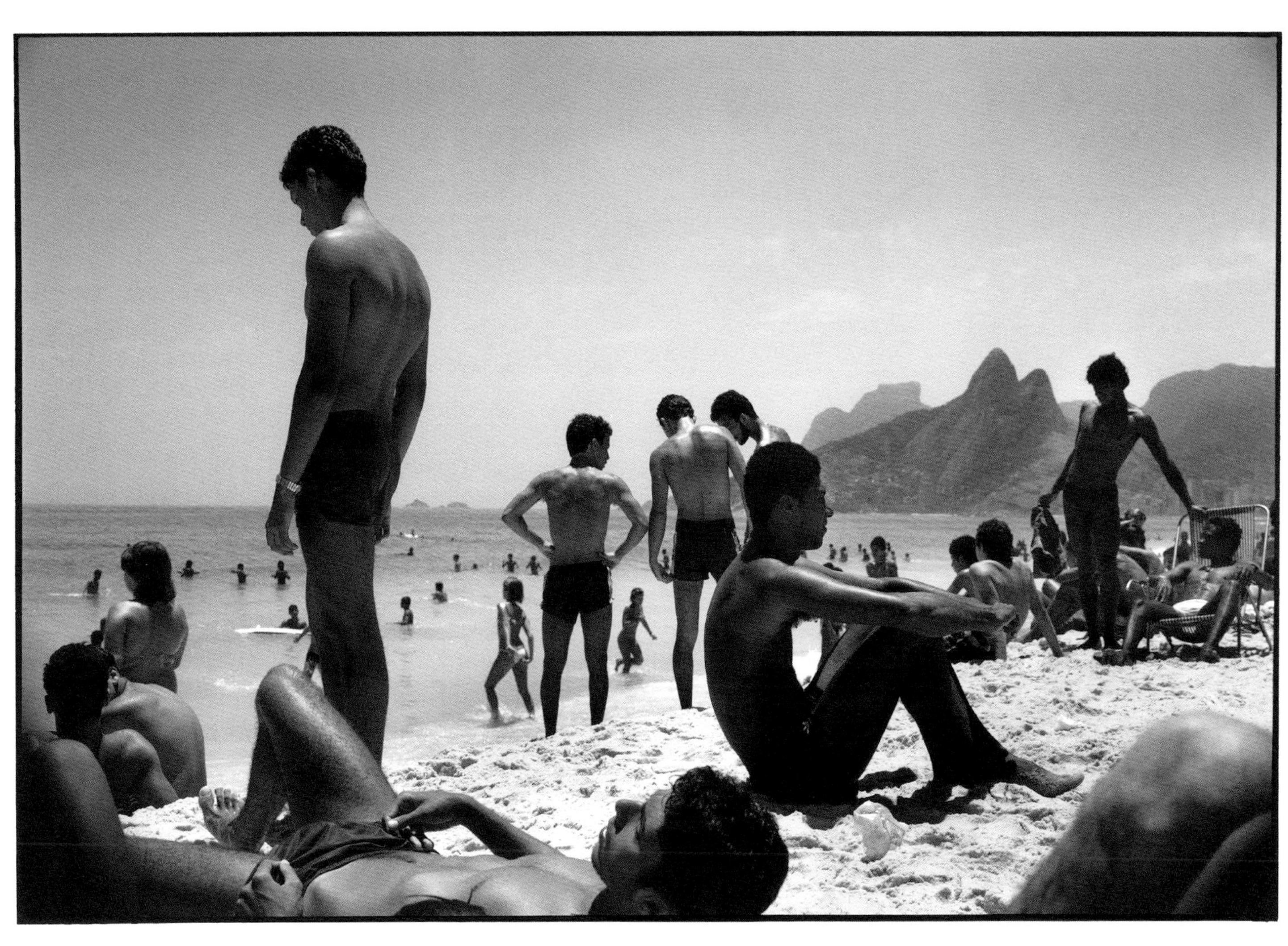

Rio de Janeiro, Brazil, 1984

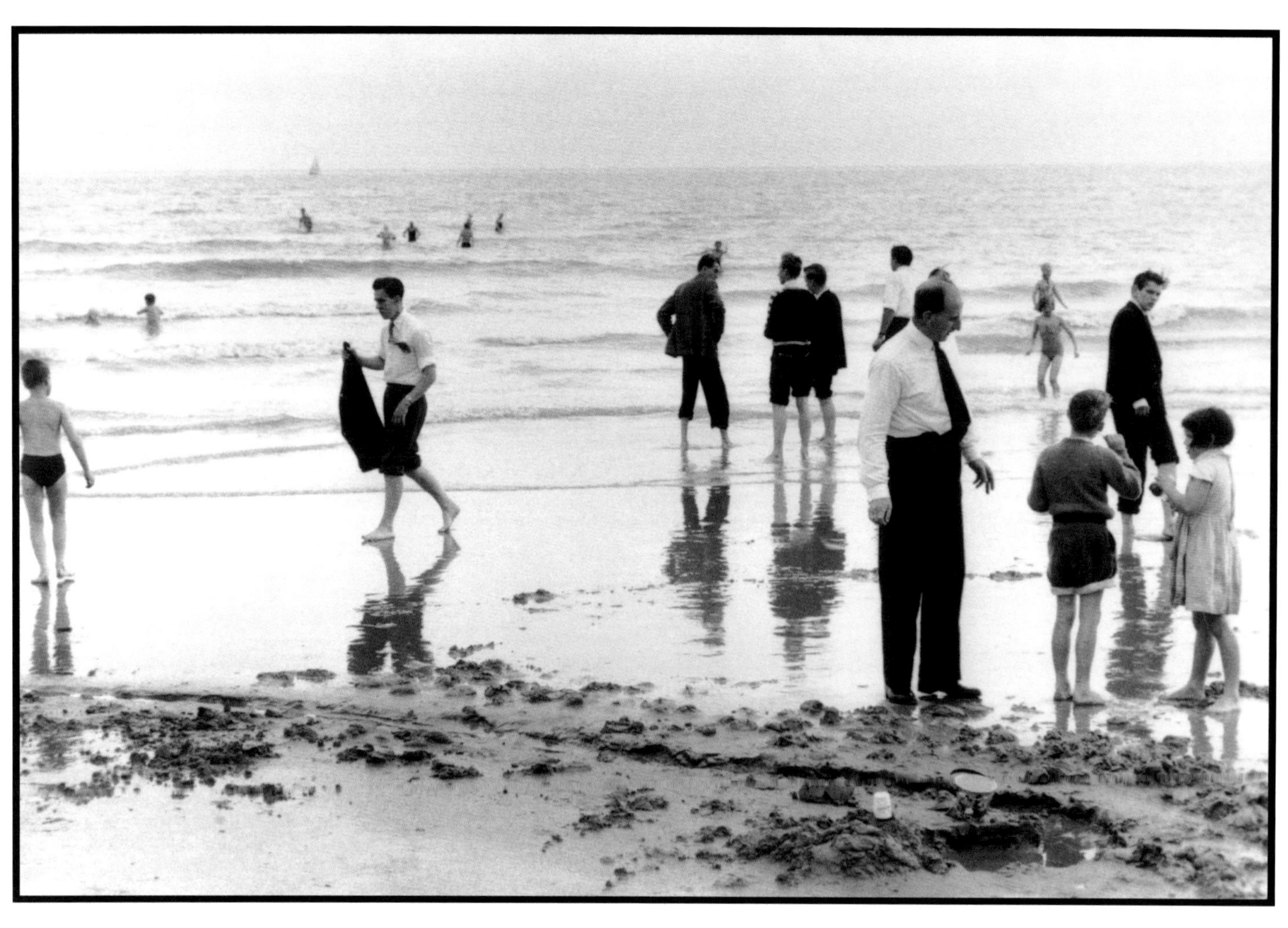

Brighton, England, 1956

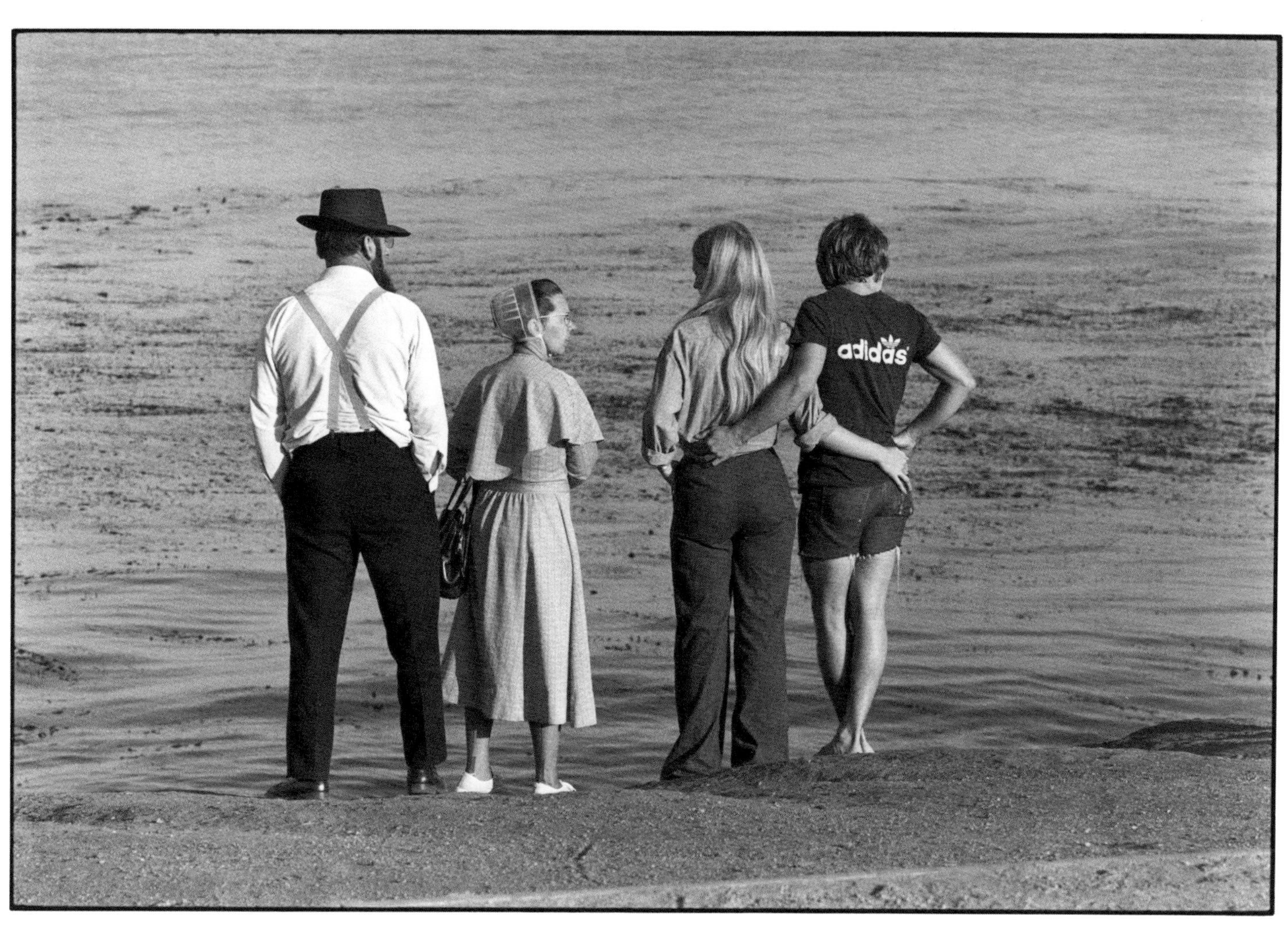

Santa Cruz, California, USA, 1975

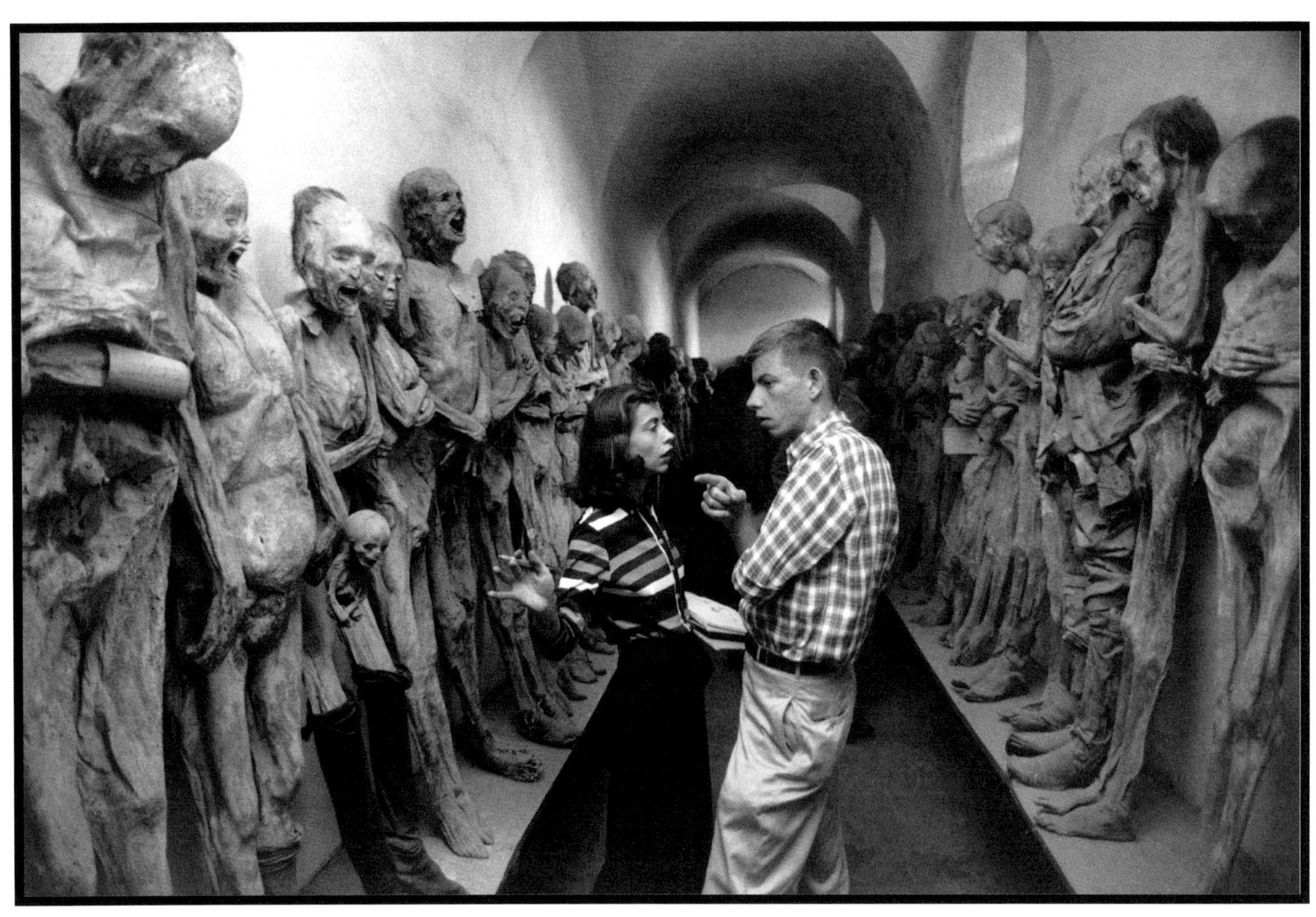

Guanajuato, Mexico, 1957

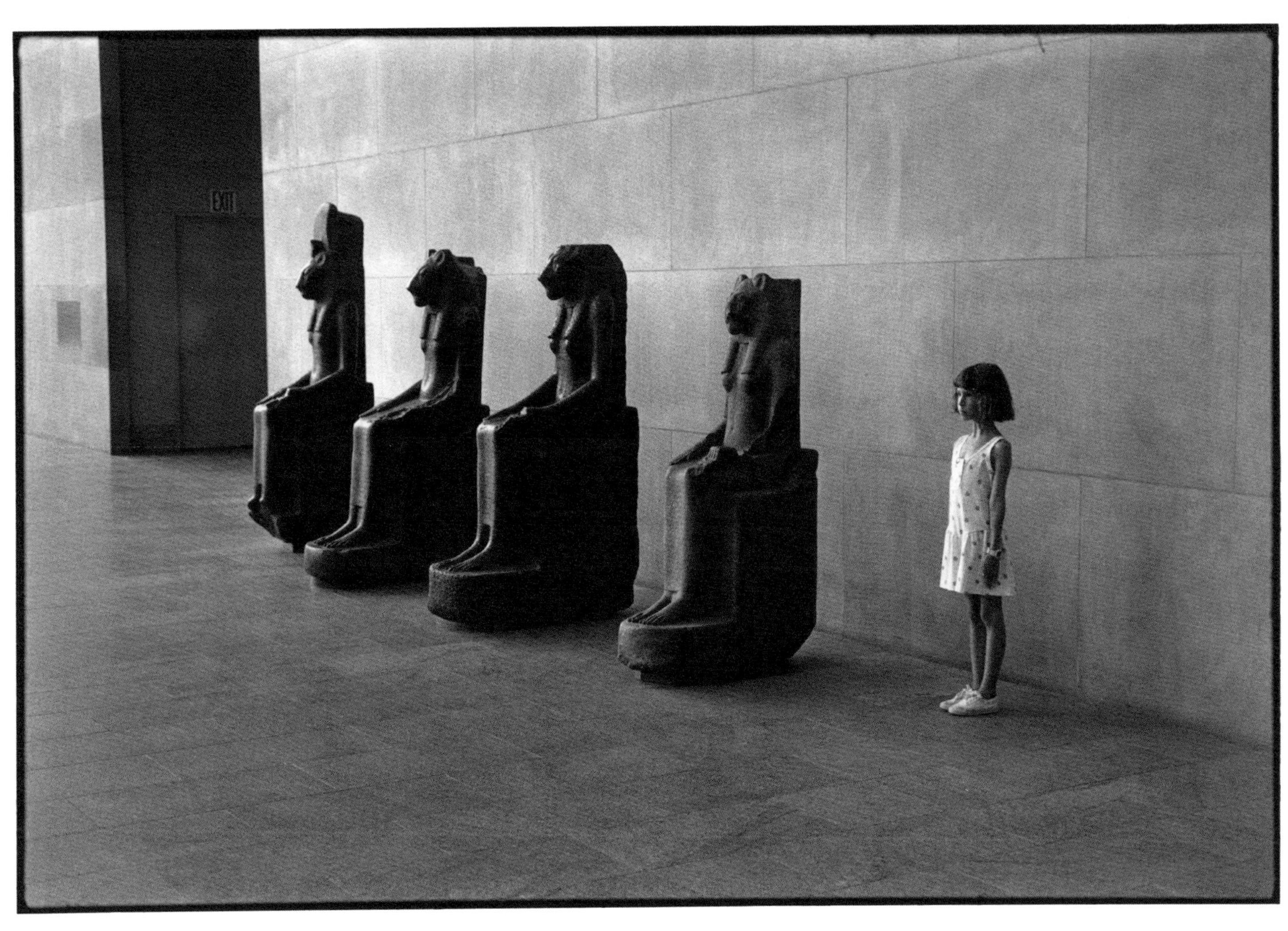

Metropolitan Museum of Art, New York, USA, 1988

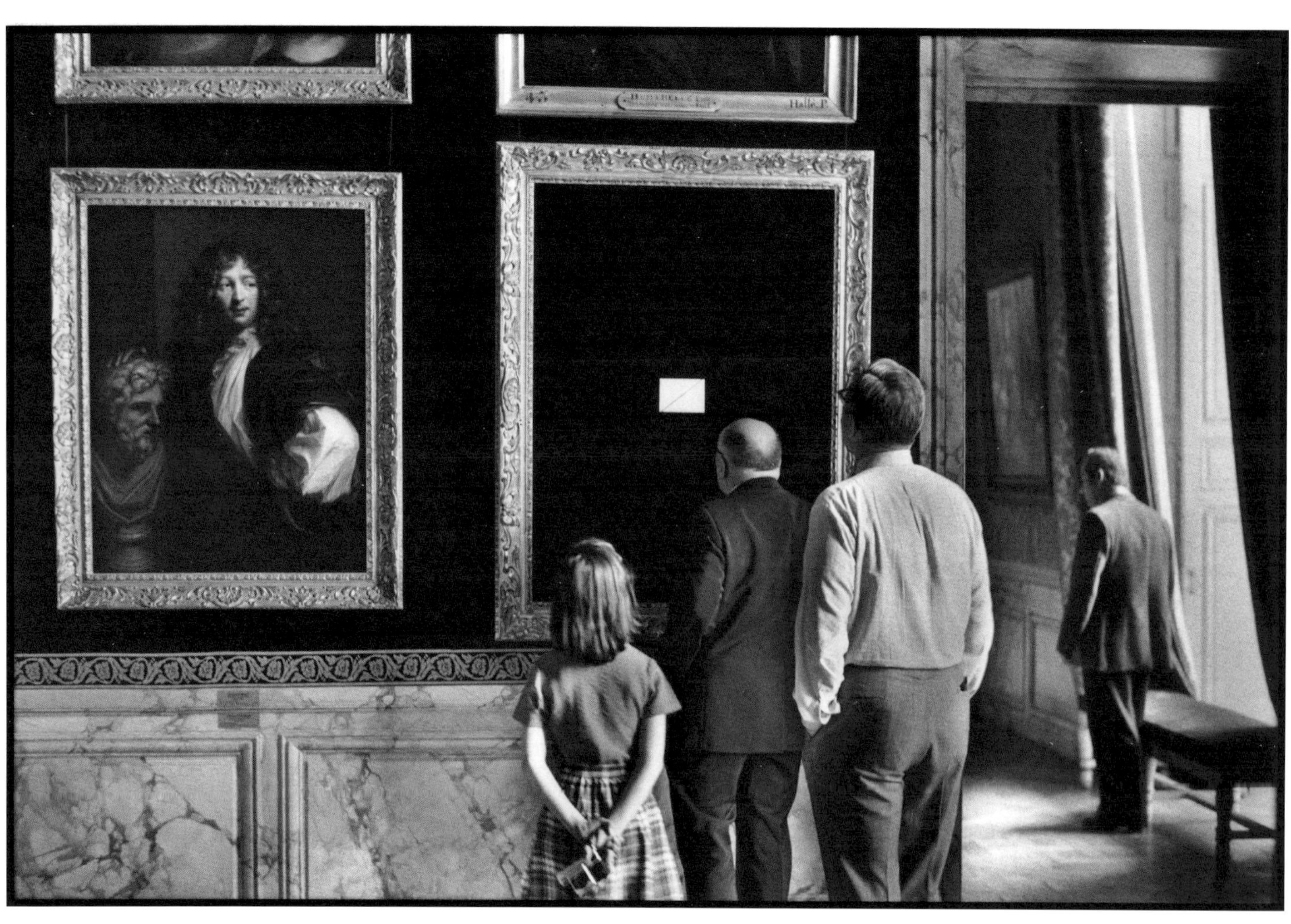

Château de Versailles, France, 1975

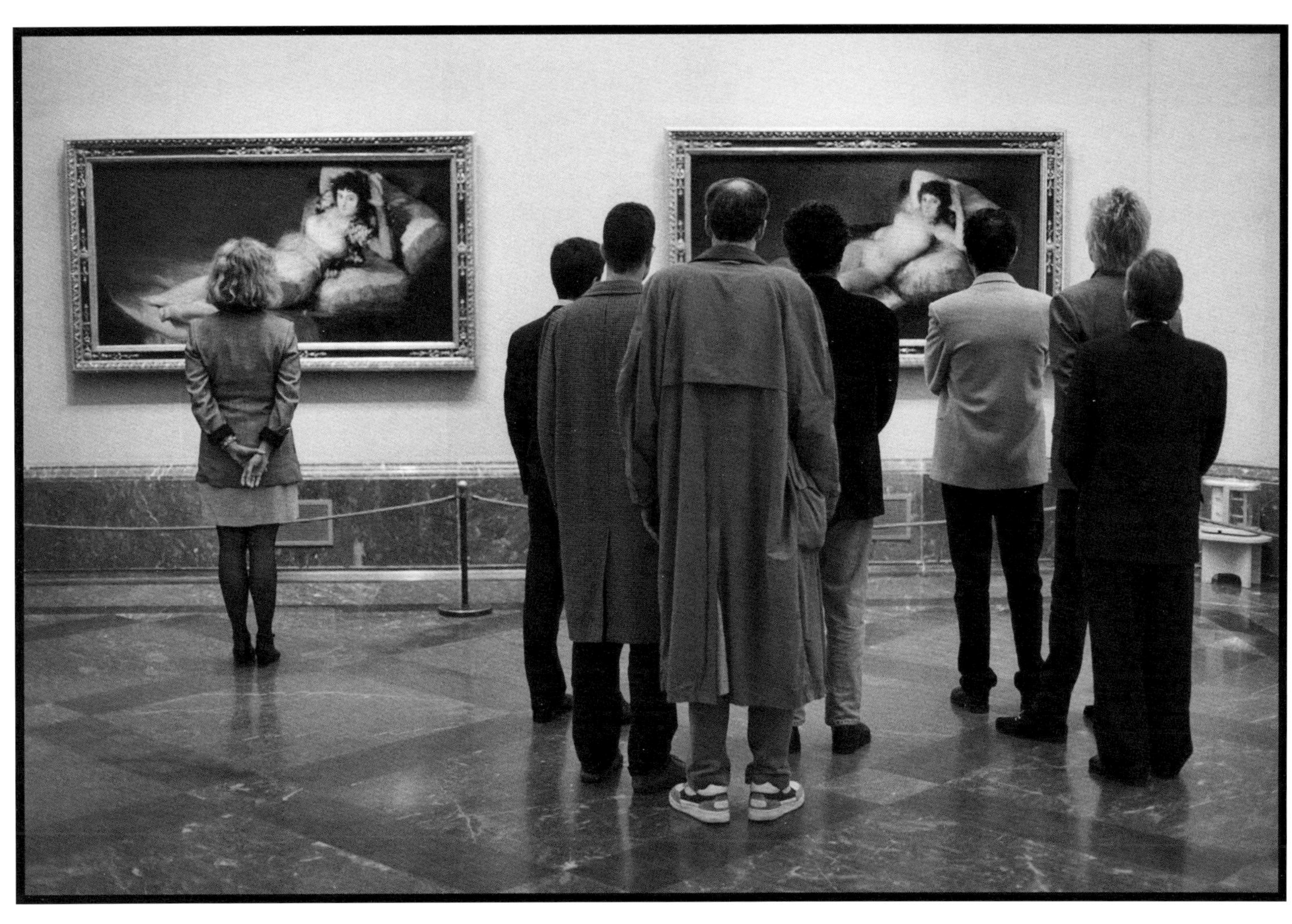

Museo del Prado, Madrid, Spain, 1995

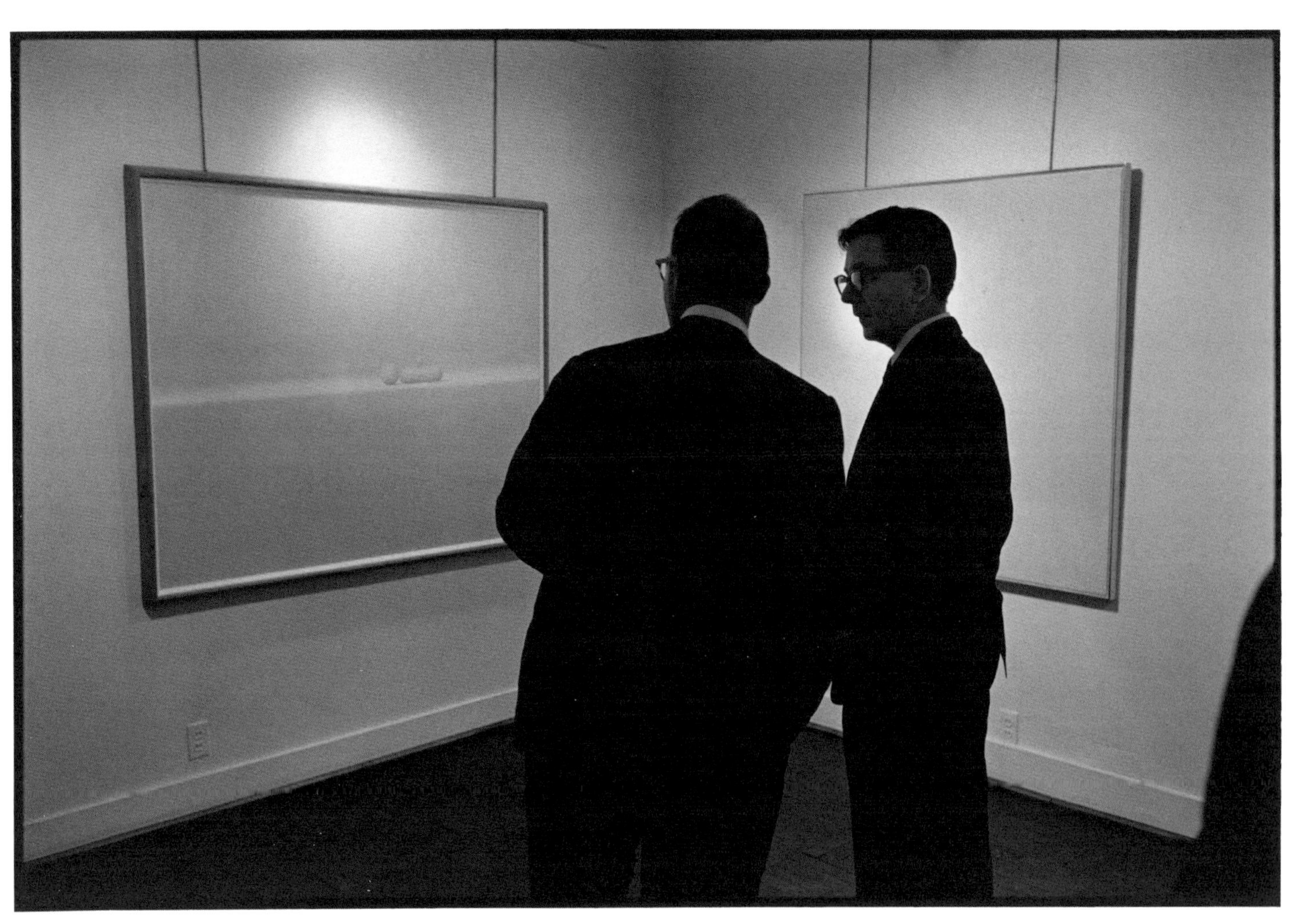

57th Street Gallery, New York, USA, 1963

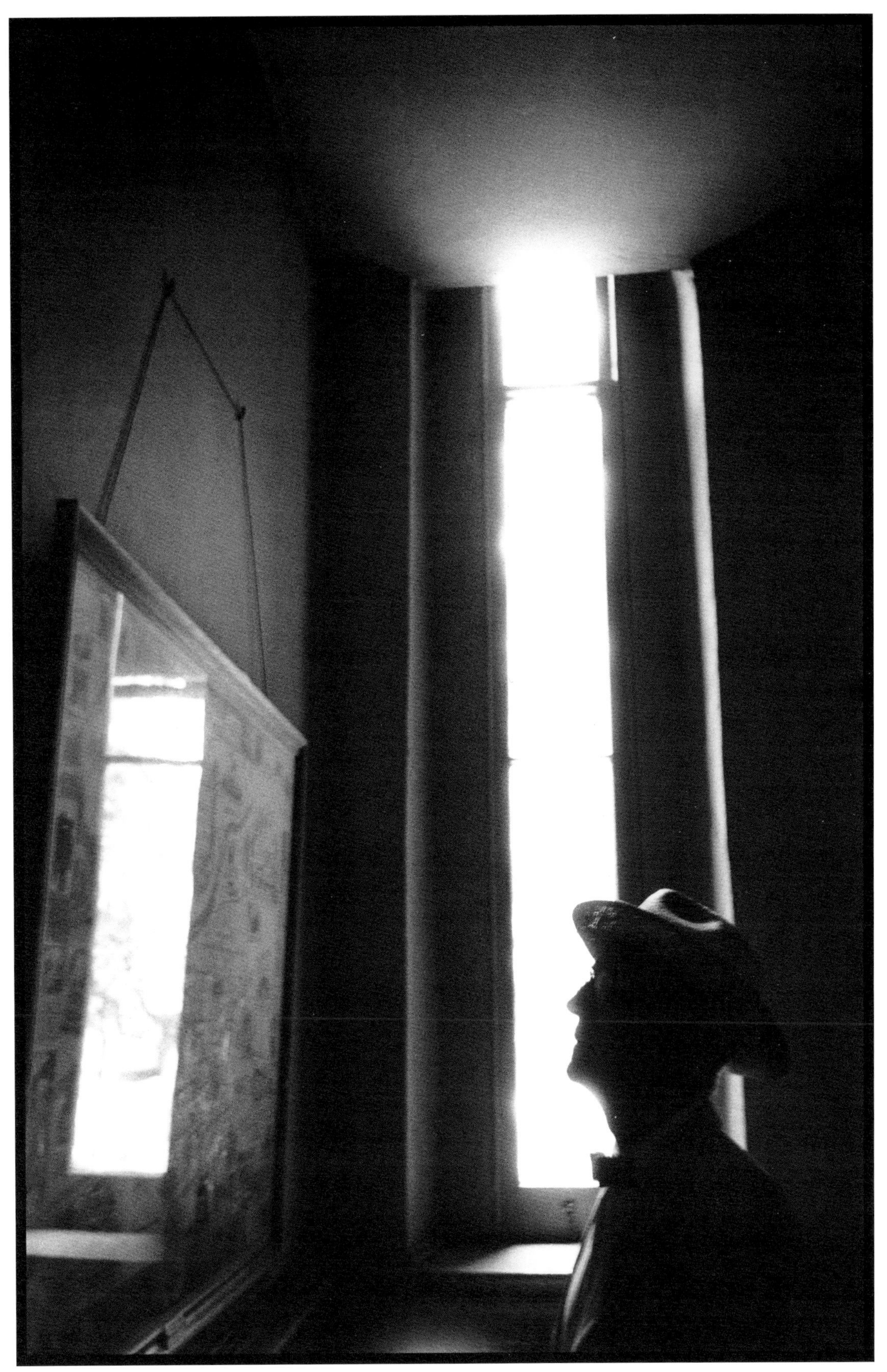

William Carlos Williams, Paterson, New Jersey, USA, 1955

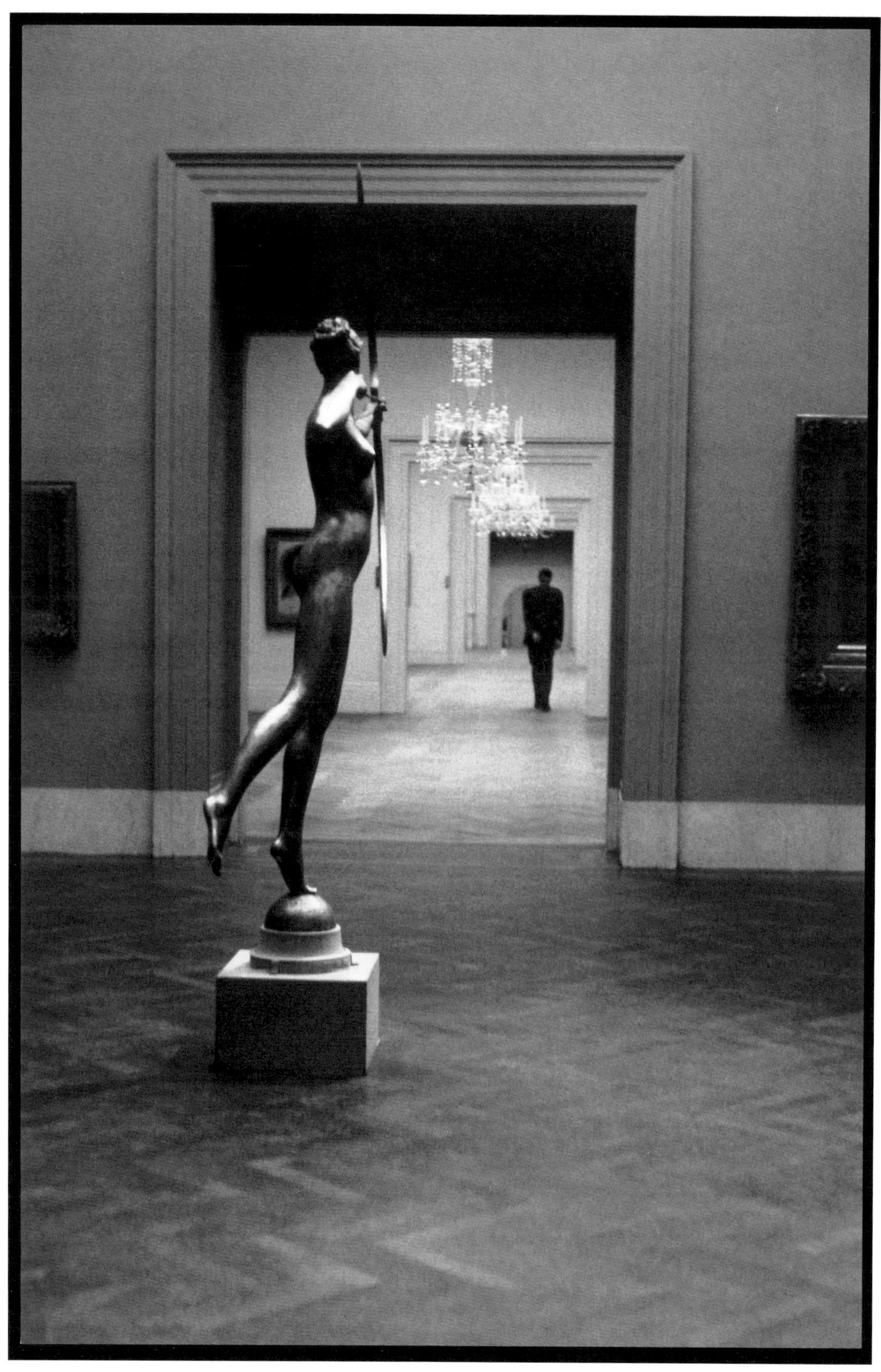

Metropolitan Museum of Art, New York, USA, 1949

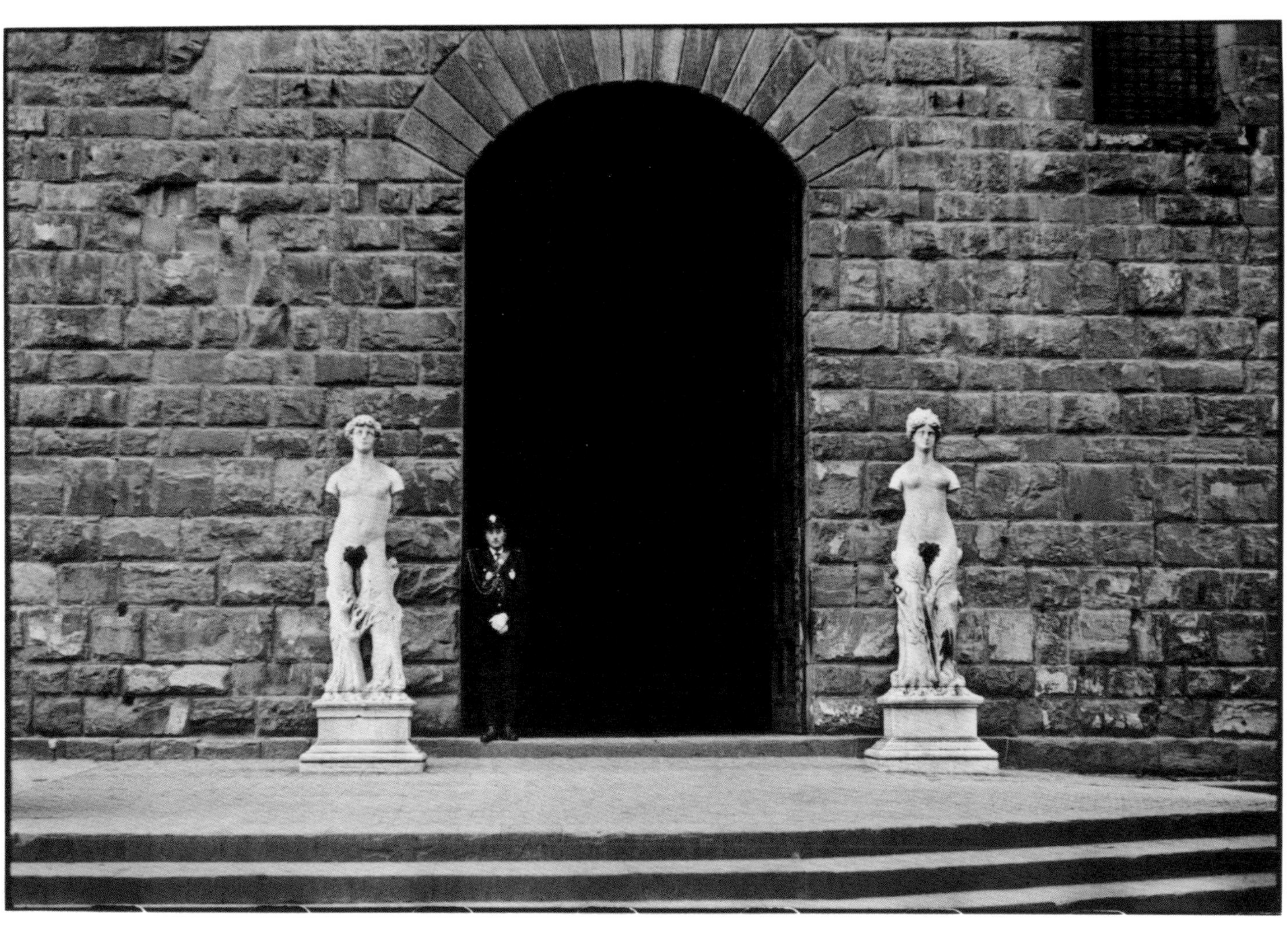

Florence, Italy, 1949

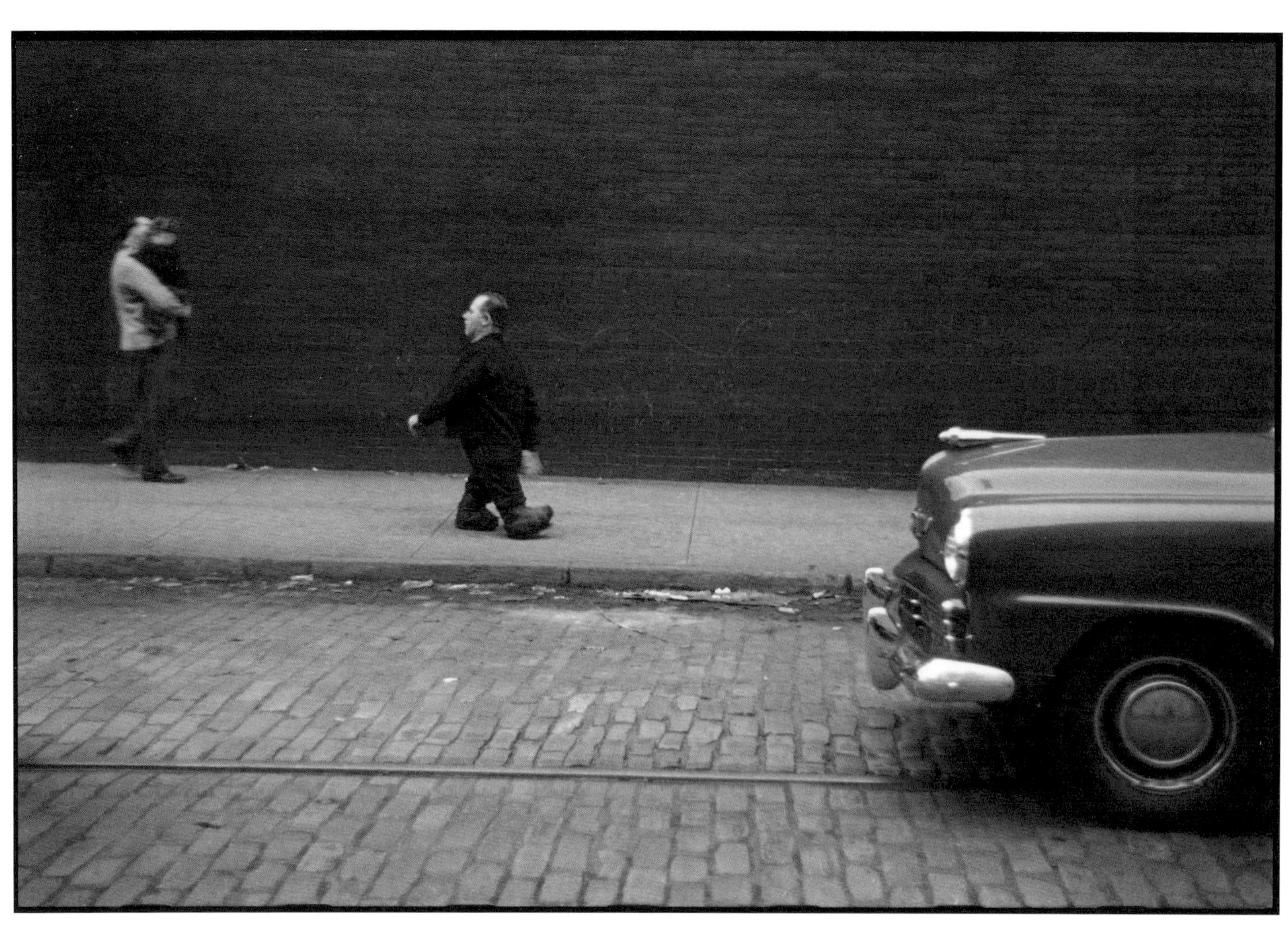

Pittsburgh, Pennsylvania, USA, 1950

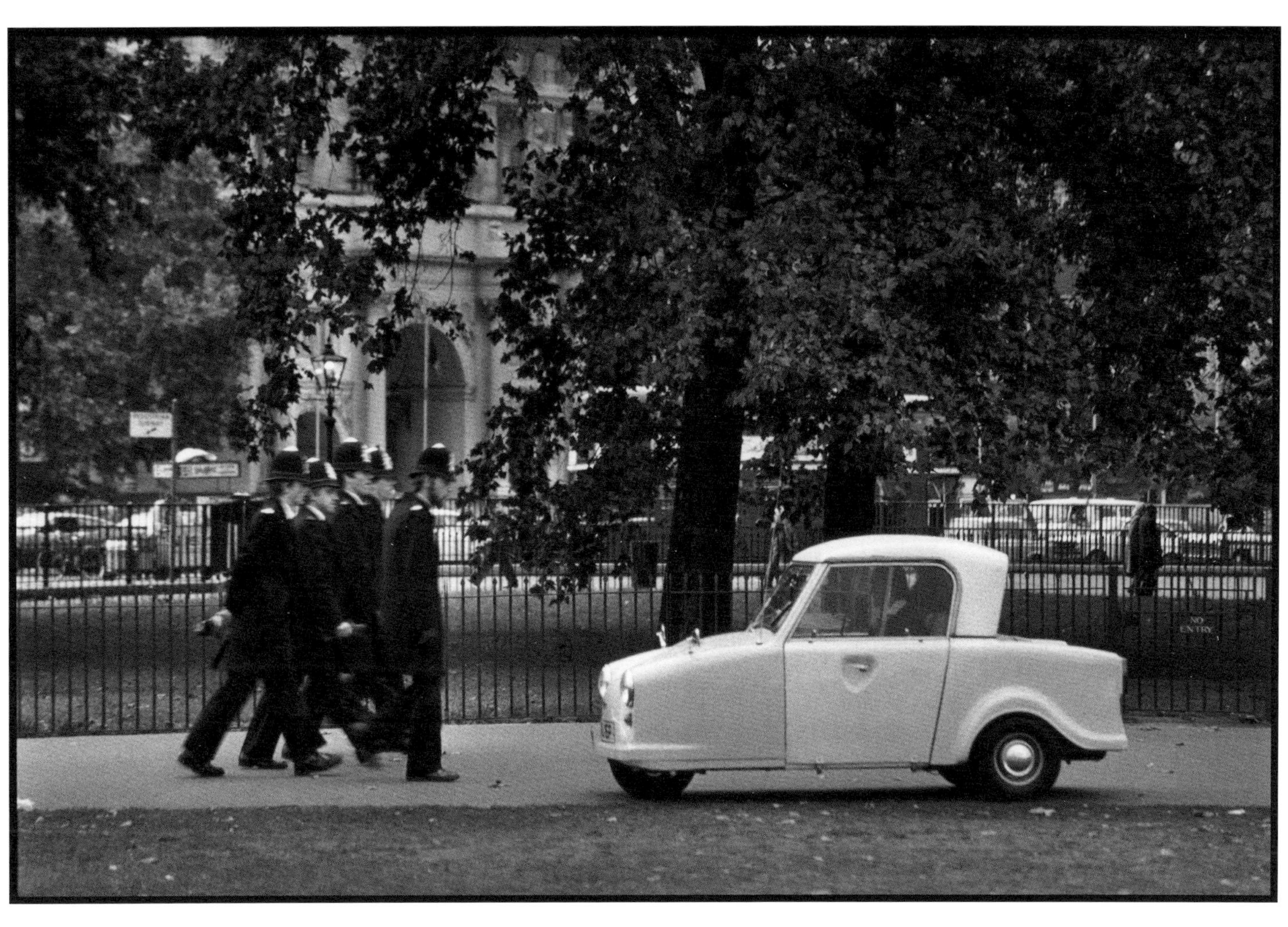

London, England, 1978

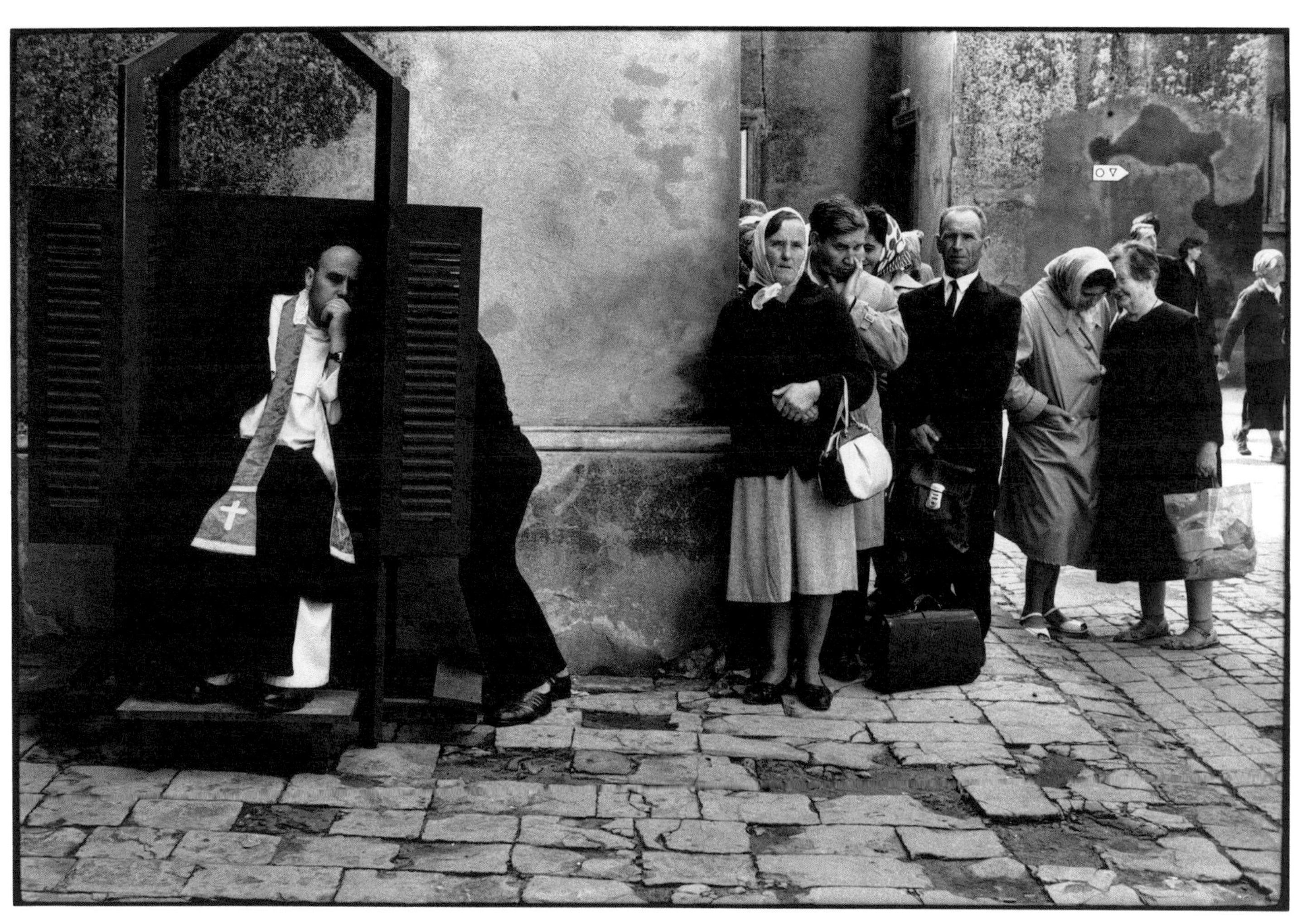

Czestochowa, Poland, 1964

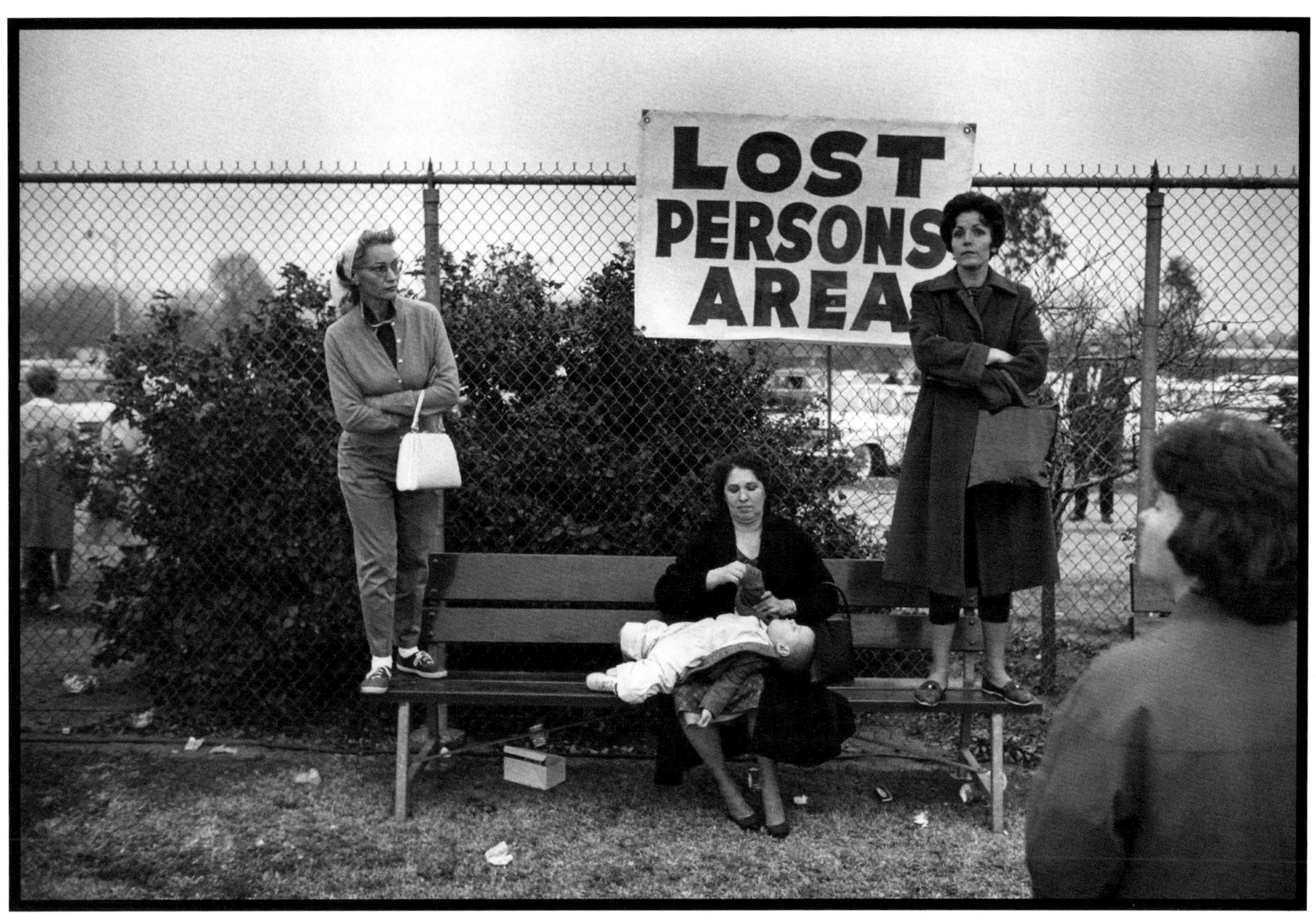

Pasadena, California, USA, 1963

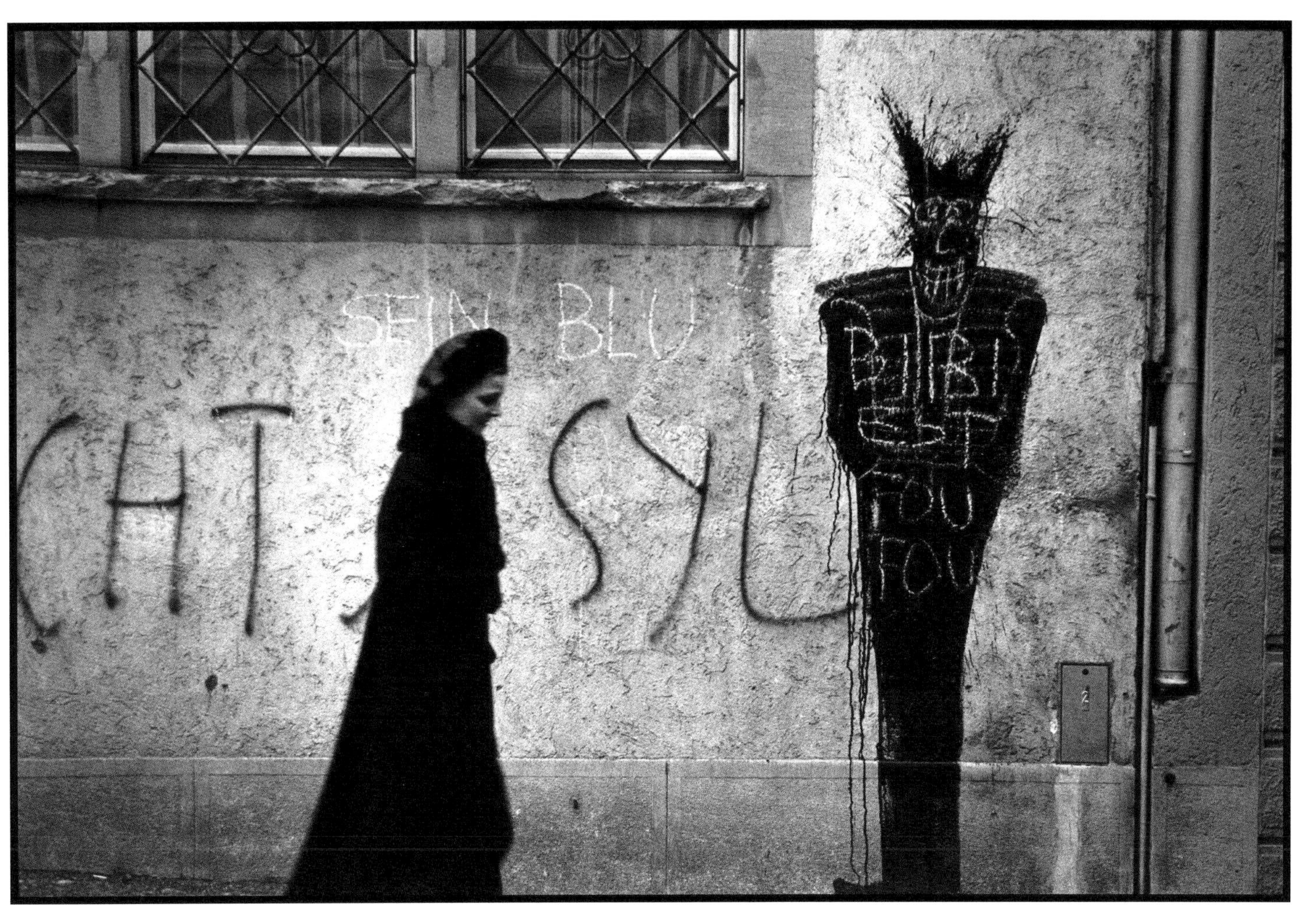

Zurich, Switzerland, 1992

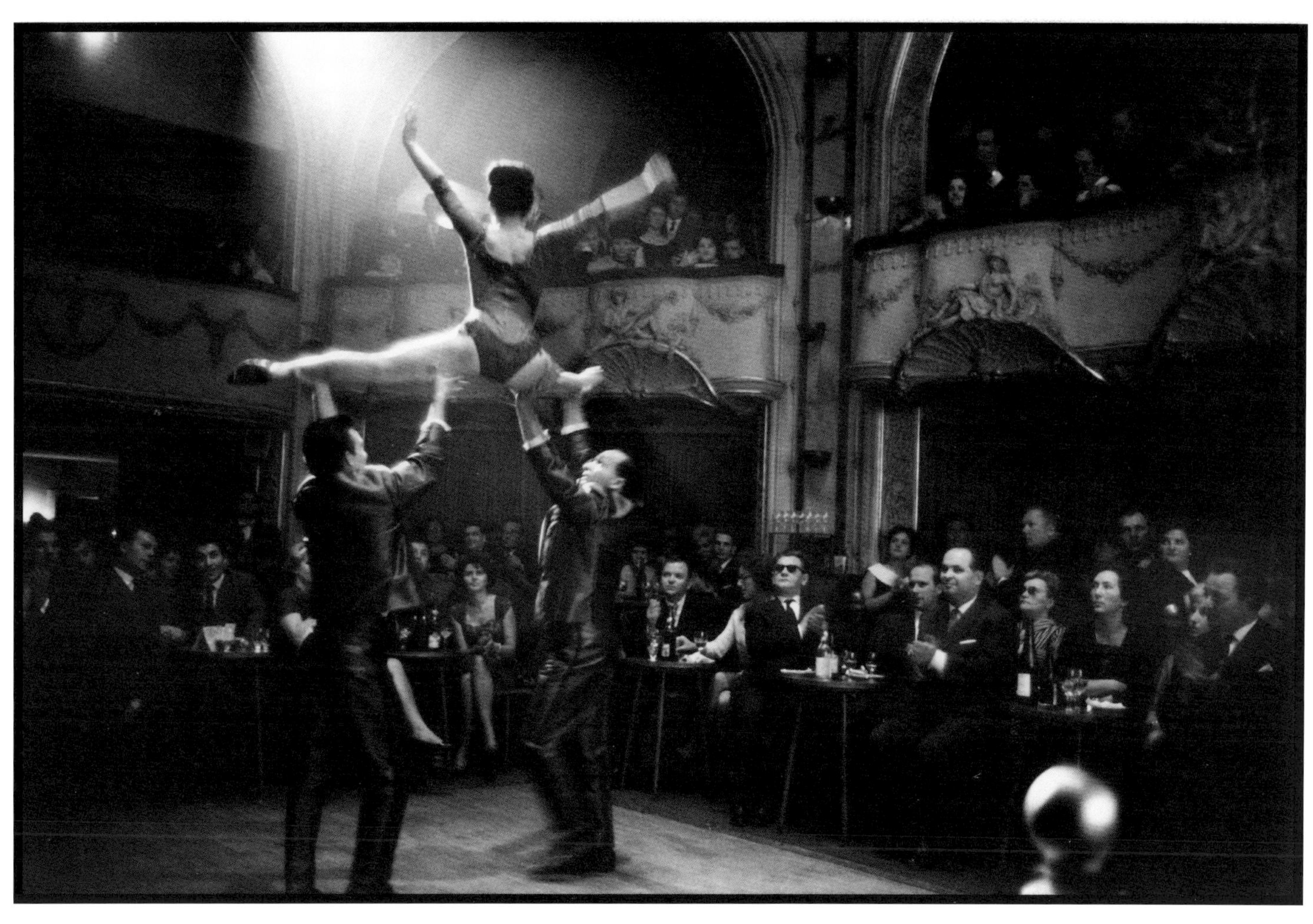

Budapest, Hungary, 1964

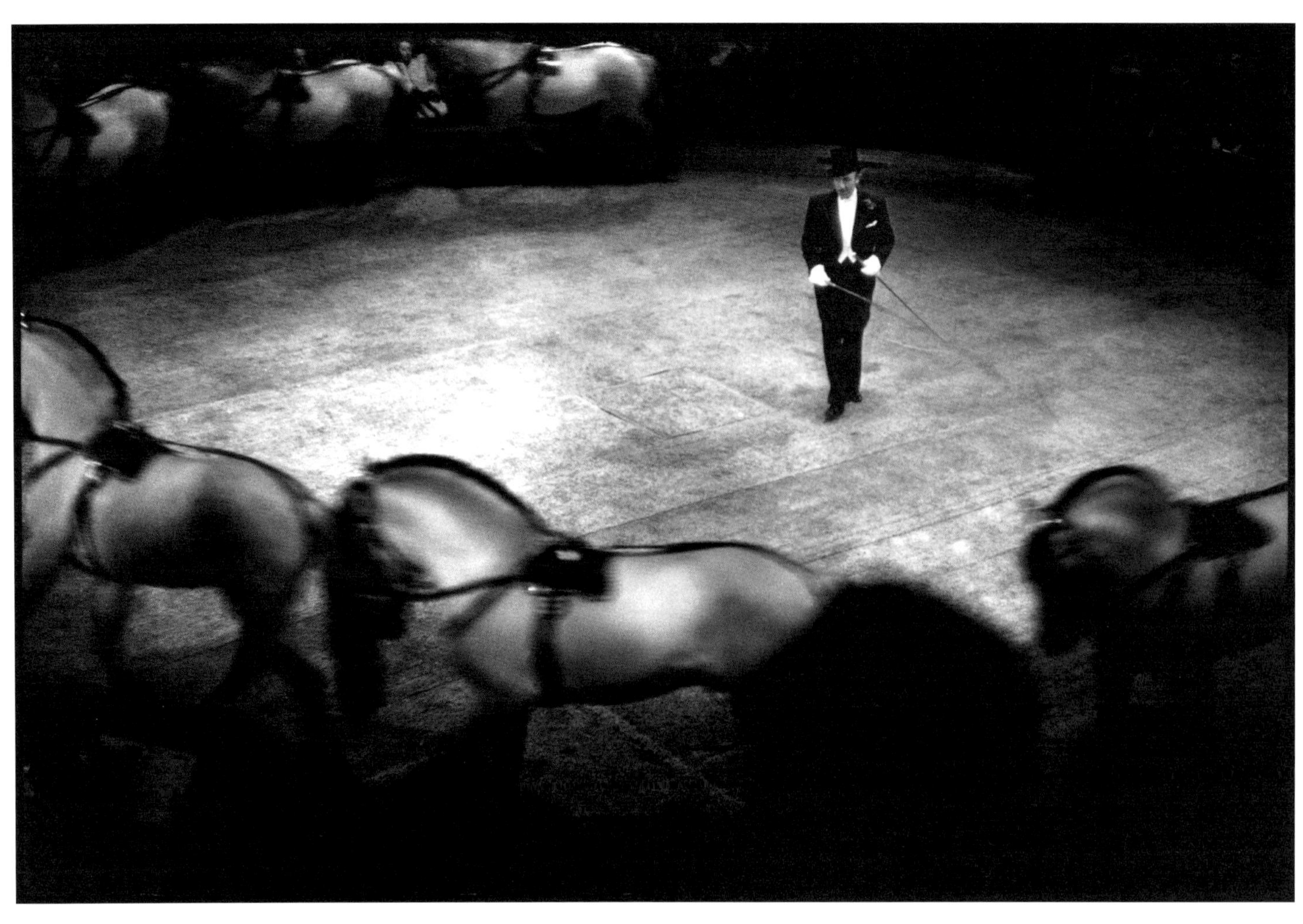

Paris, France, 1951

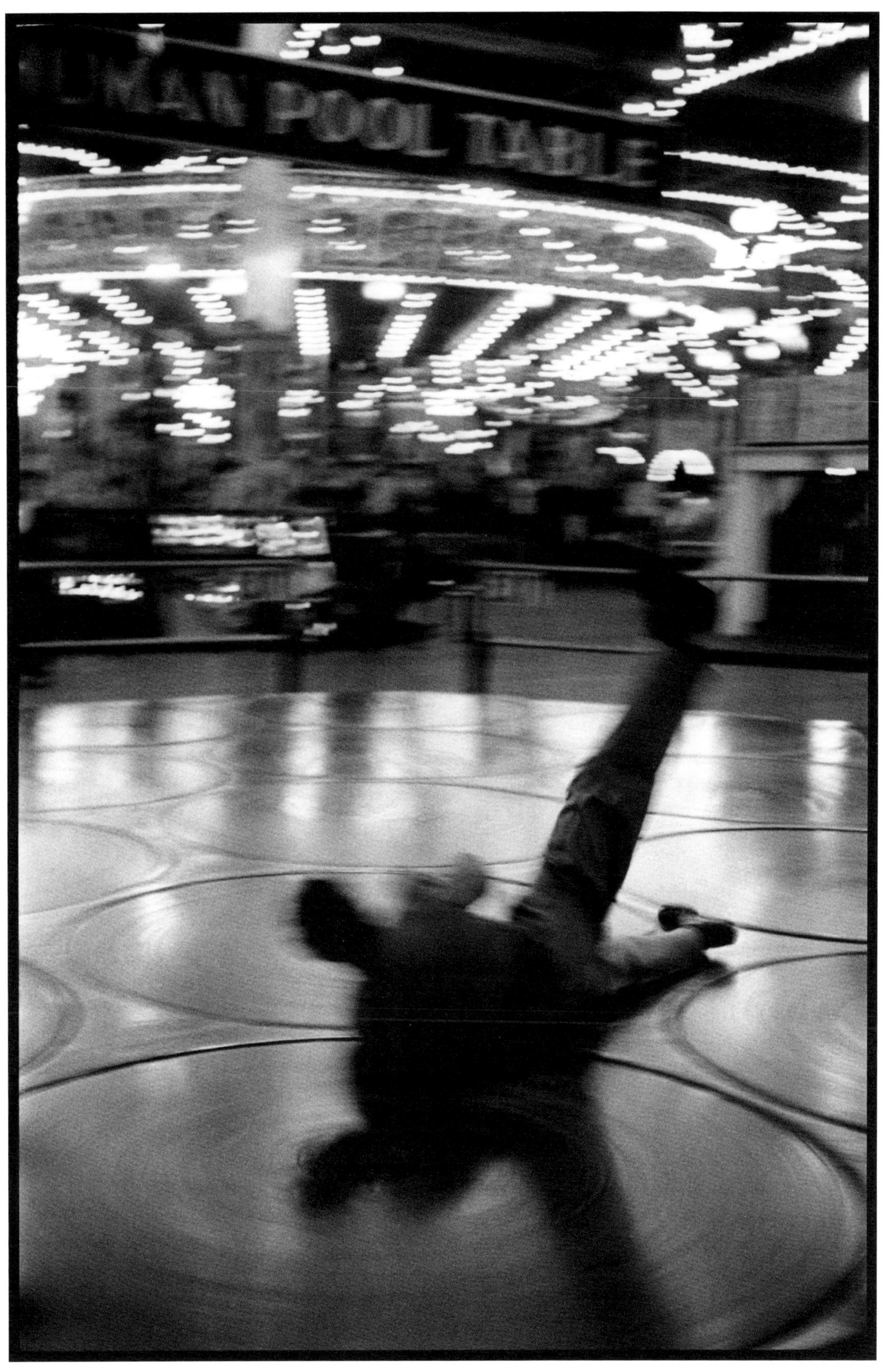

Coney Island, New York, USA, 1955

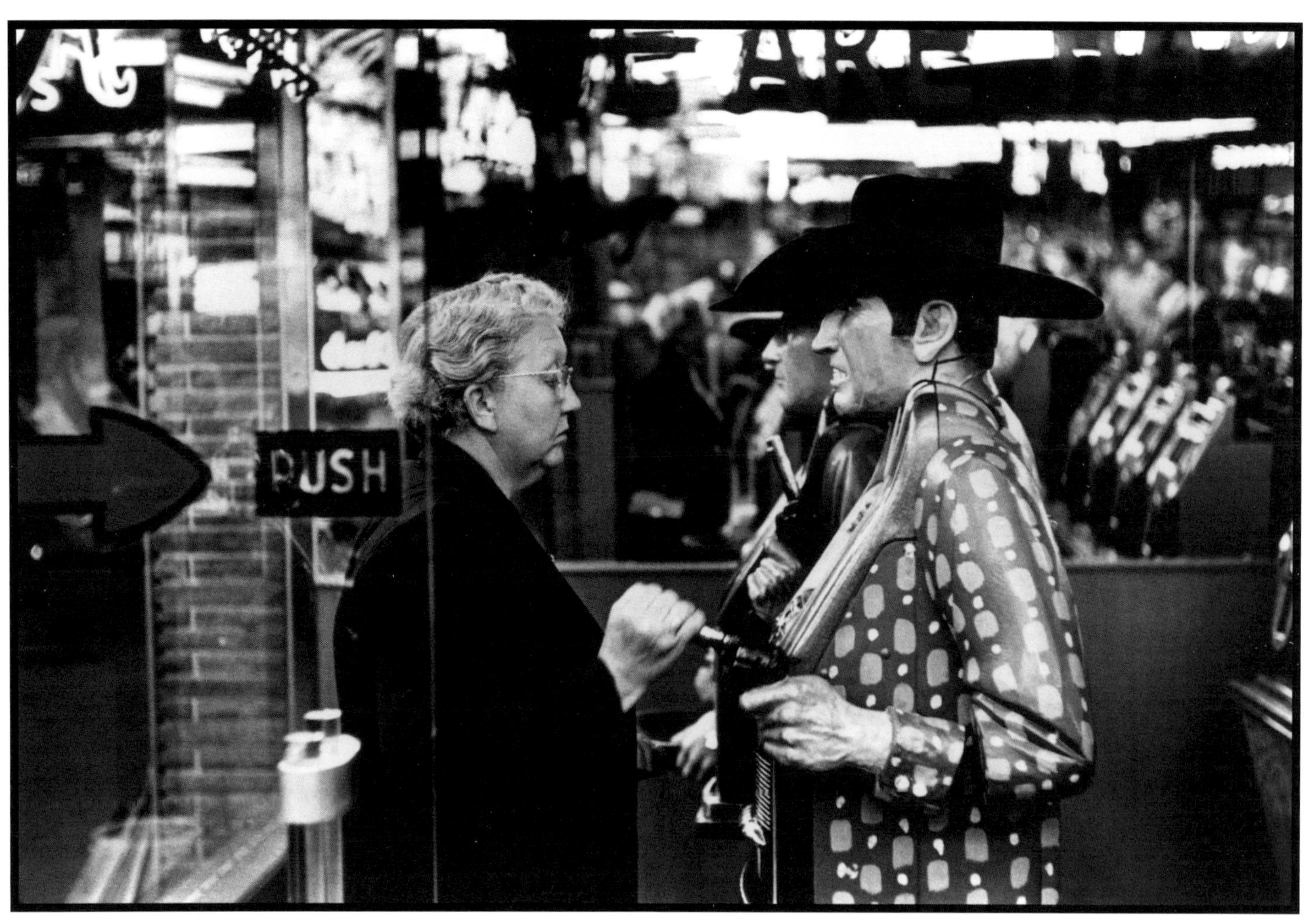

Las Vegas, USA, 1954

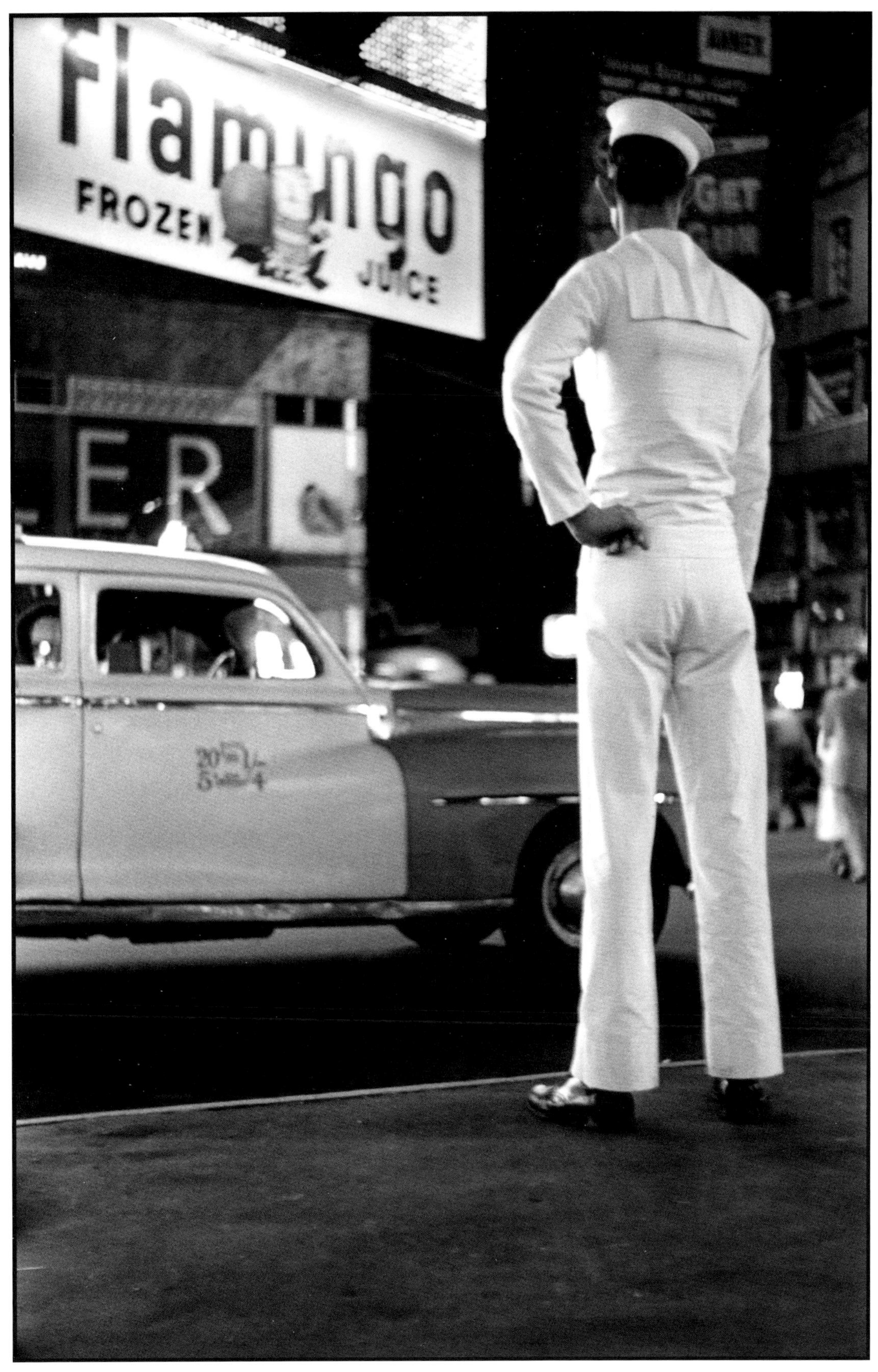

Times Square, New York, USA, 1950

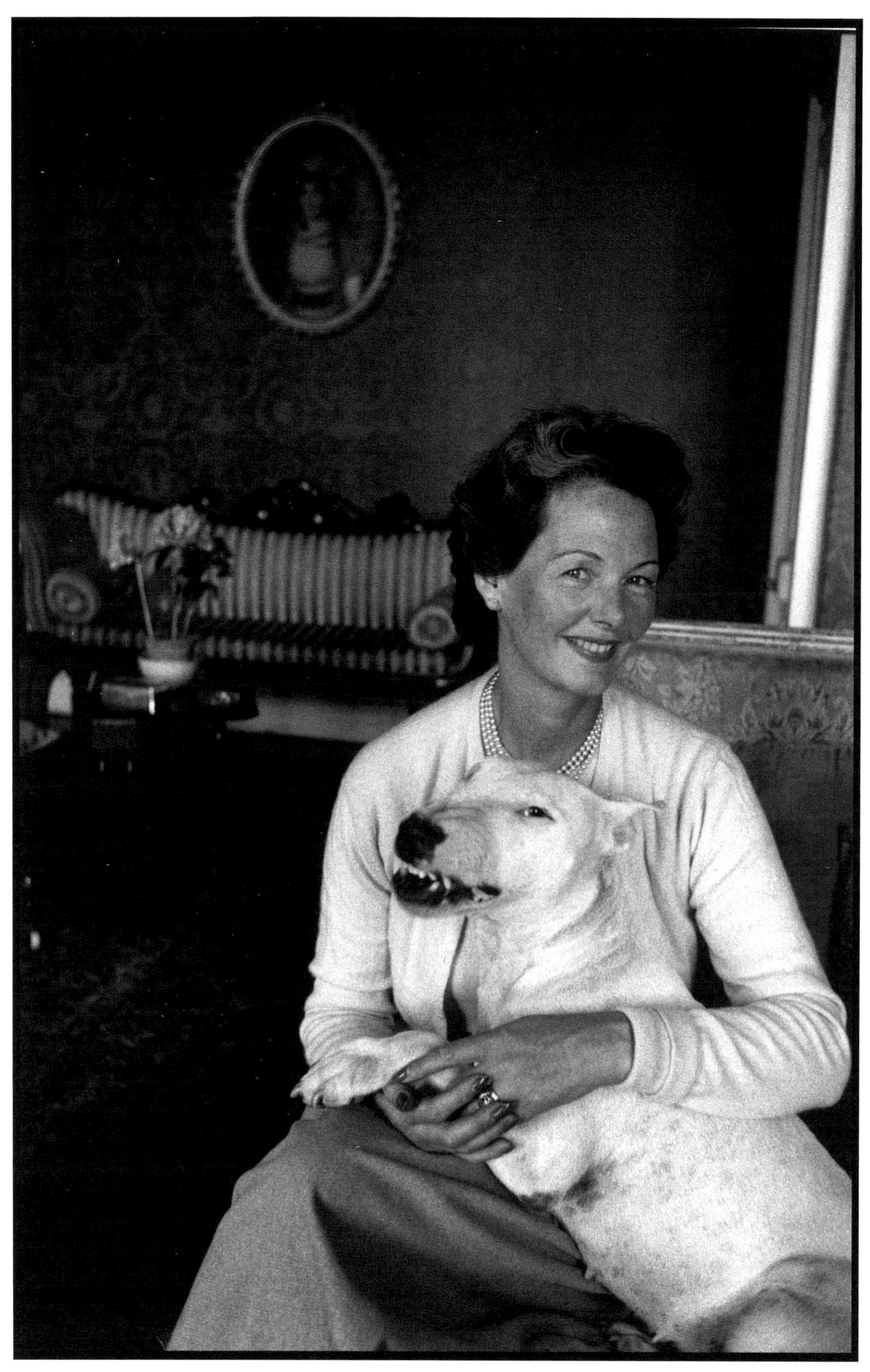

Society Lady, Brighton, England, 1956

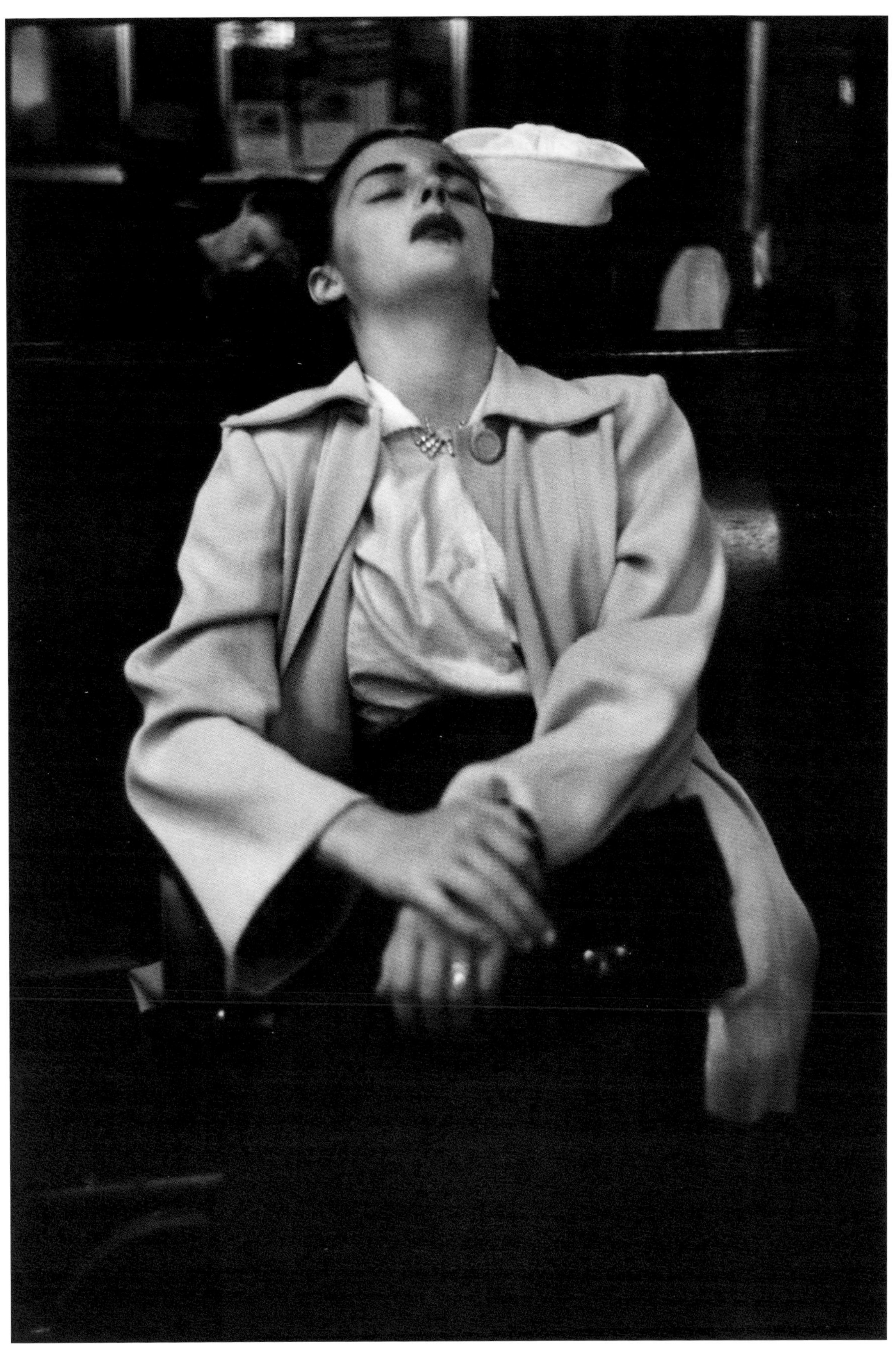

Fernandina Beach, Florida, USA, 1950

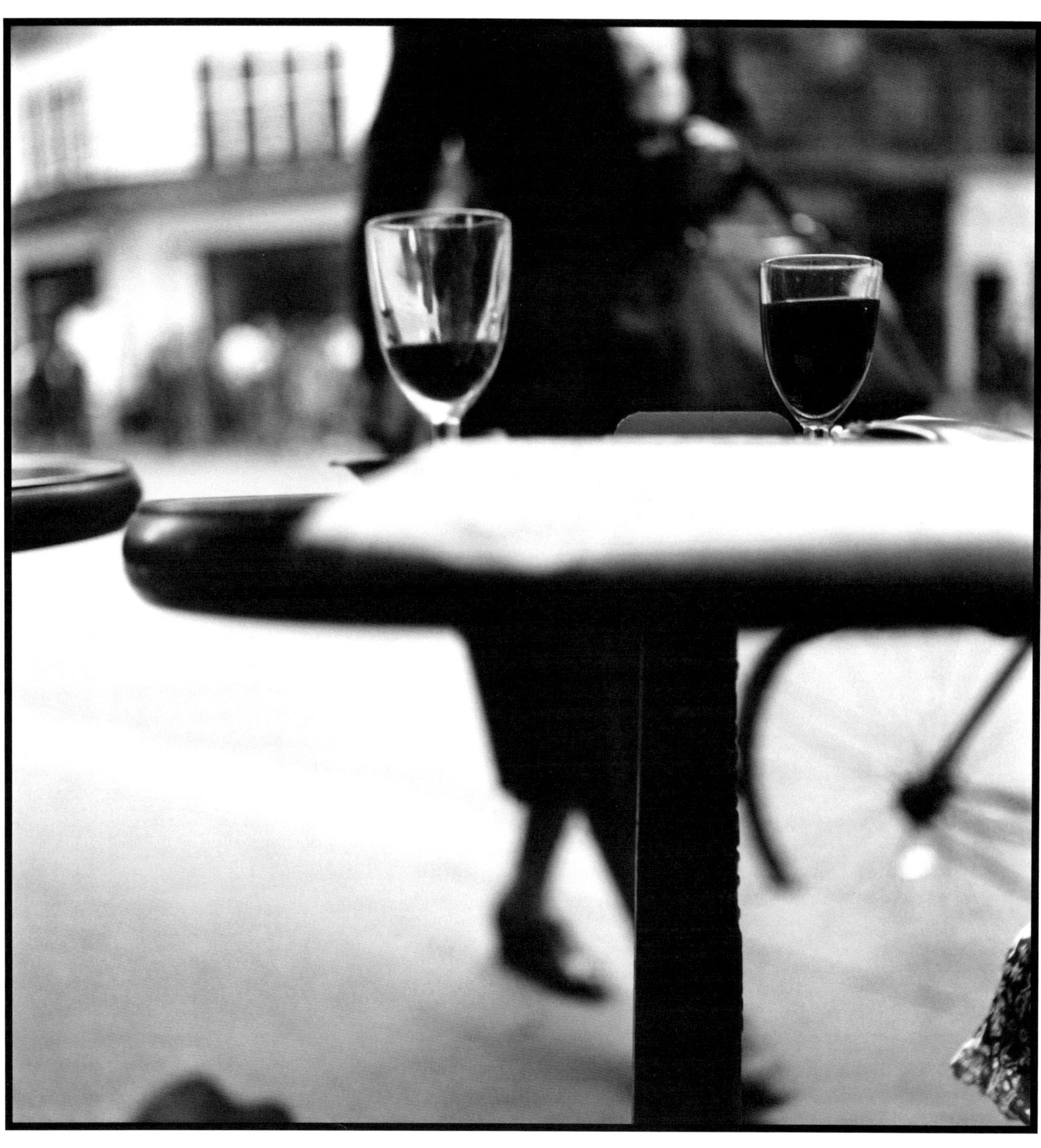

Paris, France, 1952

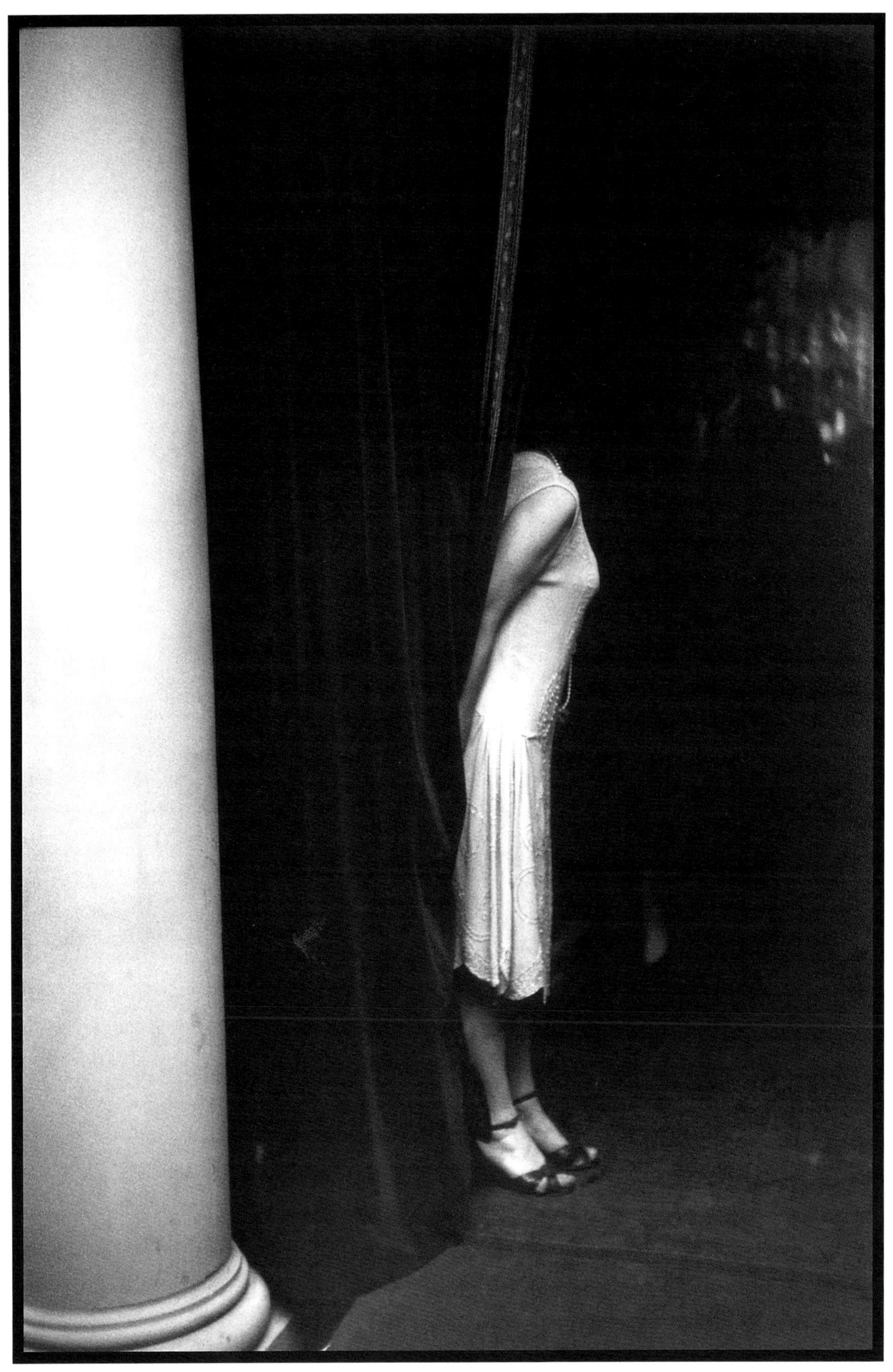

San Francisco, USA, 1955

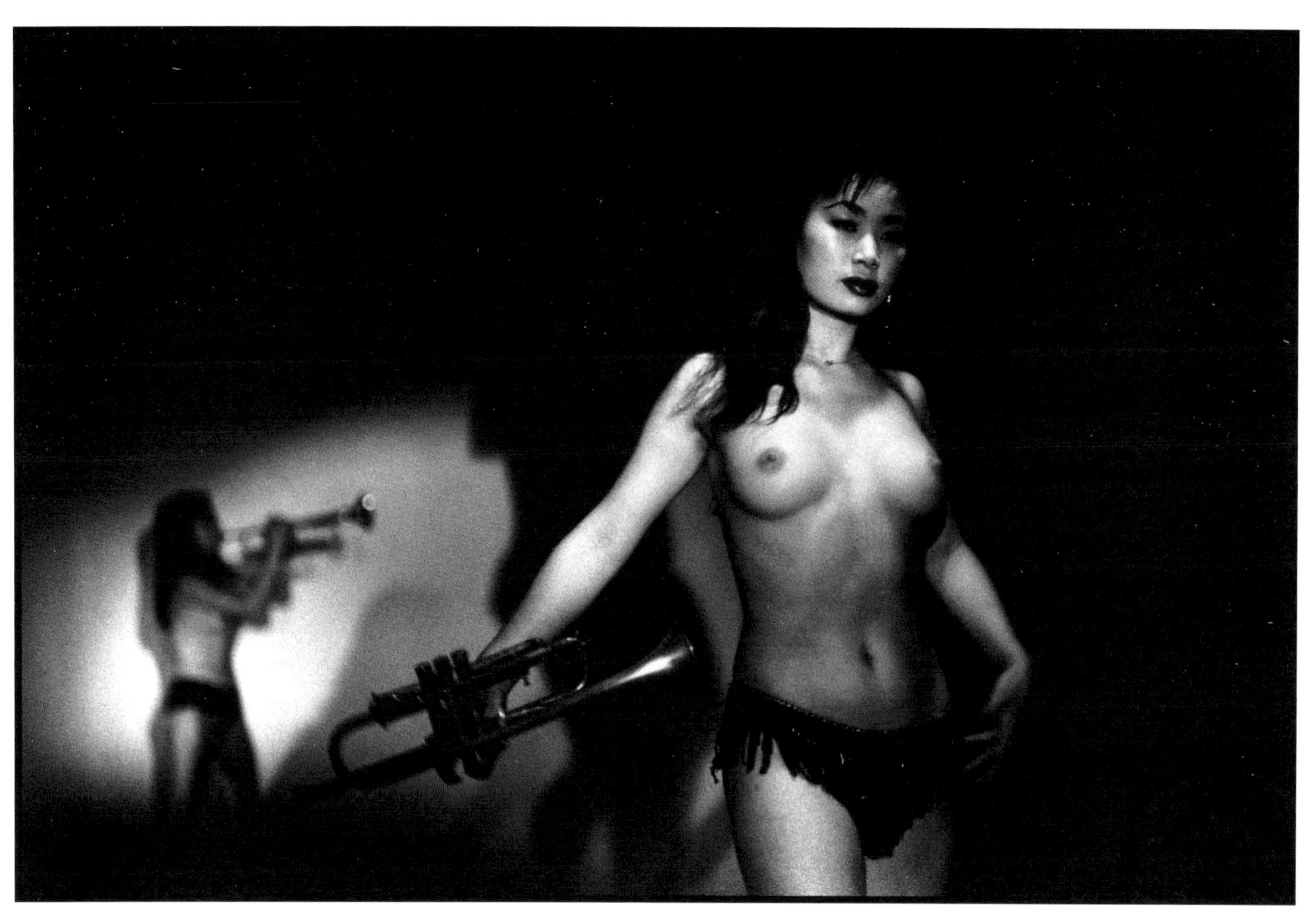

Tokyo, Japan, 1960

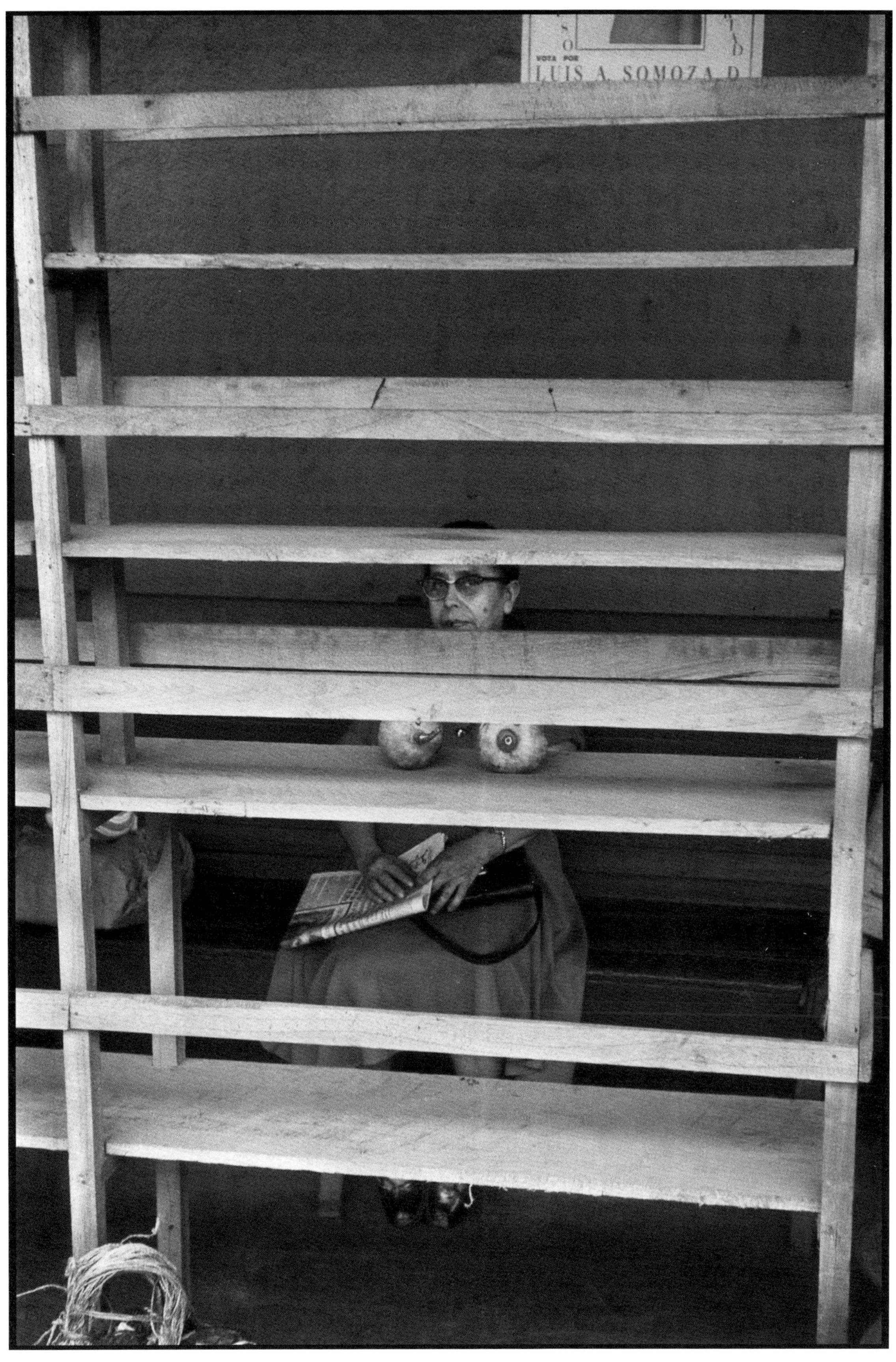

Managua, Nicaragua, 1957

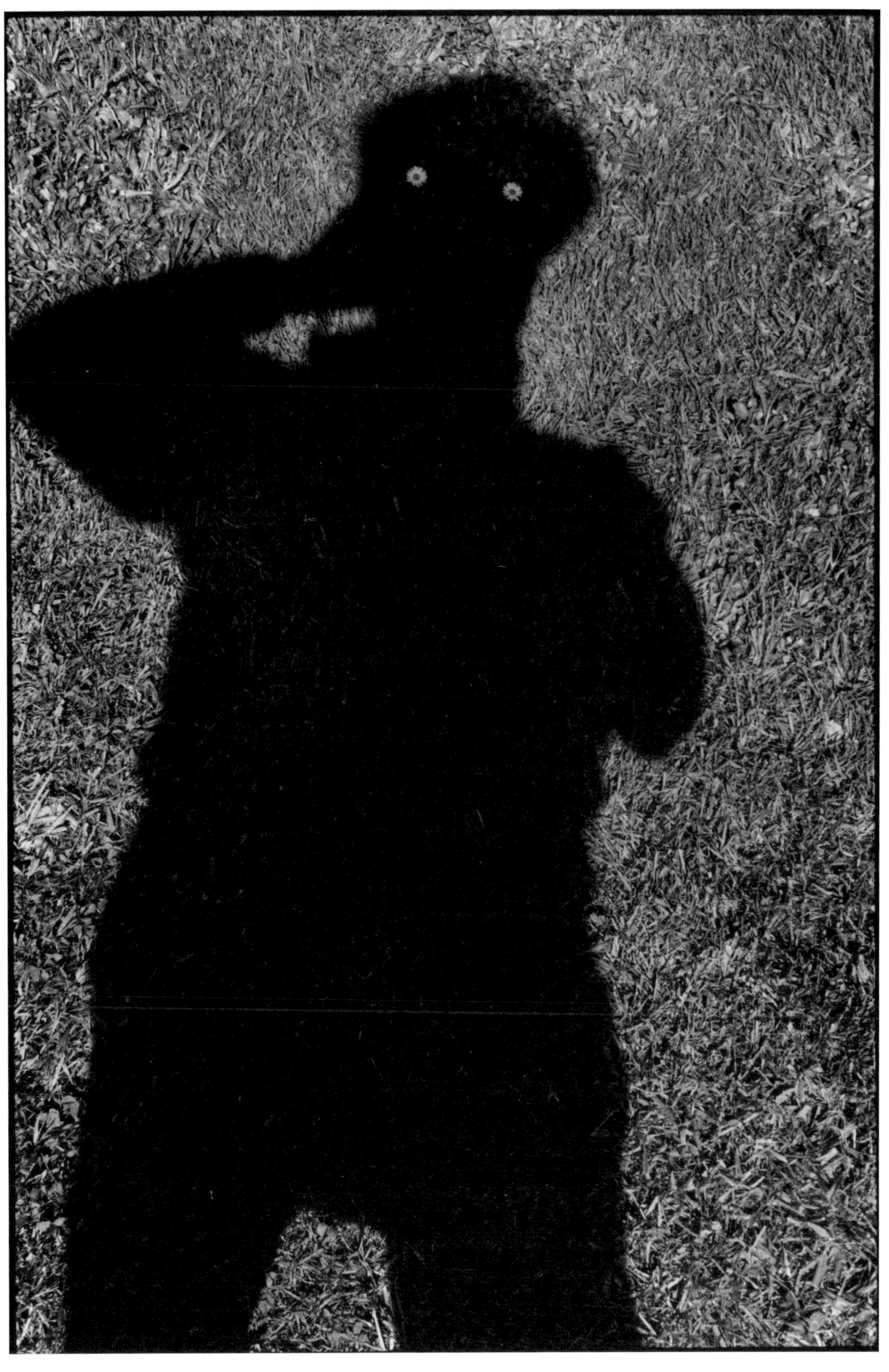

Ireland, 1991

New York, USA, 1948

New York, USA, 1954

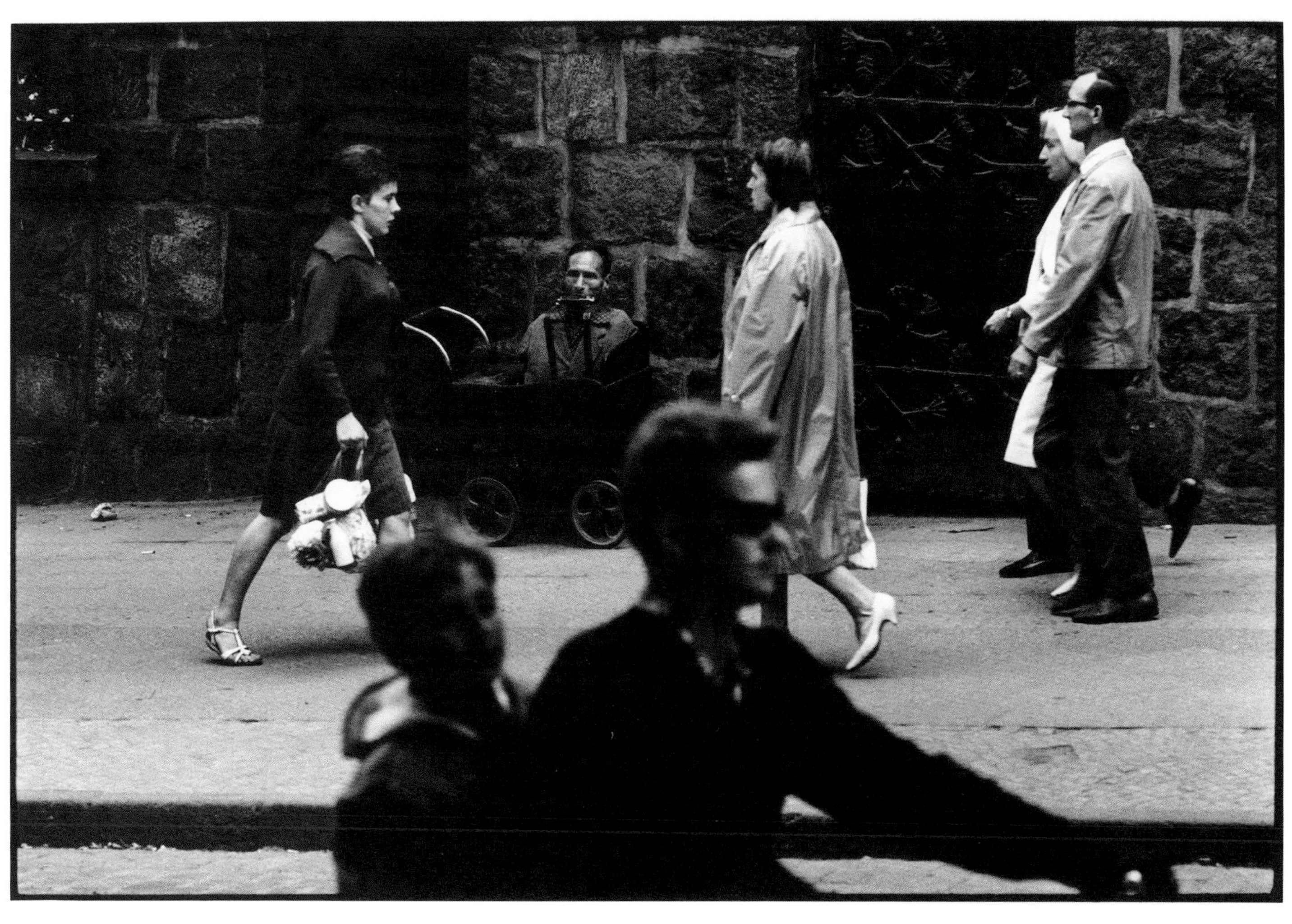

Gdan´sk, Poland, 1964

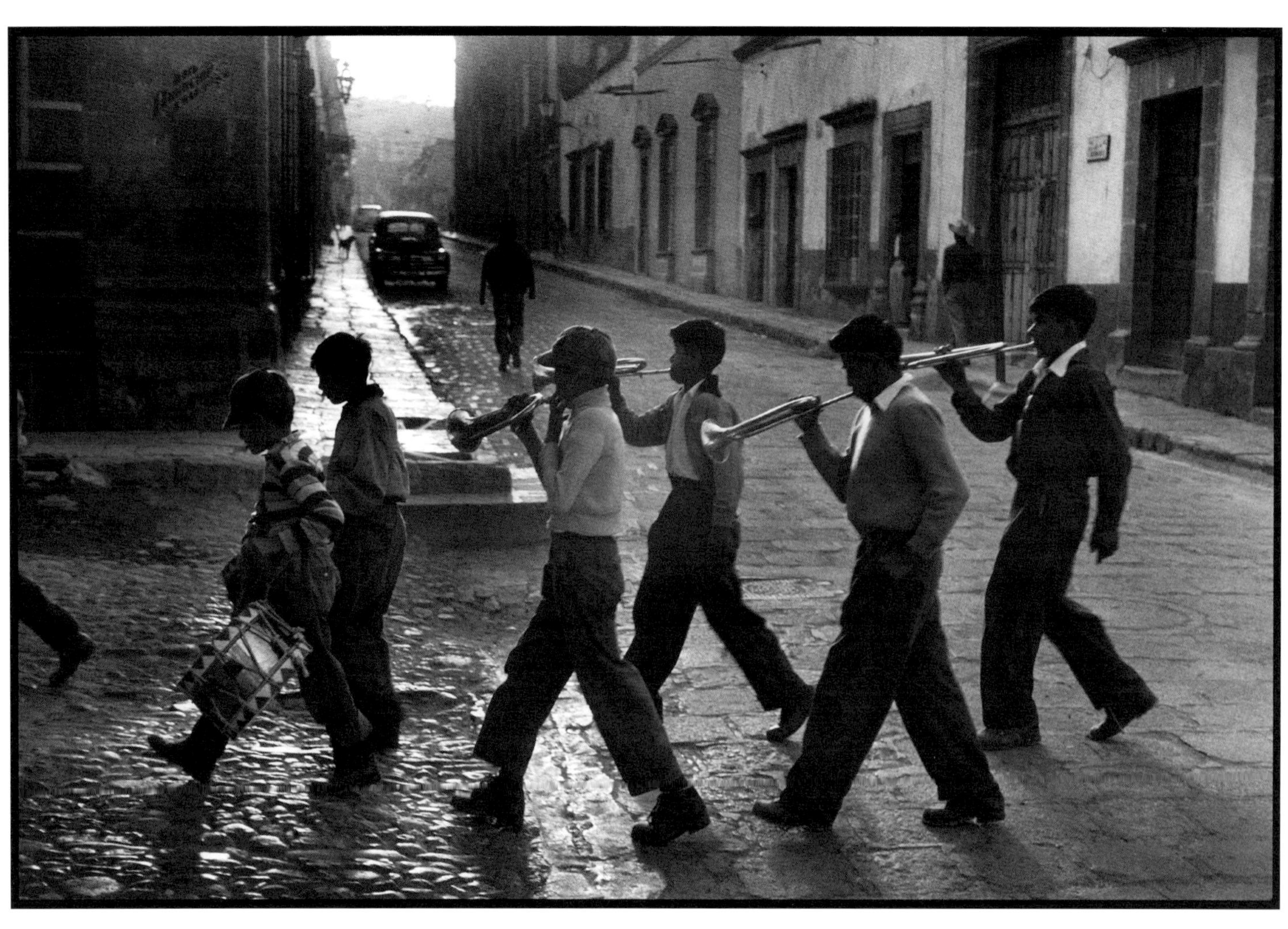

San Miguel de Allende, Mexico, 1957

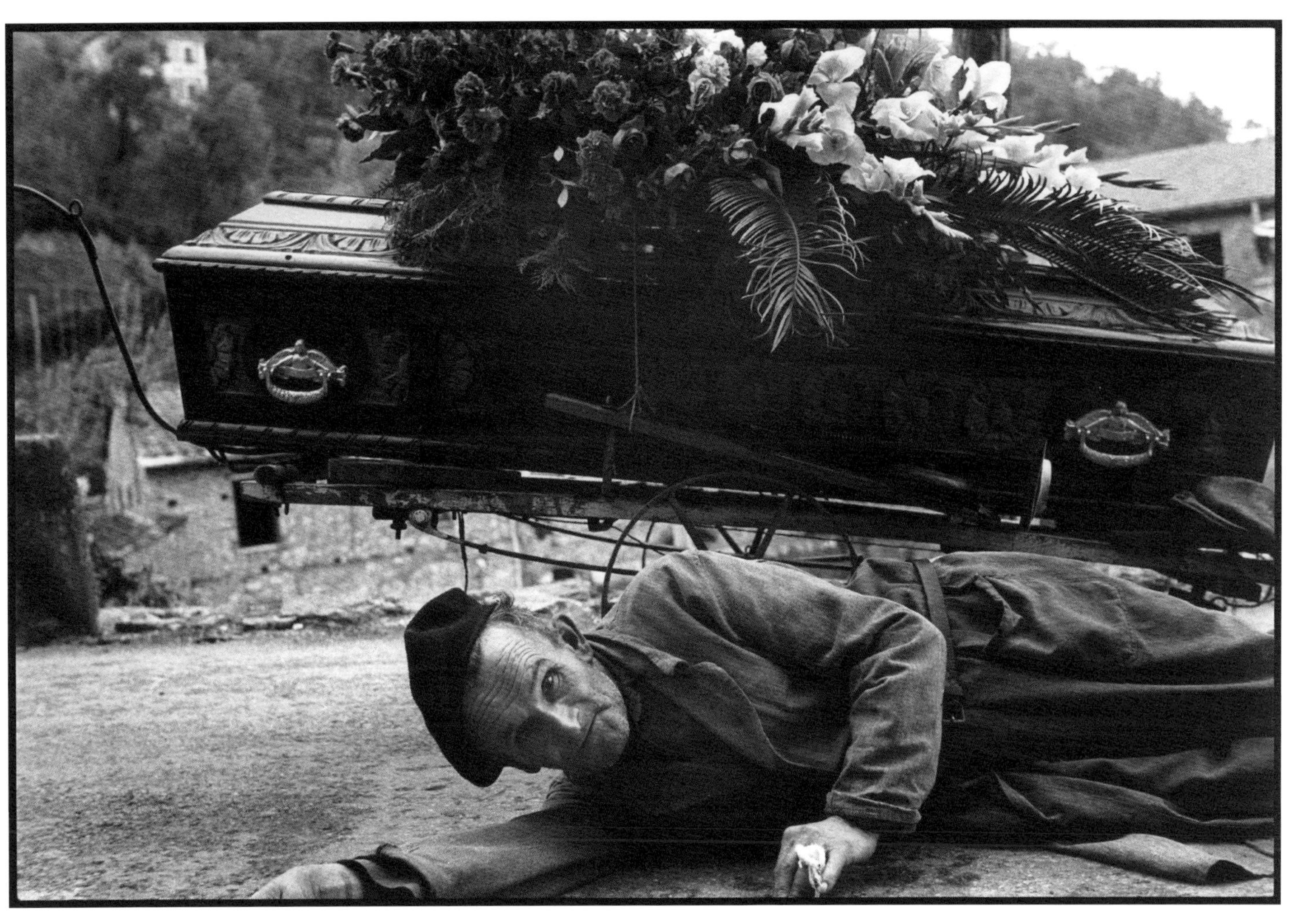

Tuscany, Italy, 1949

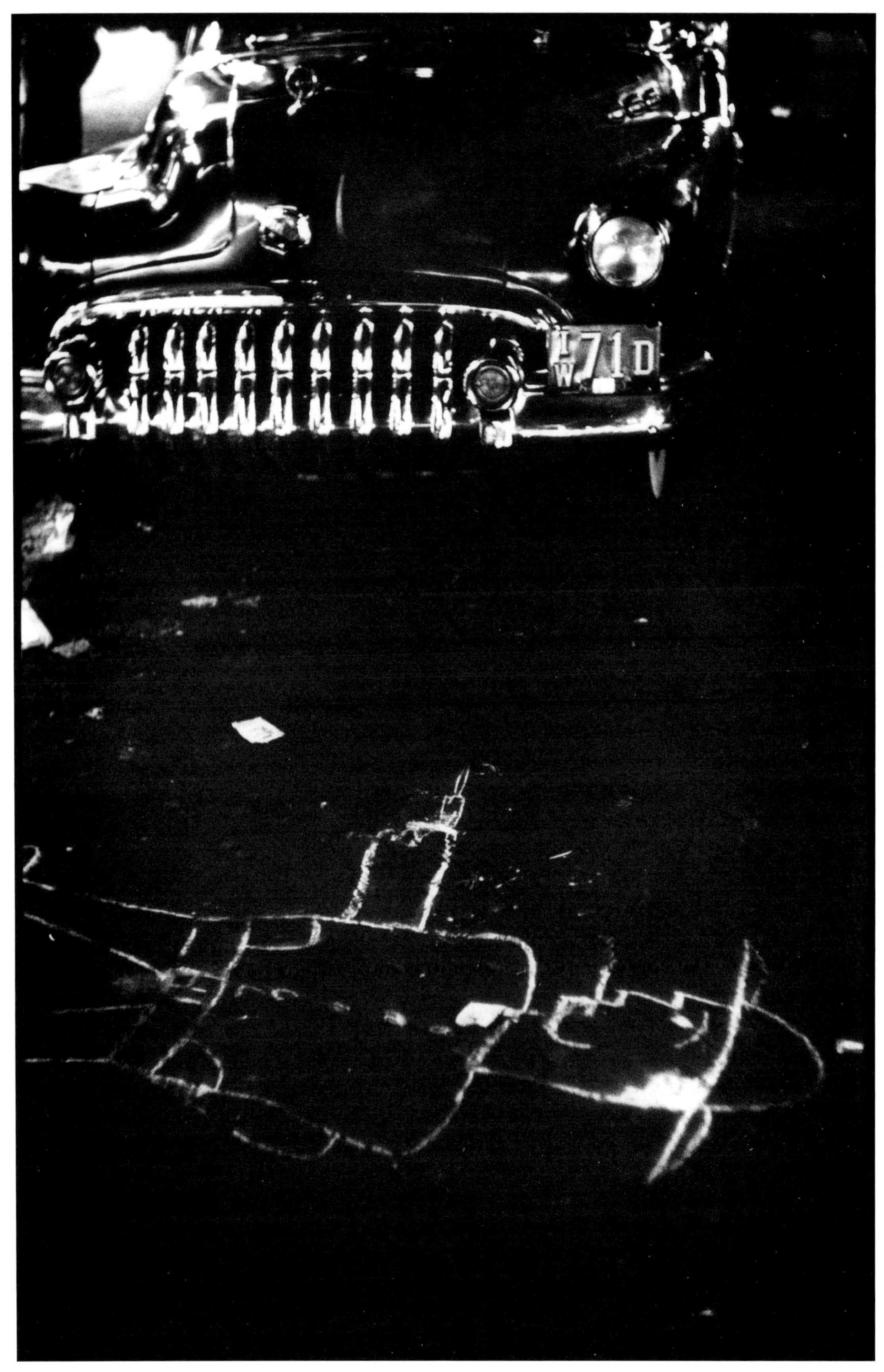

New York, USA, 1953

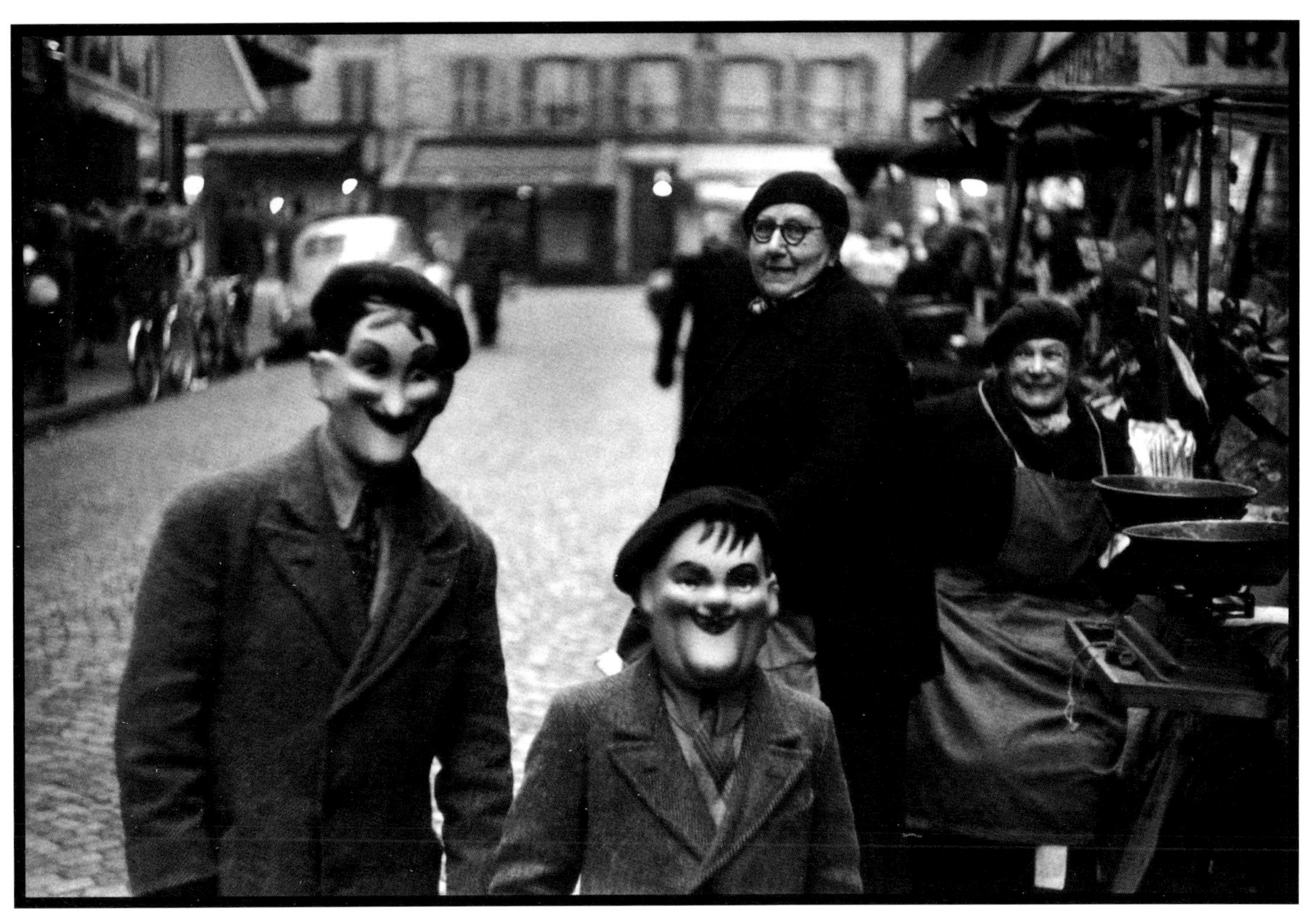

Paris, France, 1949

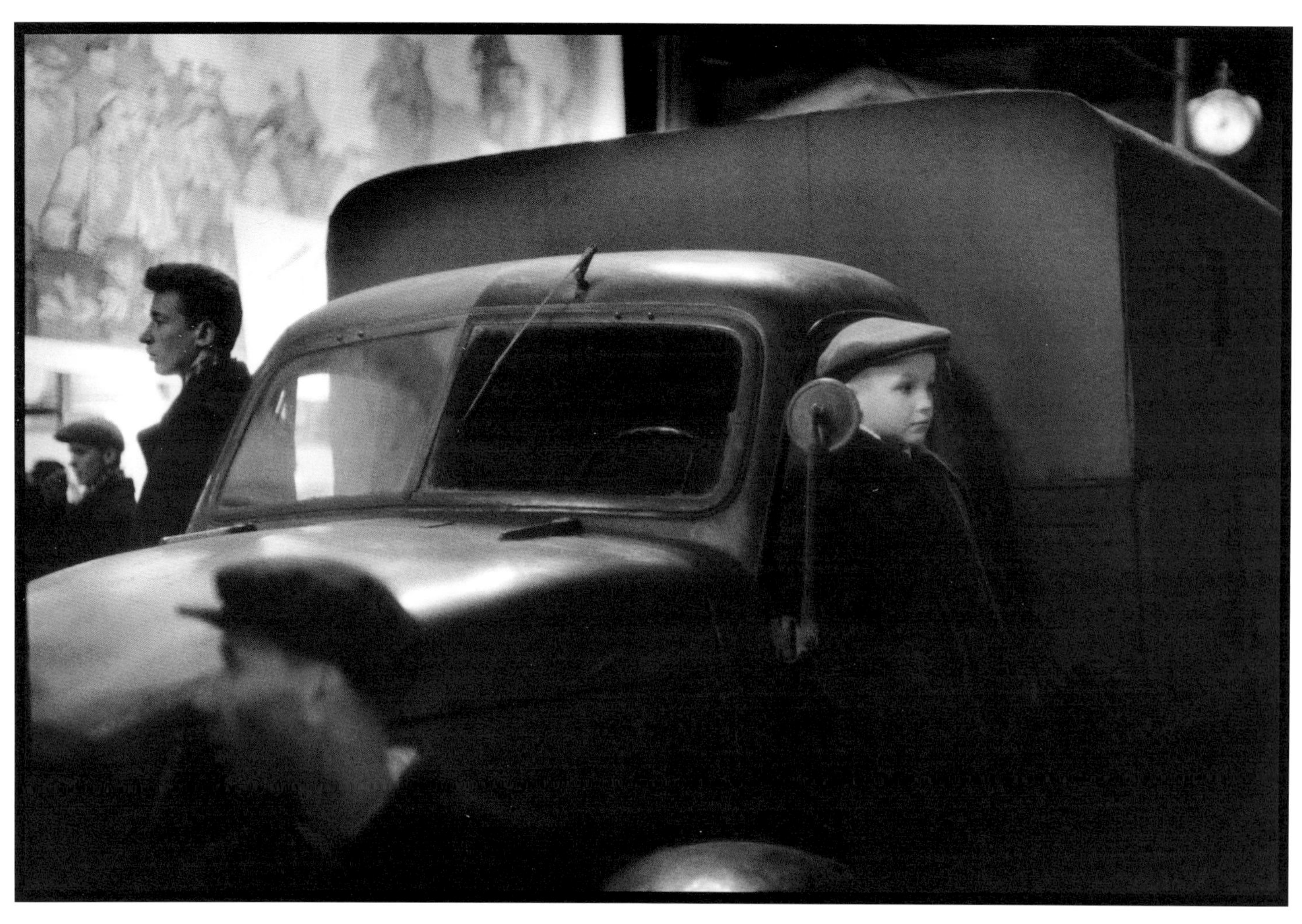

Moscow, Russia, 1957

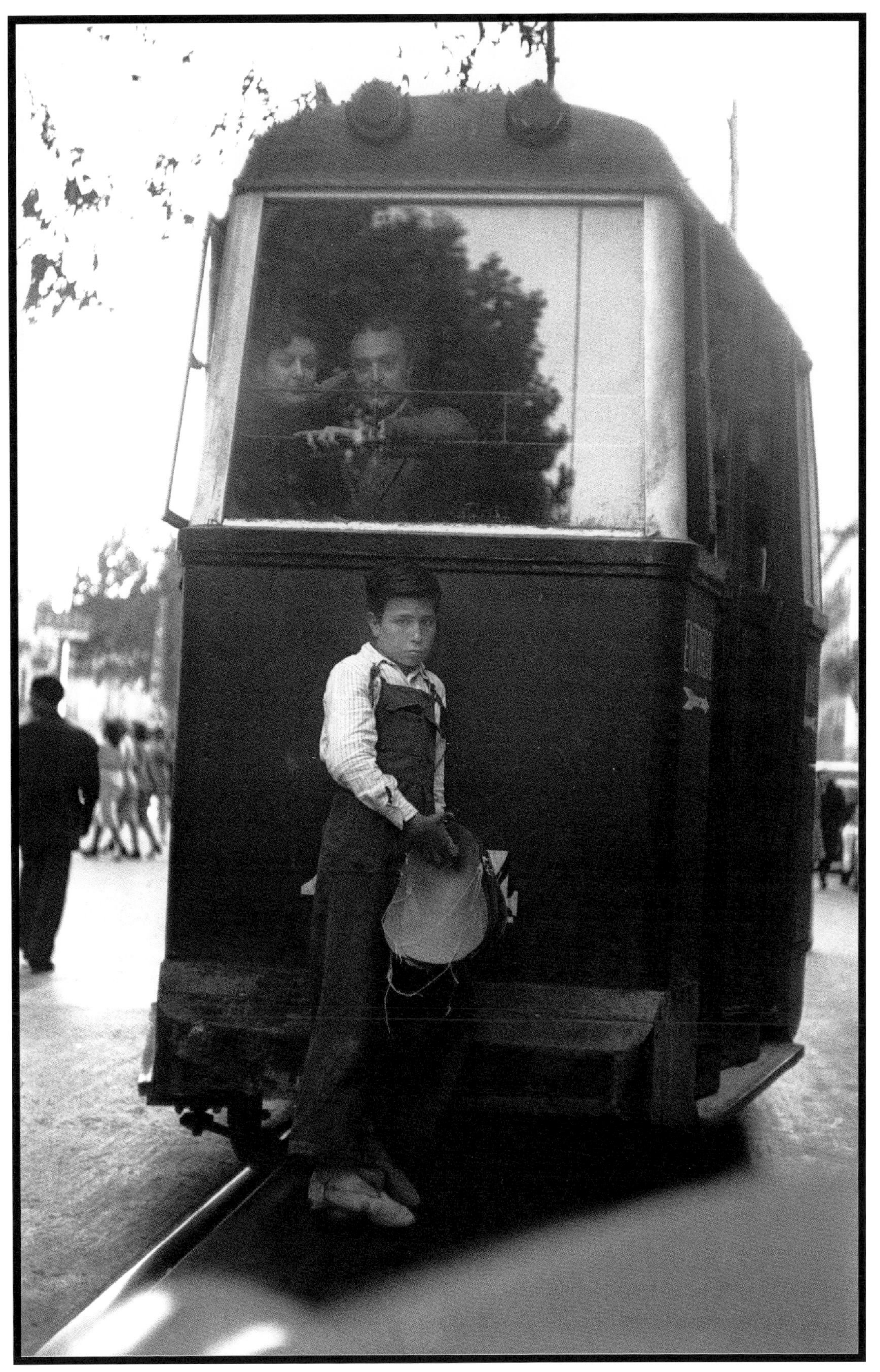

Barcelona, Spain, 1951

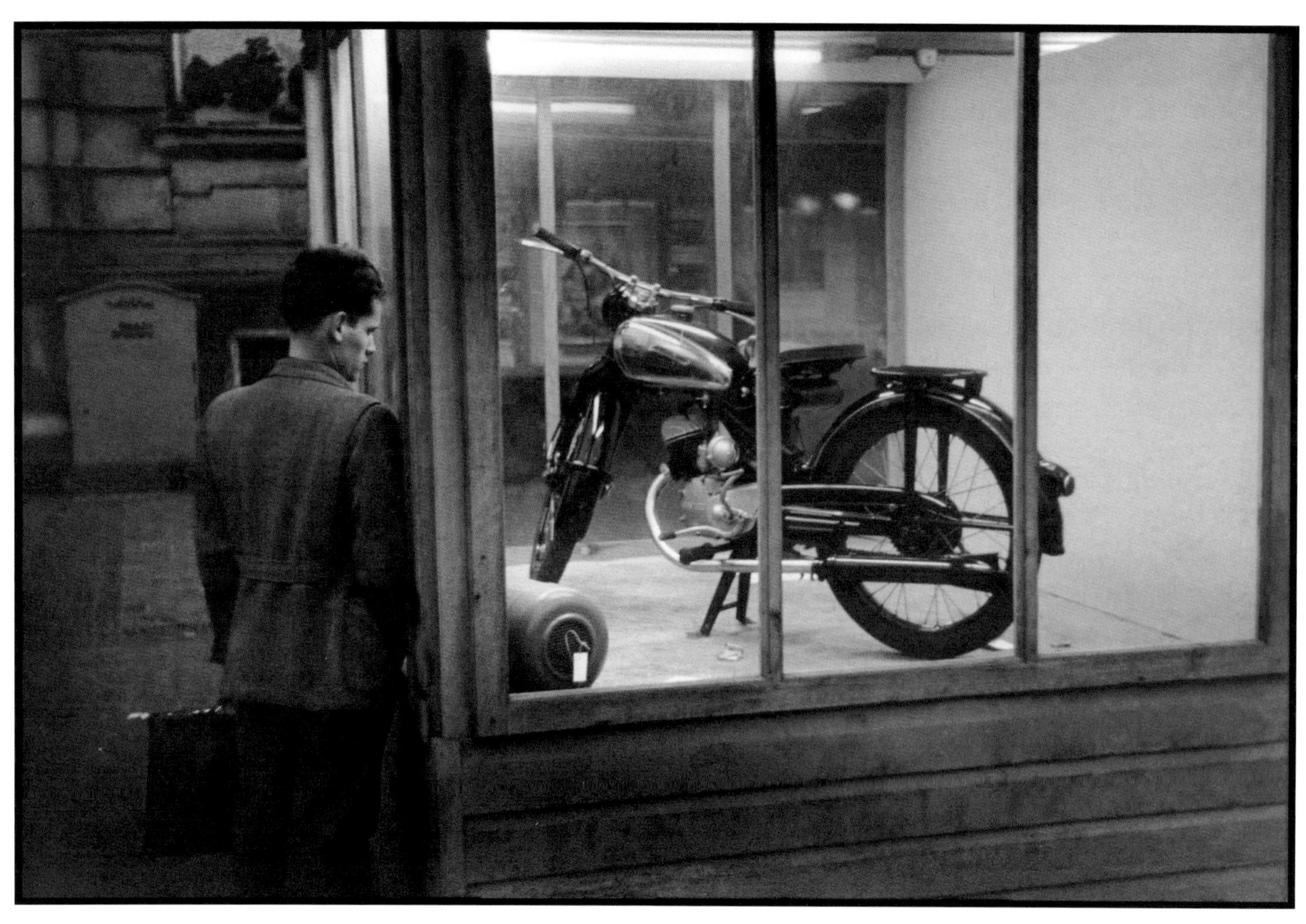

Karlsruhe, Germany, 1951

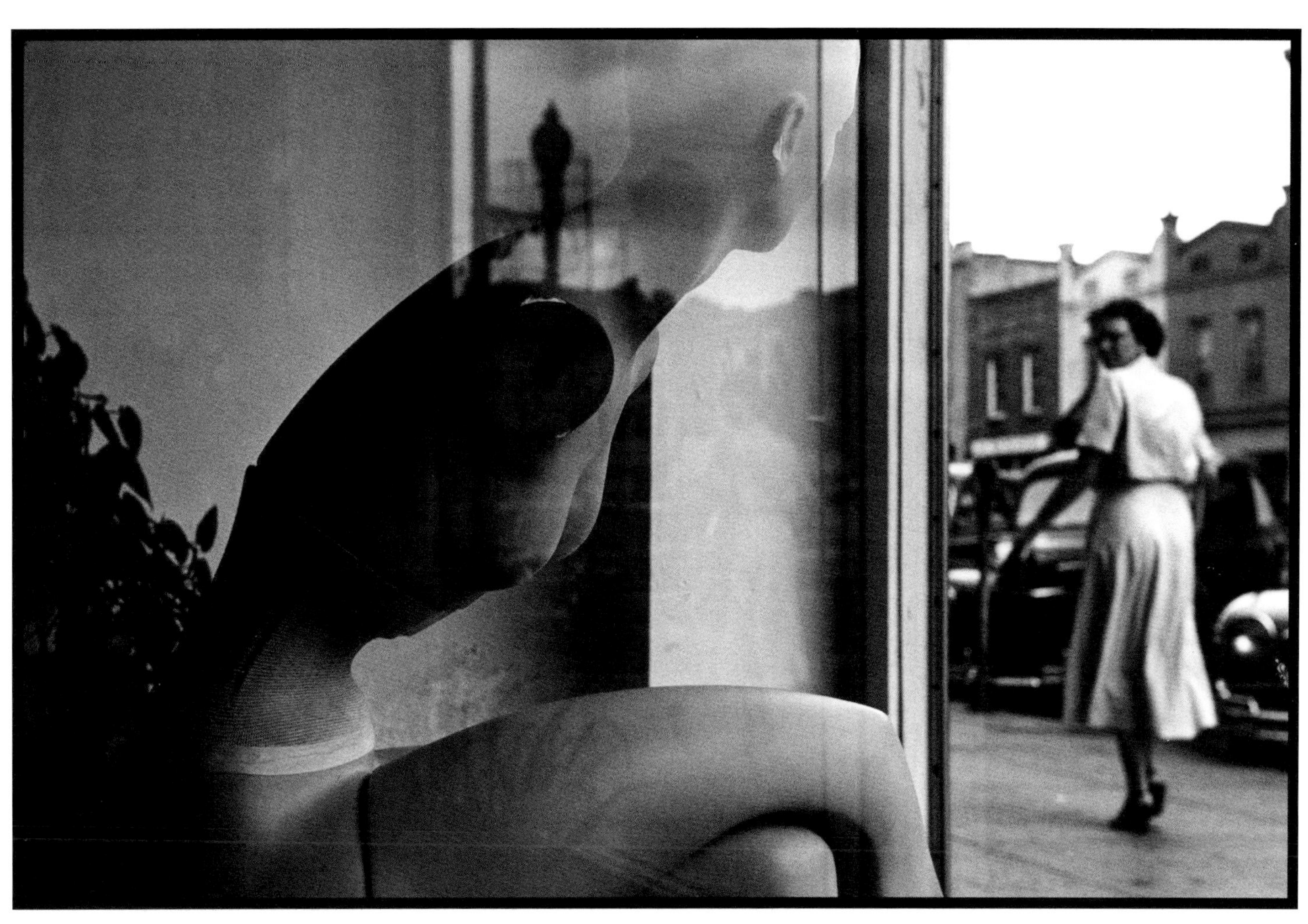

Wilmington, North Carolina, USA, 1950

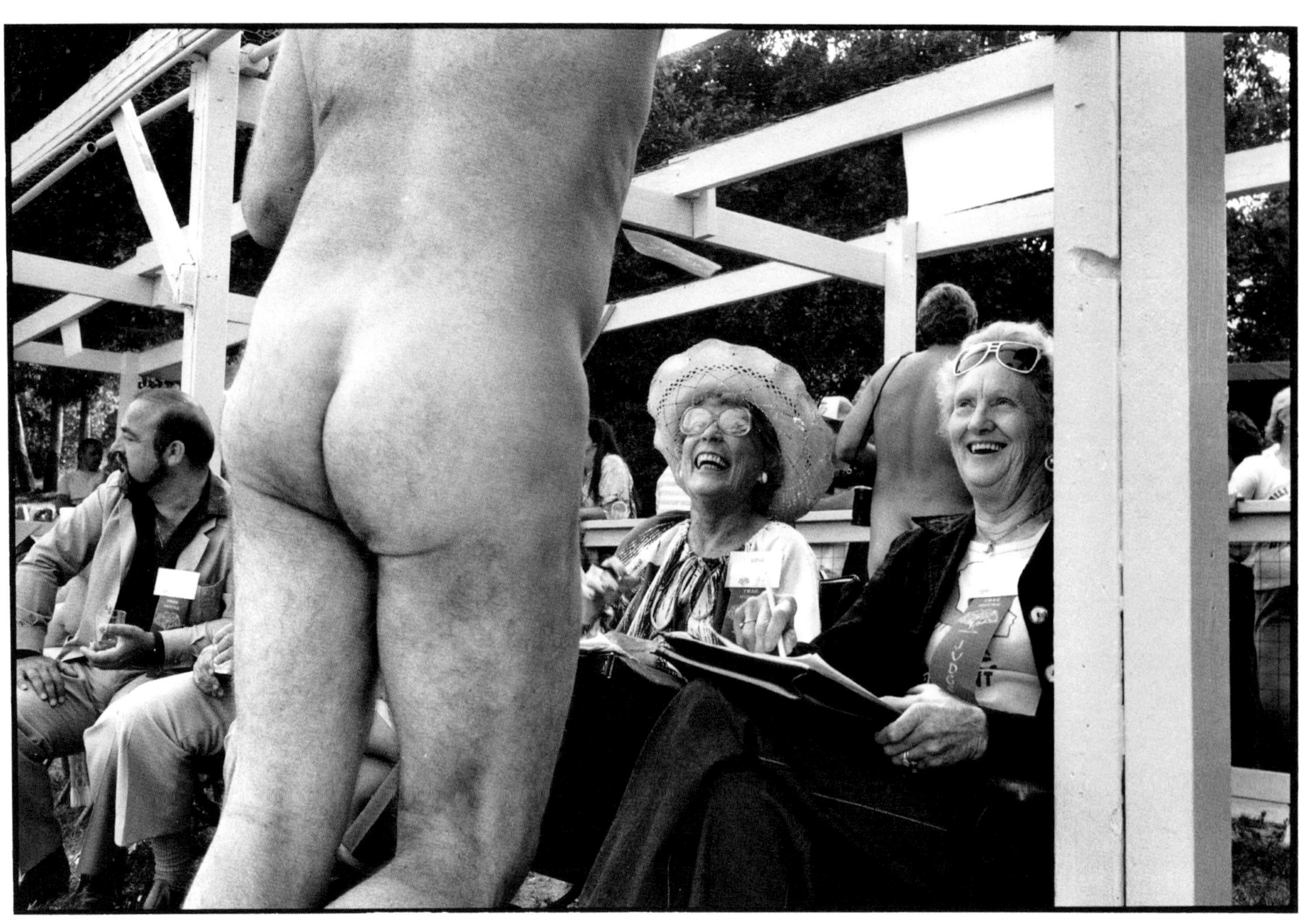

Bakersfield, California, USA, 1983

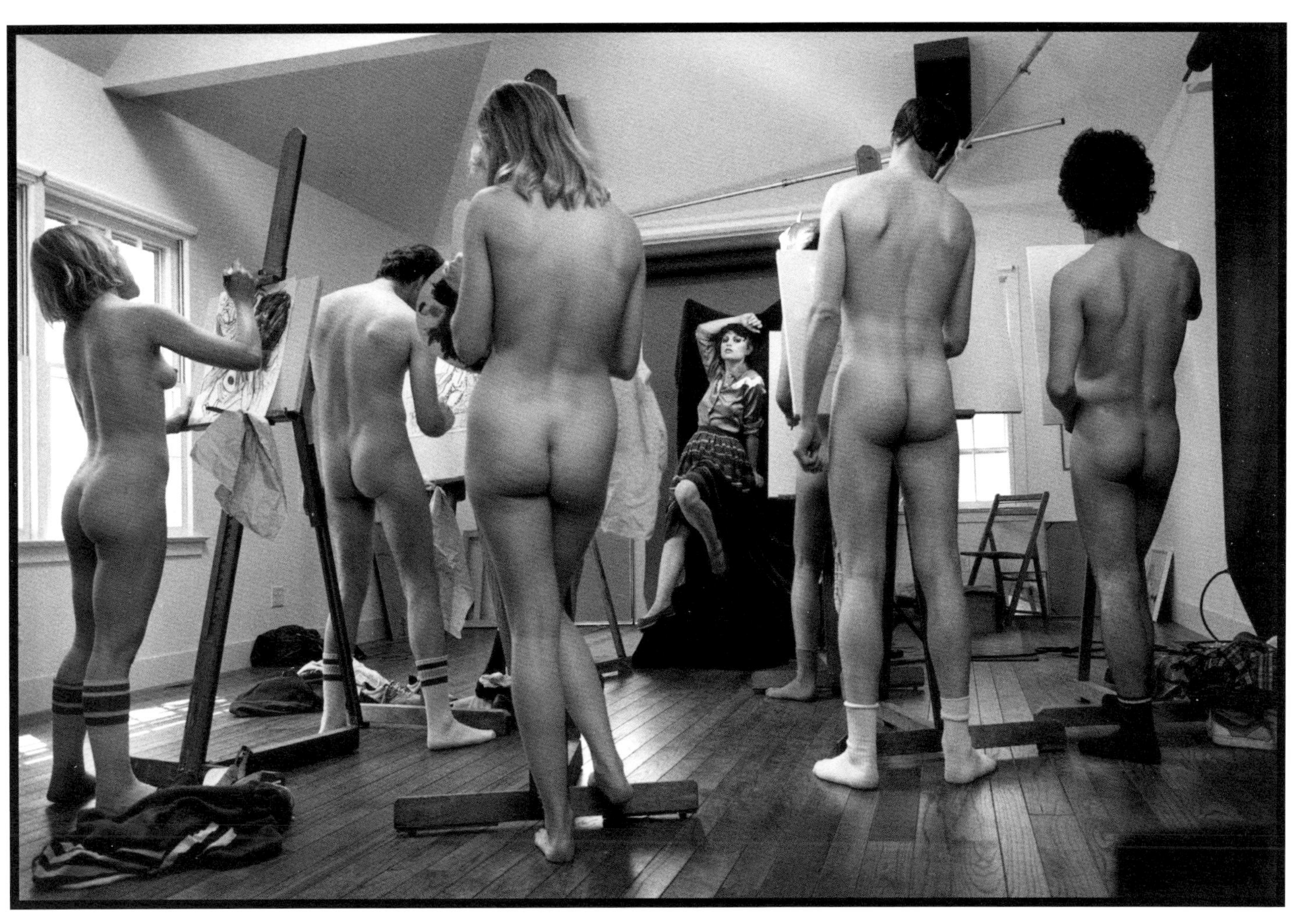

East Hampton, New York, USA, 1983

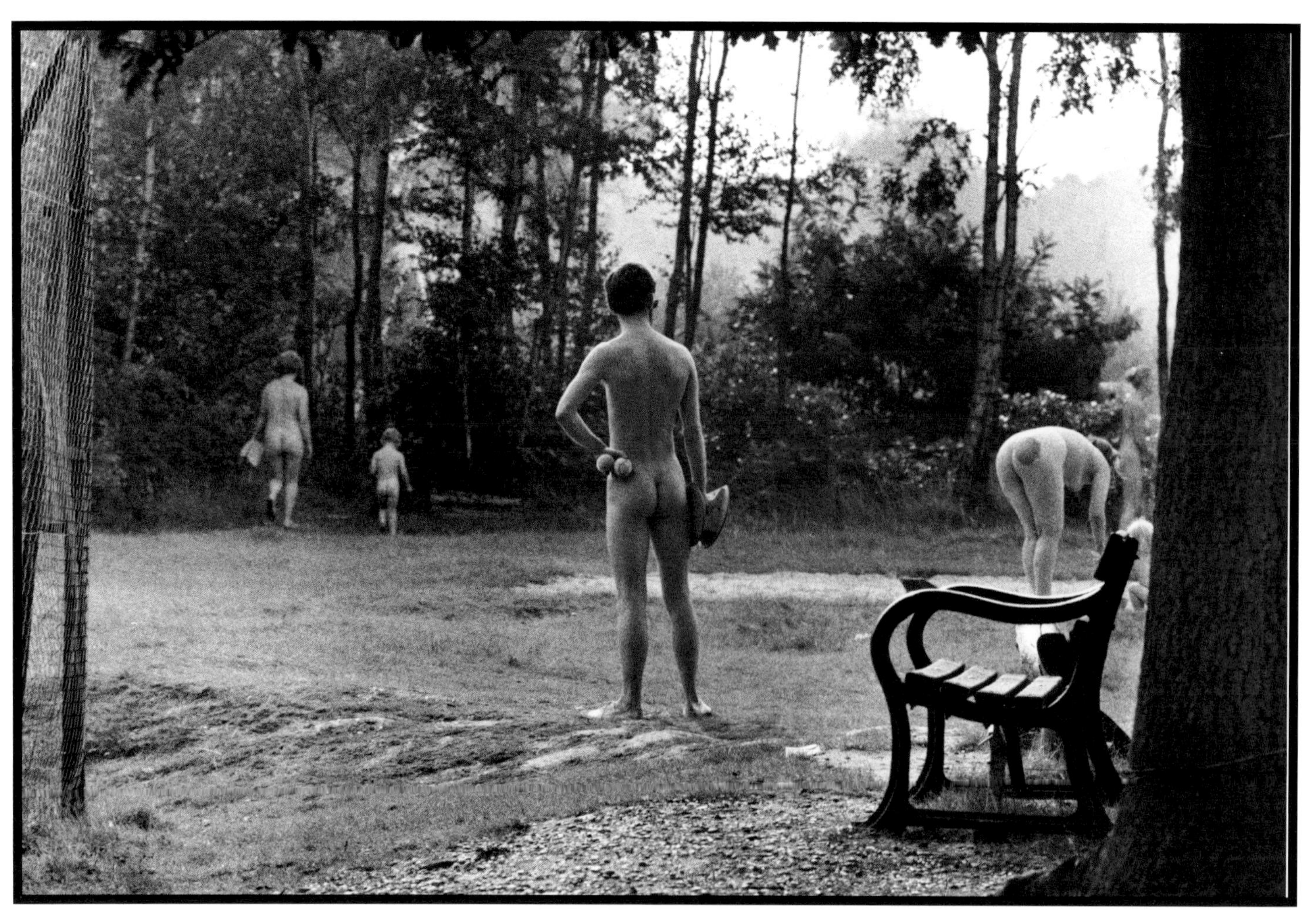

Kent, England, 1968

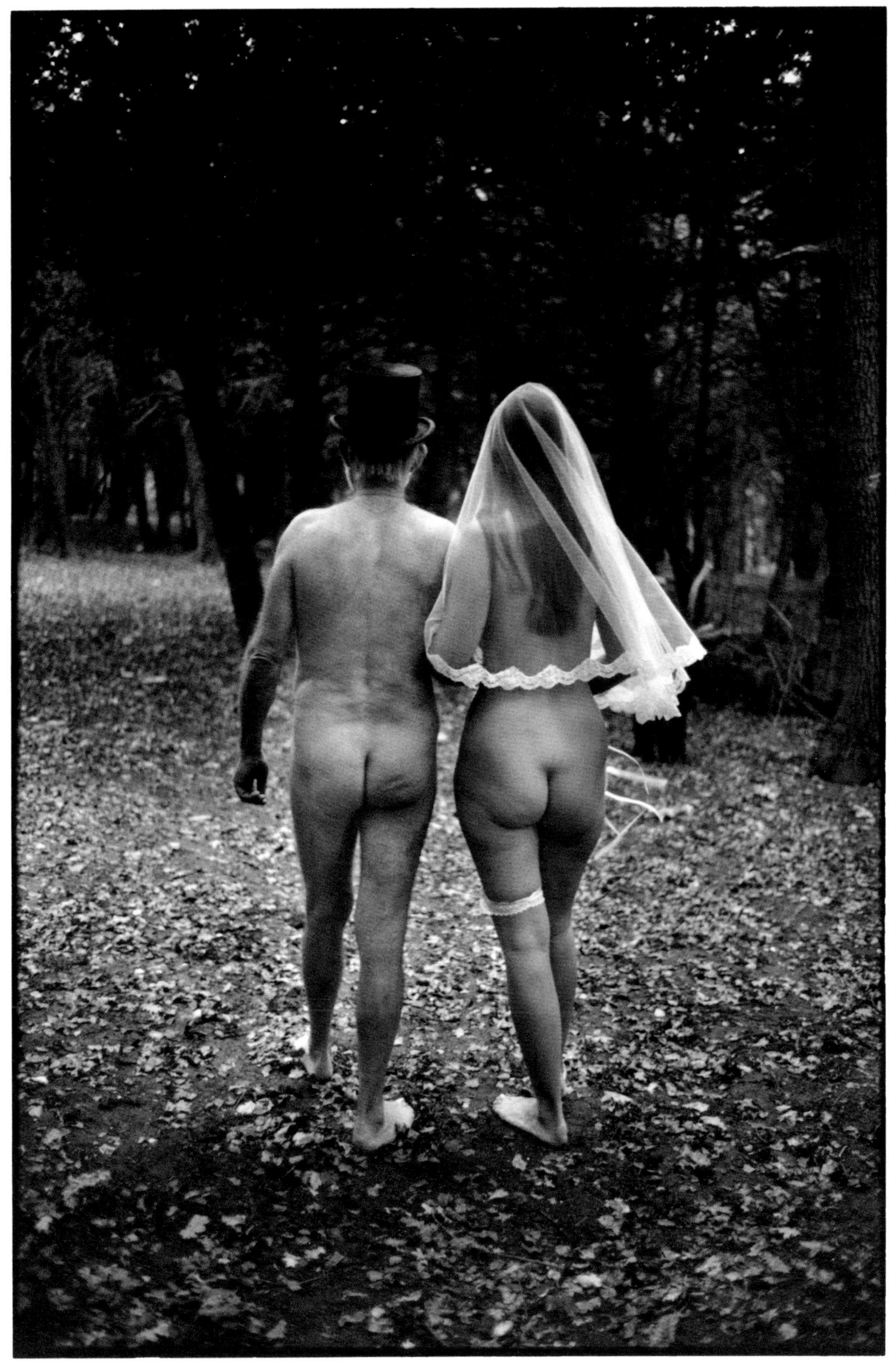

Kent, England, 1984

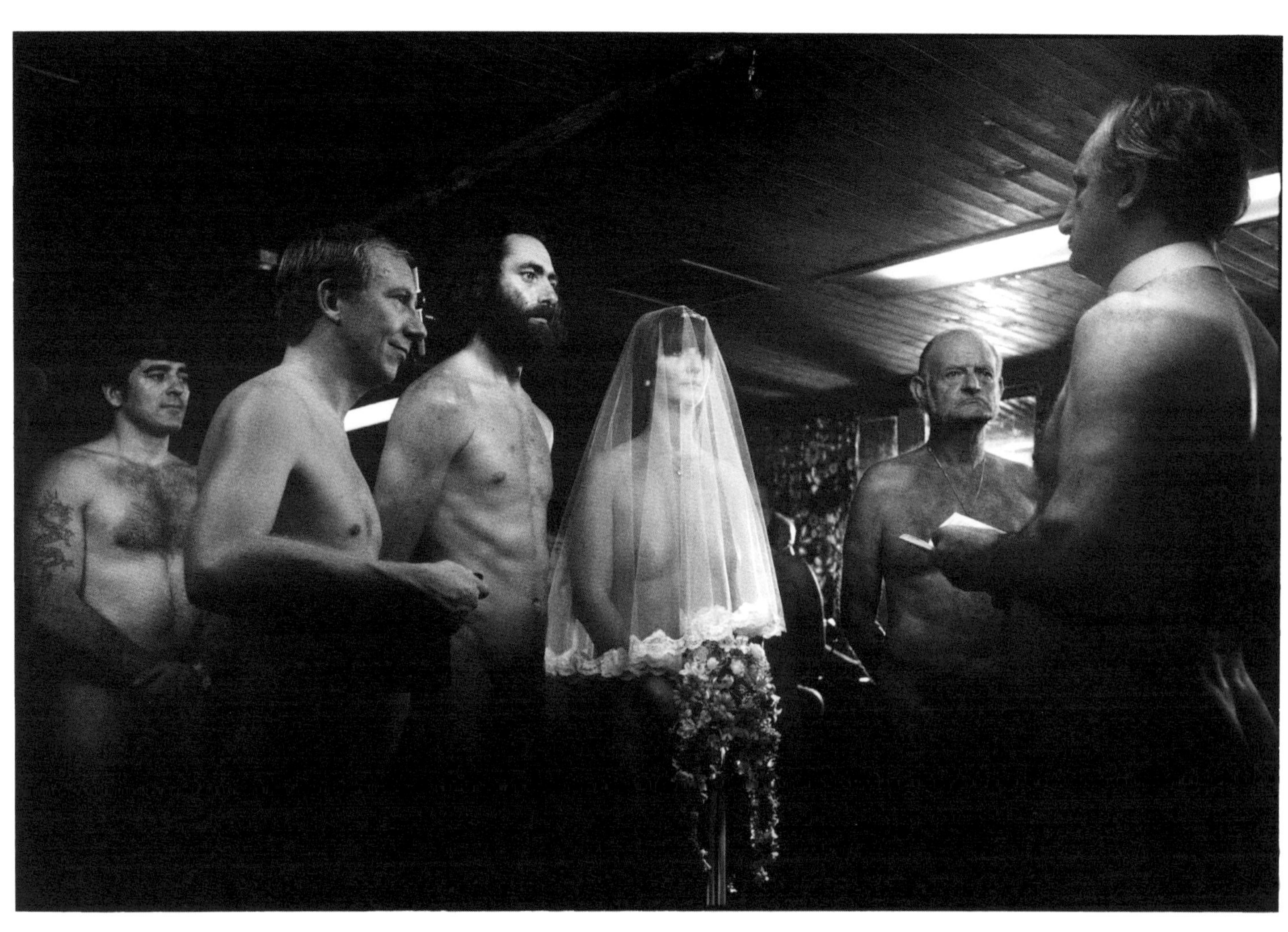

Kent, England, 1984

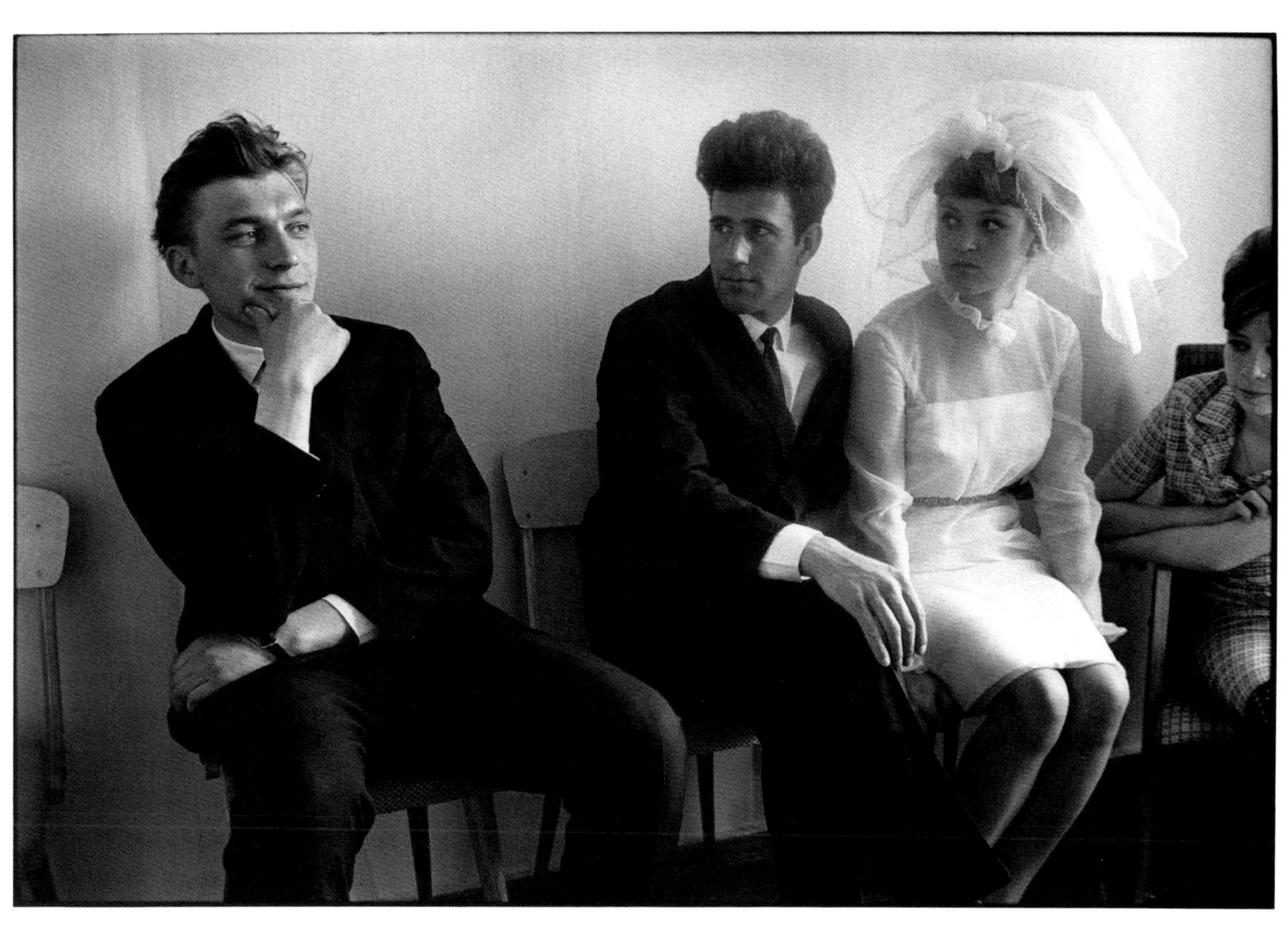

Bratsk, Siberia, 1967

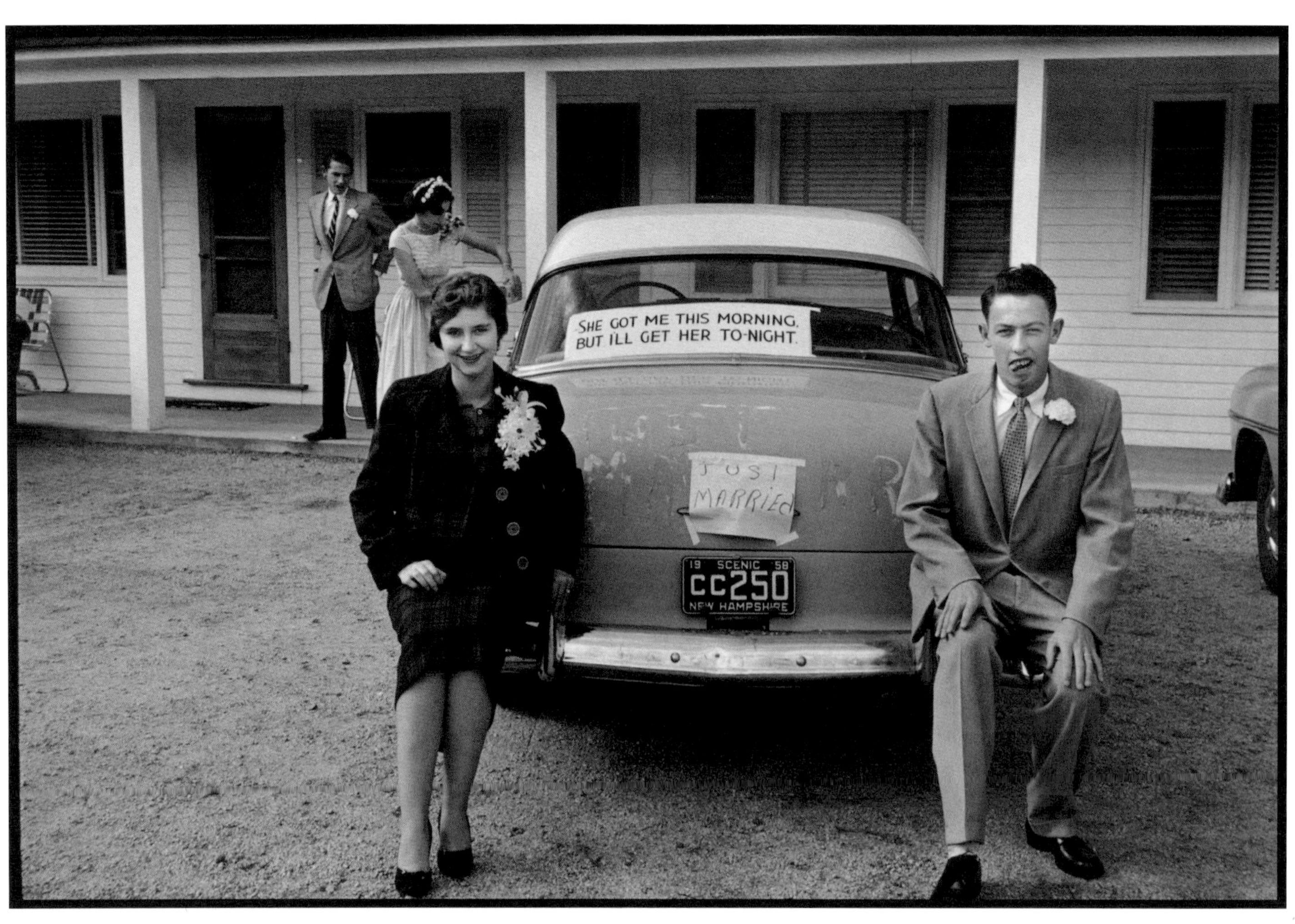

New Hampshire, USA, 1958

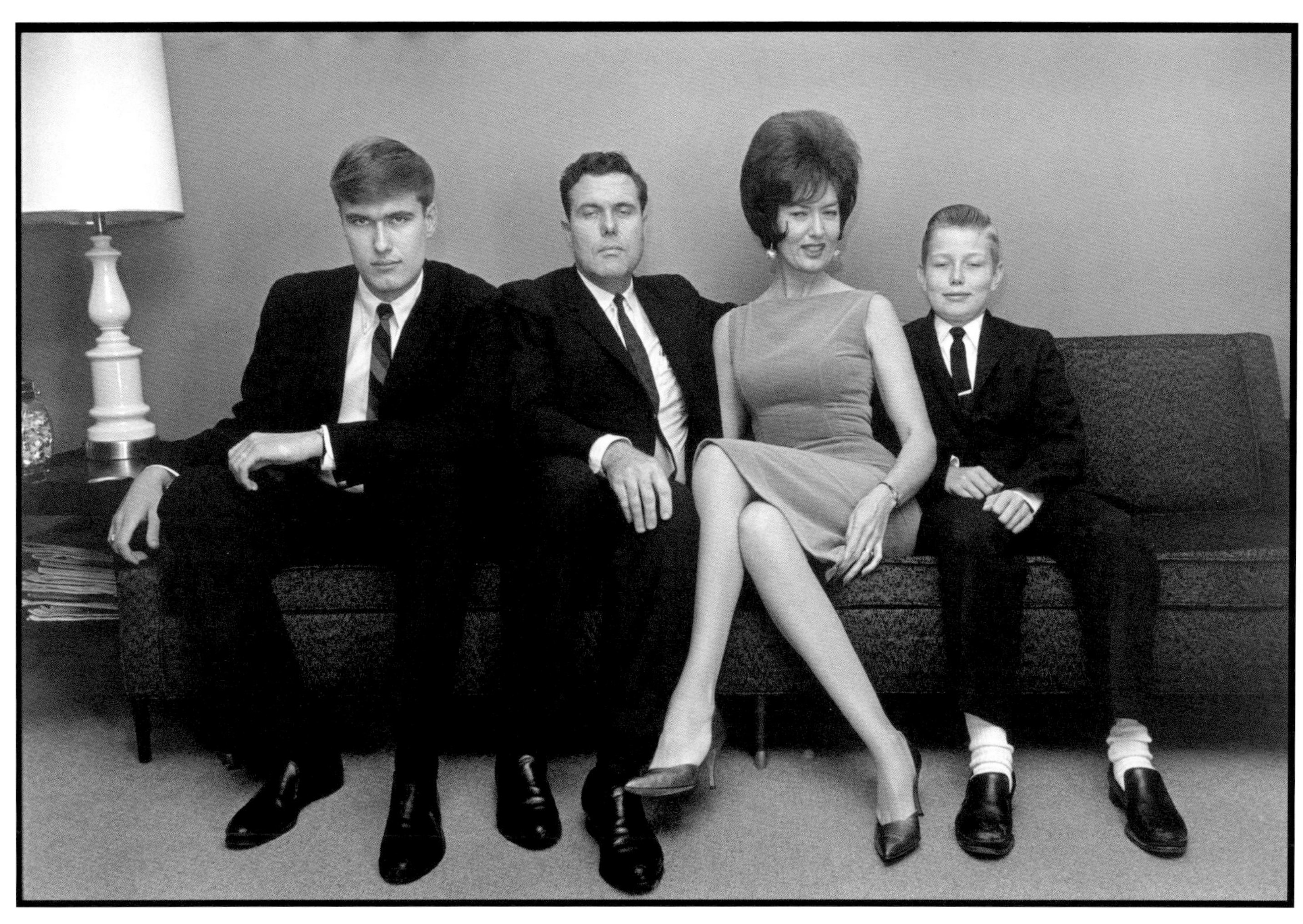

USA, 1962

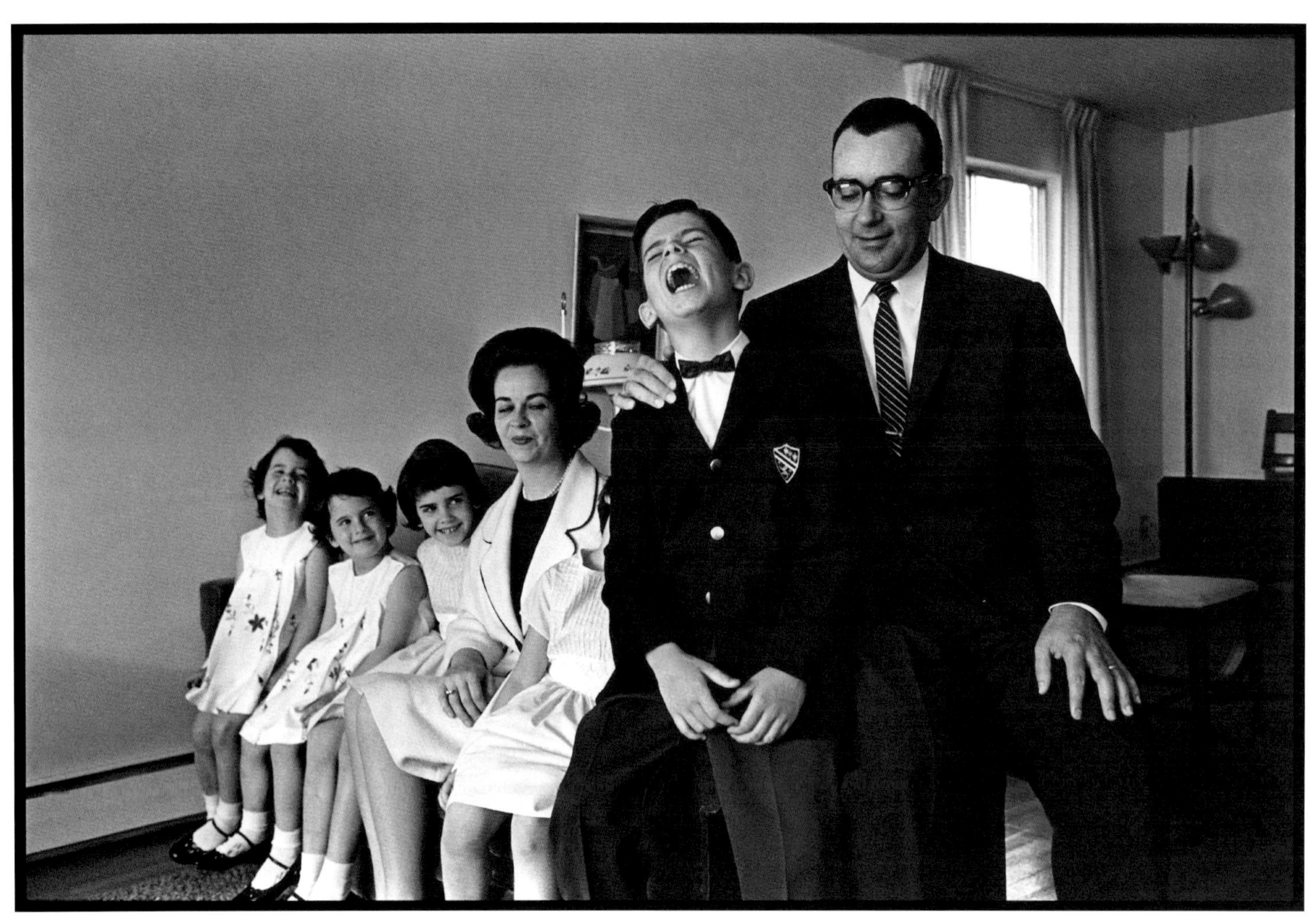

USA, 1963

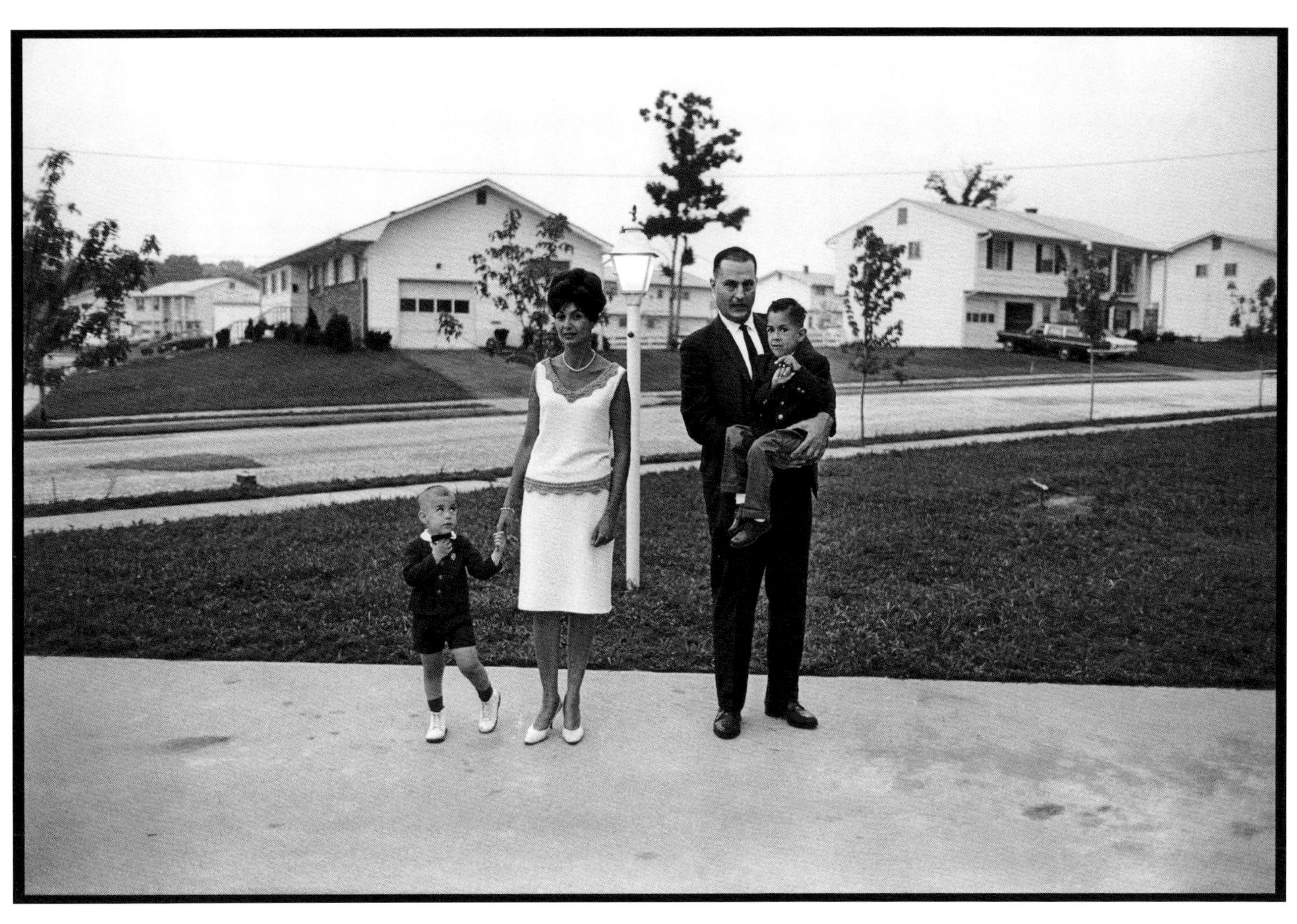

Ohio, USA, 1965

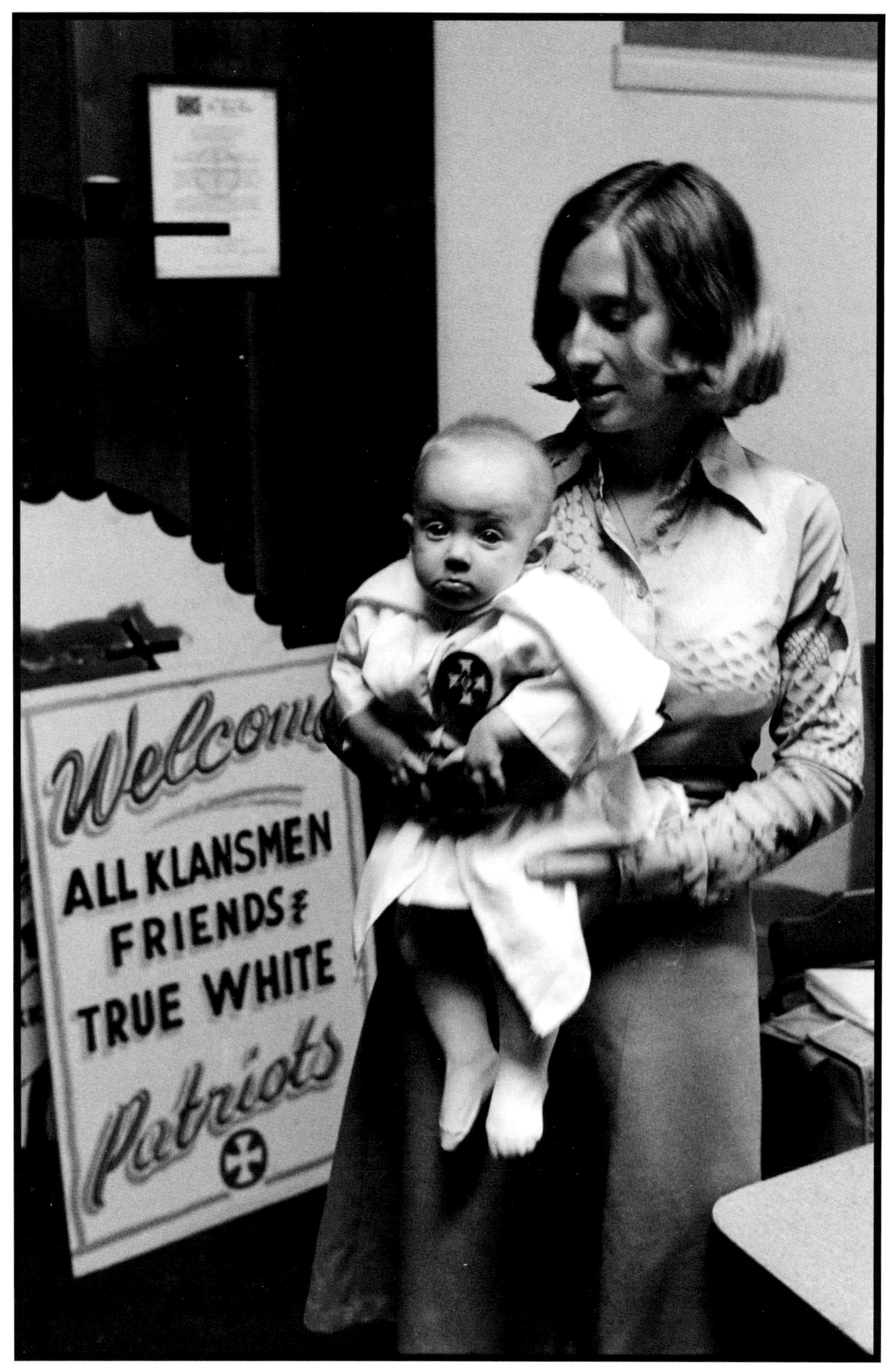

Bâton Rouge, Louisiana, USA, 1976

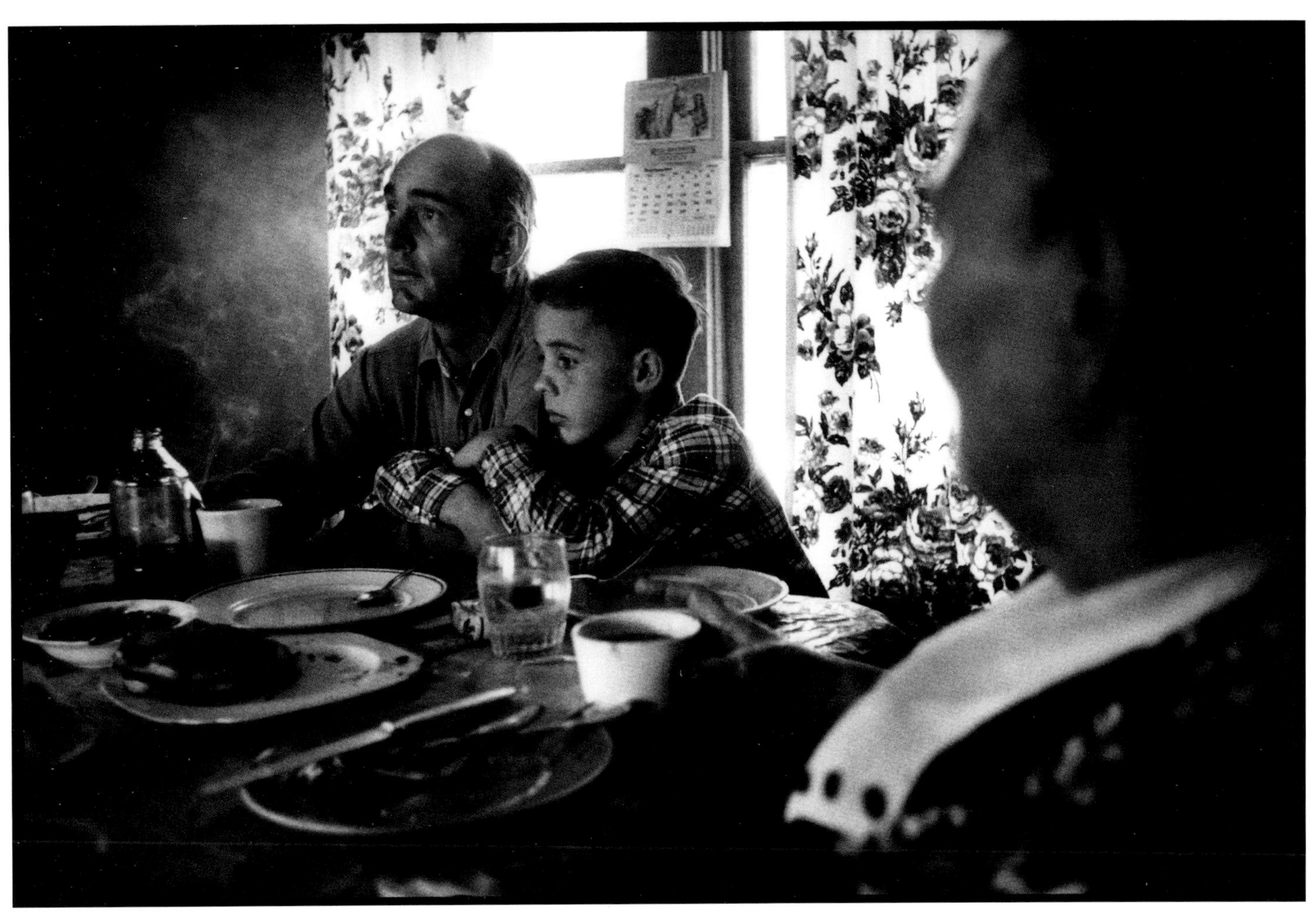

Wyoming, USA, 1954

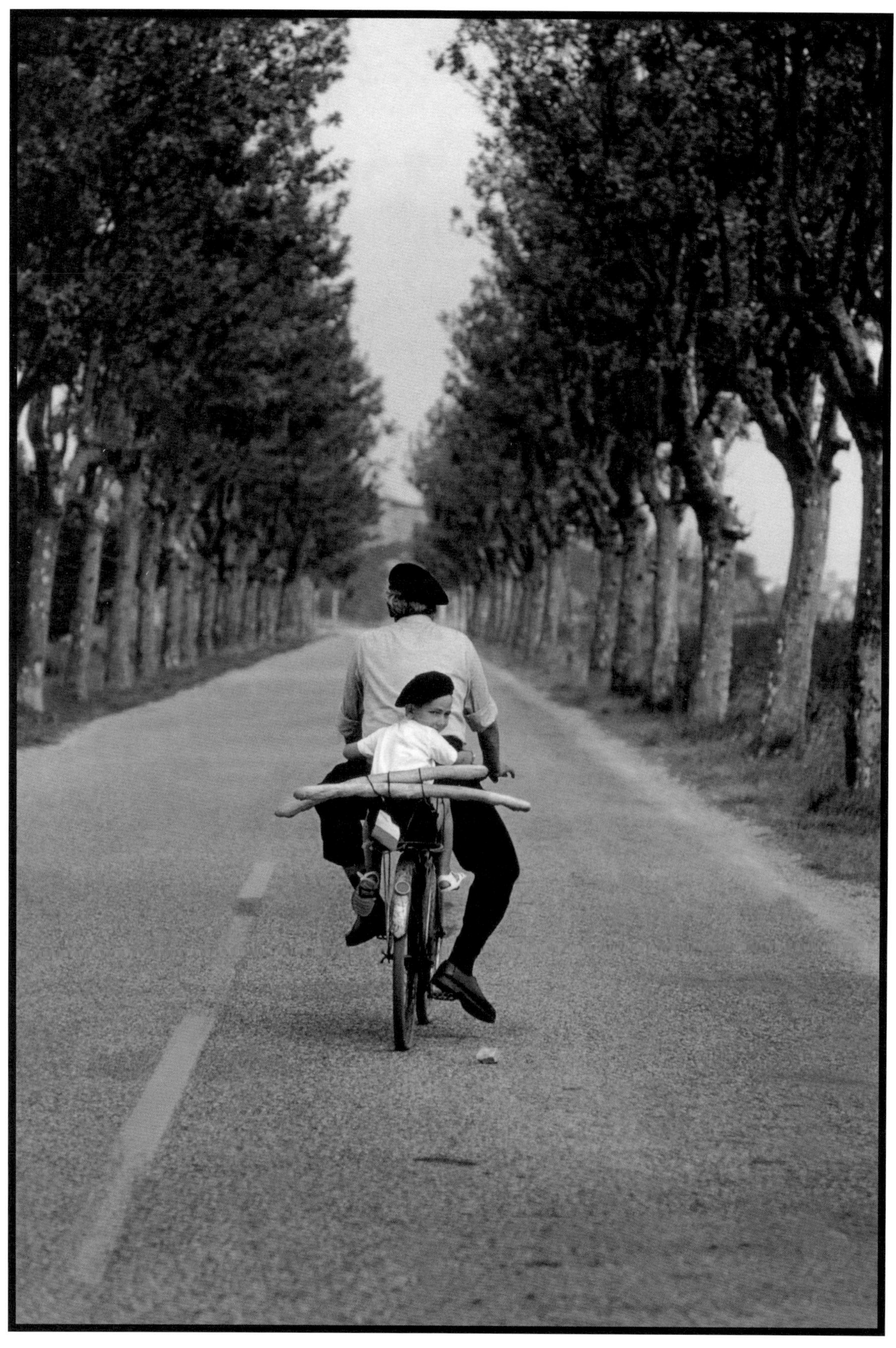

Provence, France, 1955

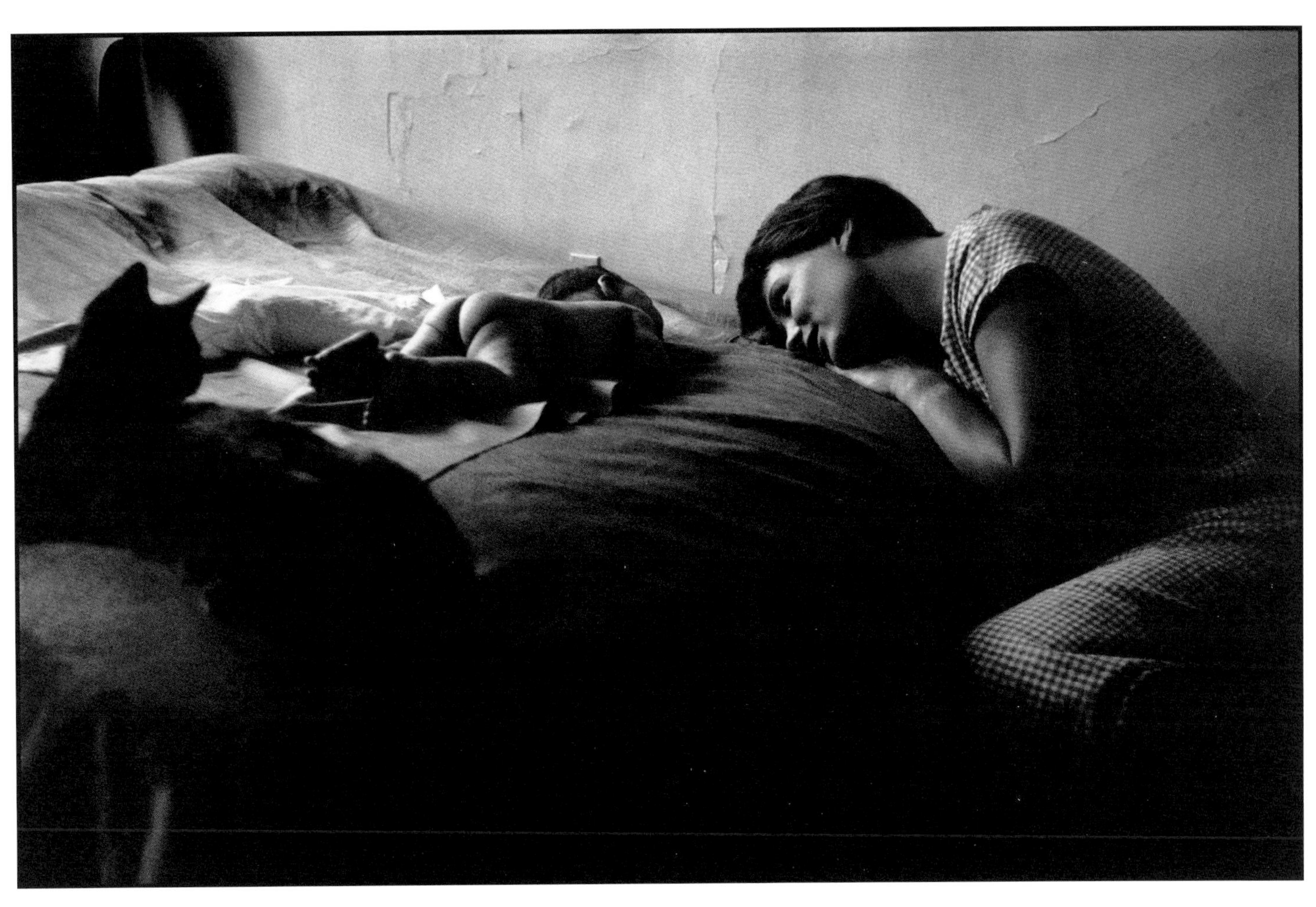

New York, USA, 1953

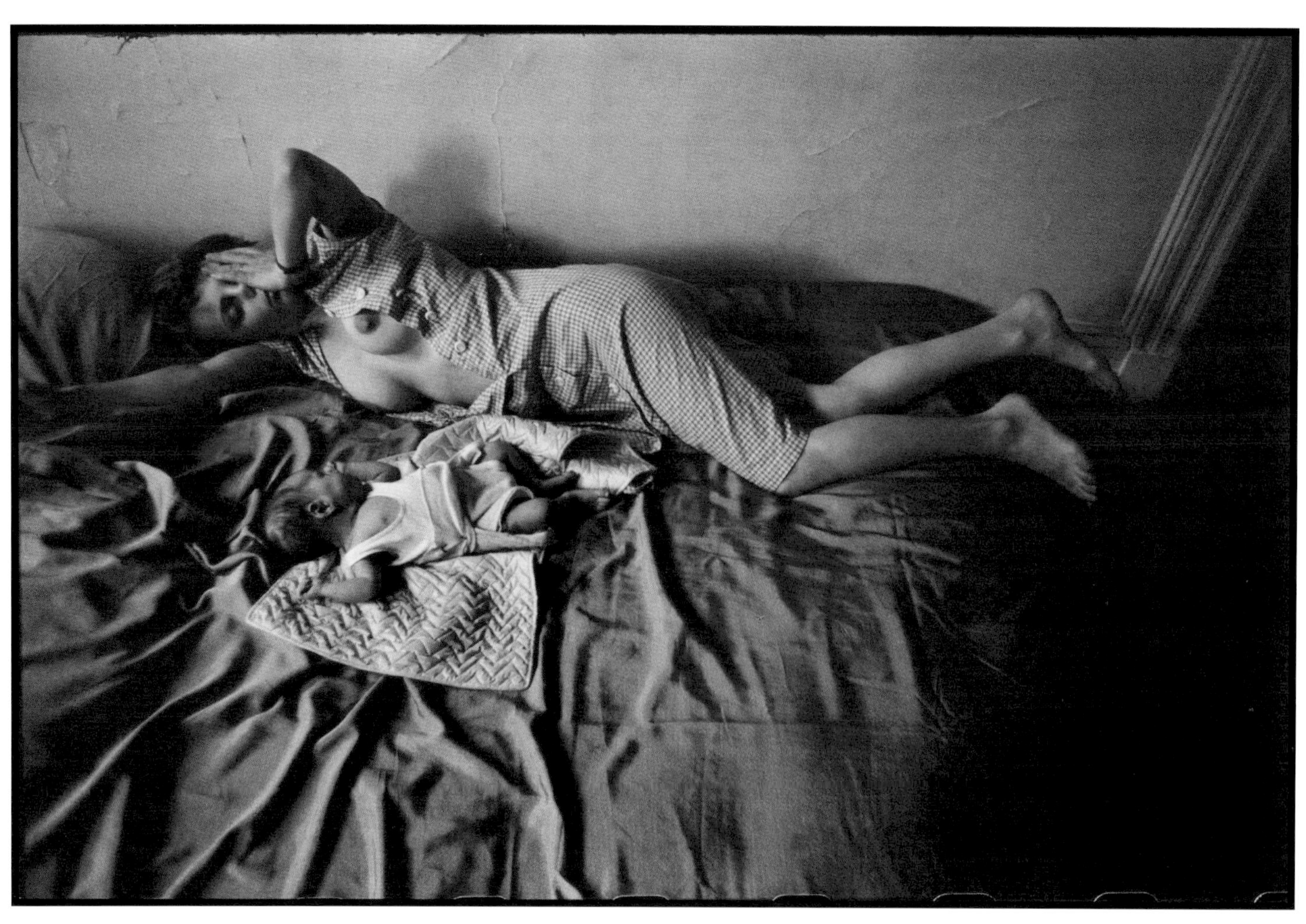

New York, USA, 1953

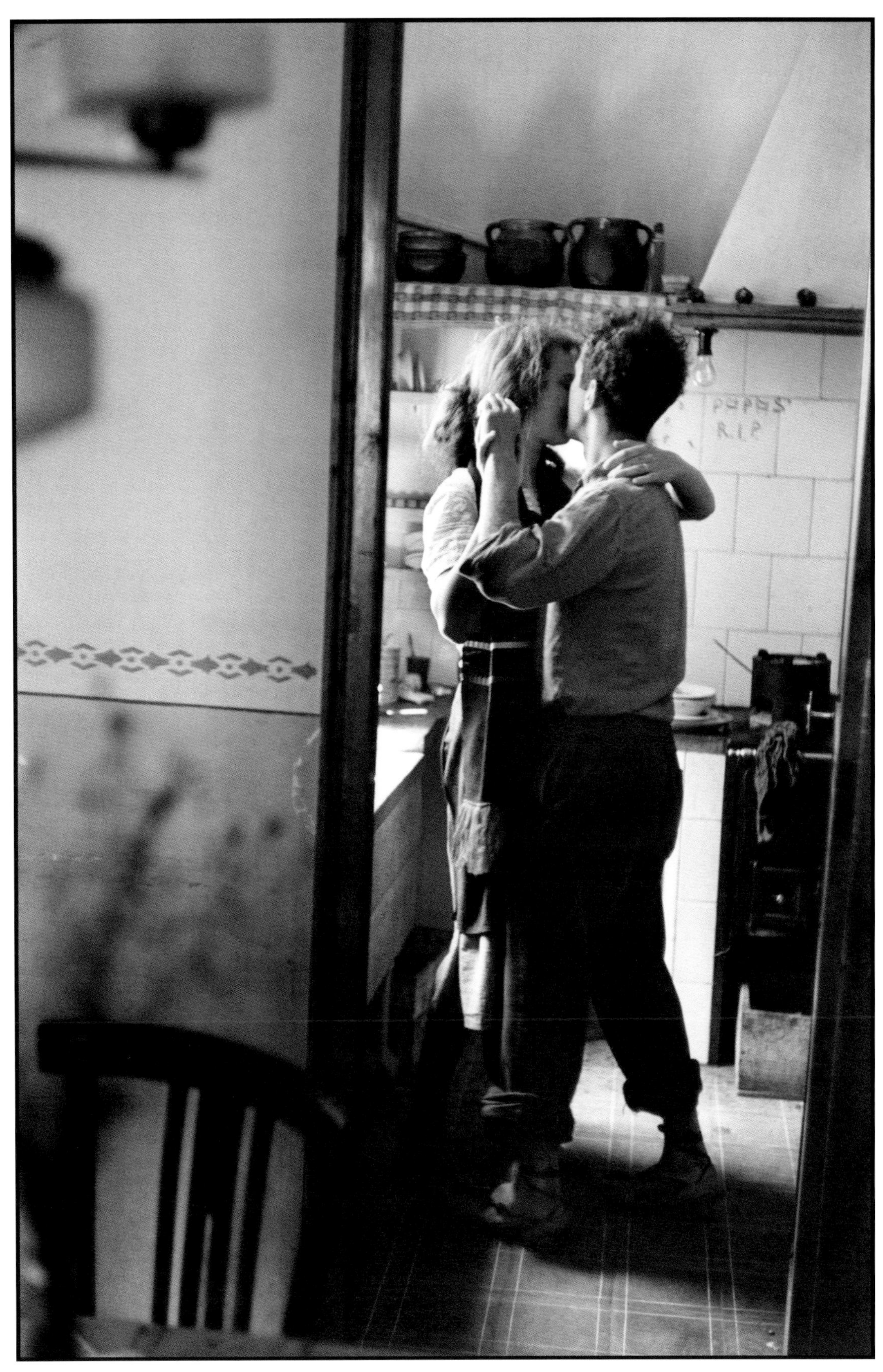

Valencia, Spain, 1952

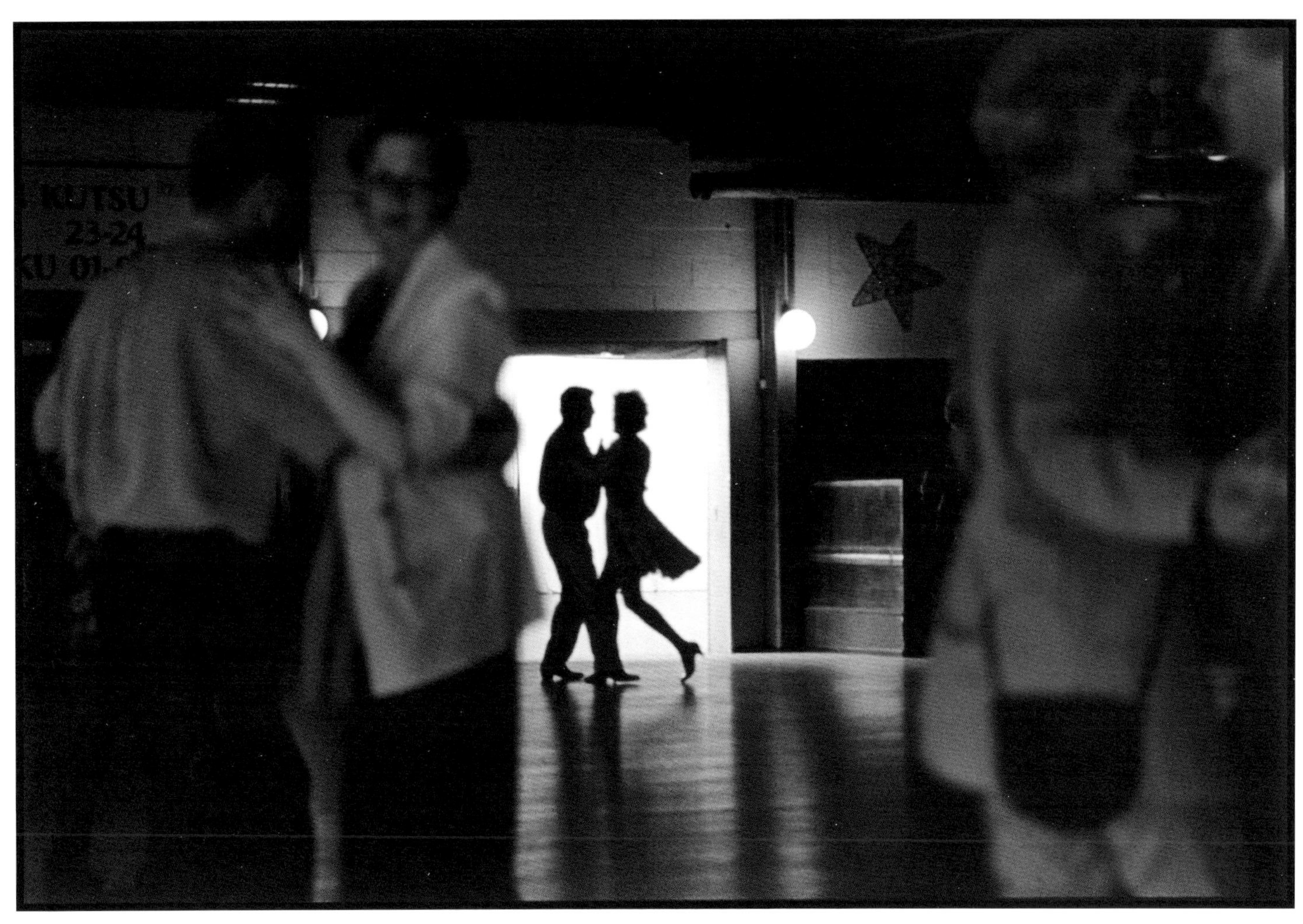

Finland, 2001

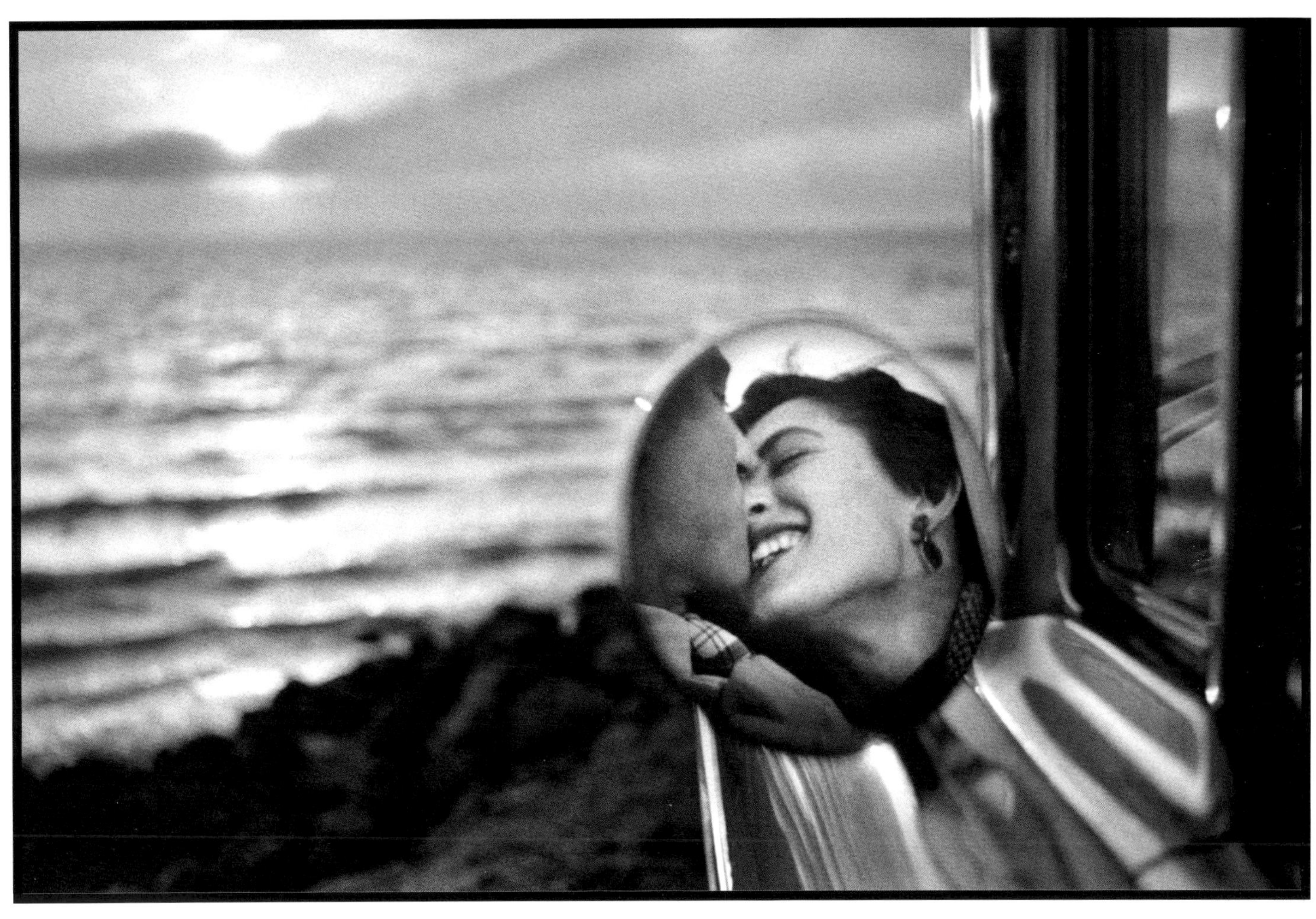

California, USA, 1955

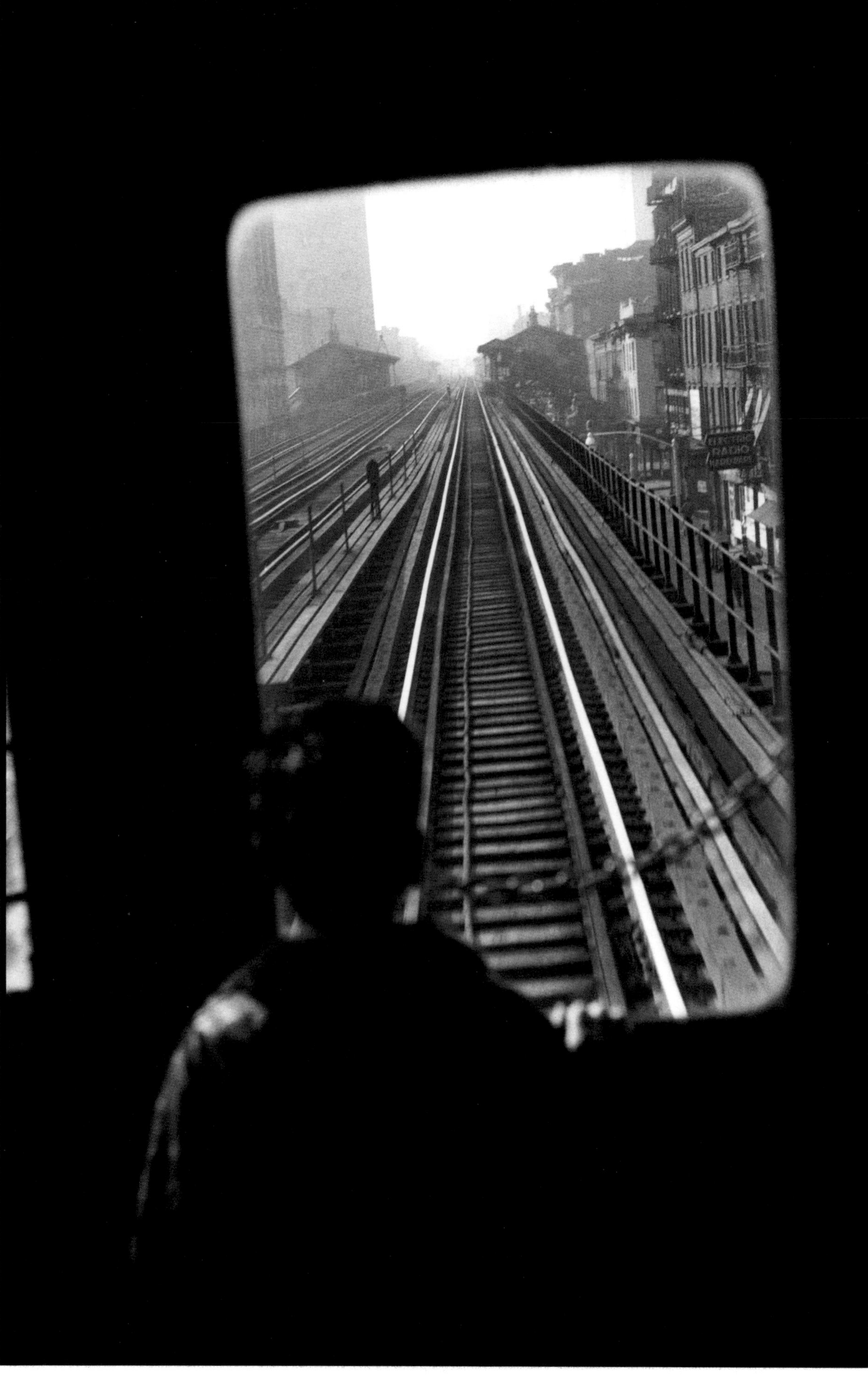
RADIO

ELLIOTT ERWITT BIOGRAFIA

Nato a Parigi nel 1928 da genitori russi, Elliott Erwitt trascorre l'infanzia a Milano, nel 1939 emigra con la famiglia in Francia e quindi negli Stati Uniti. Trascorre l'adolescenza a Hollywood, dove sviluppa un forte interesse per la fotografia: lavora dapprima in un laboratorio fotografico e in seguito studia presso il Los Angeles City College. Nel 1948 si trasferisce a New York, dove lavora come custode per pagarsi i corsi di cinematografia alla New School for Social Research.

Nel 1949, con la sua fedele Rolleiflex, Erwitt intraprende un viaggio in Francia e in Italia. Nel 1951 svolge il servizio militare presso l'unità dell'Army Signal Corps, in Francia e Germania, dove gli verranno assegnati diversi compiti inerenti la fotografia.

Mentre si trova a New York incontra Edward Steichen, Robert Capa e Roy Stryker, l'ex capo della Farm Security Administration. Fu proprio quest'ultimo a far assumere Erwitt alla Standard Oil Company, dove lui stesso stava realizzando una fototeca aziendale, affidandogli un progetto di documentazione della città di Pittsburgh.

Nel 1953 Erwitt entra a far parte della Magnum Photos, lavorando inoltre come freelance per "Collier's", "Look", "Life", "Holiday" e altre pubblicazioni nel periodo d'oro delle riviste illustrate. Ancora oggi continua a collaborare con numerose testate giornalistiche e agenzie di pubblicità.

Alla fine degli anni sessanta, viene nominato presidente della Magnum, carica che ricopre per tre anni, mentre successivamente si dedica al cinema. Negli anni settanta gira diversi importanti documentari, durante gli anni ottanta realizza diciotto commedie per la Home Box Office. È noto per l'ironia benevola e l'umanissima sensibilità, in perfetto accordo con lo spirito della Magnum.

ELLIOTT ERWITT BIOGRAPHY

Born in Paris in 1928 to Russian parents, Elliott Erwitt spent his childhood in Milan, then emigrated to the US, via France, with his family in 1939. As a teenager living in Hollywood, he developed an interest in photography and worked in a commercial darkroom before experimenting with photography at Los Angeles City College. In 1948 he moved to New York and exchanged janitorial work for film classes at the New School for Social Research.

Erwitt traveled in France and Italy in 1949 with his trusty Rolleiflex camera. In 1951 he was drafted for military service and undertook various photographic duties while serving in a unit of the Army Signal Corps in Germany and France.

While in New York, Erwitt met Edward Steichen, Robert Capa and Roy Stryker, the former head of the Farm Security Administration. Stryker initially hired Erwitt to work for the Standard Oil Company, where he was building up a photographic library for the company, and subsequently commissioned him to undertake a project documenting the city of Pittsburgh.

In 1953 Erwitt joined Magnum Photos and worked as a freelance photographer for *Collier's*, *Look*, *Life*, *Holiday* and other luminaries in that golden period for illustrated magazines. To this day he is for hire and continues to work for a variety of journalistic and commercial outfits.

In the late 1960s Erwitt served as Magnum's president for three years. He then turned to film: in the 1970s he produced several noted documentaries and in the 1980s eighteen comedy films for Home Box Office. Erwitt became known for benevolent irony, and for a humanistic sensibility traditional to the spirit of Magnum.

ELLIOTT ERWITT BIOGRAPHIE

Elliott Erwitt est né à Paris de parents russes en 1928. Il passe son enfance à Milan avant d'émigrer avec sa famille aux États-Unis en 1939, via la France. Pendant son adolescence à Hollywood, il découvre son intérêt pour la photographie, travaille dans un laboratoire photographique privé, avant d'apprendre cet art au Los Angeles City College. En 1948, il s'installe à New York où il travaille comme gardien pour payer ses cours de cinéma à la New School for Social Research.

Erwitt voyage en France et en Italie en 1949 avec son fidèle Rolleiflex. En 1951, il est appelé sous les drapeaux et il est chargé de différents travaux photographiques dans une unité de l'Army Signal Corps en Allemagne et en France.

À New York, Erwitt rencontre Edward Steichen, Robert Capa et Roy Stryker, l'ancien directeur de la Farm Security Administration. Stryker recrute Erwitt à la Standard Oil Company, où il est en train de fonder une bibliothèque photographique pour l'entreprise. Il le charge ensuite d'un projet de documentation de la ville de Pittsburgh.

En 1953, Erwitt rejoint l'agence Magnum et travaille comme photographe indépendant pour *Collier's*, *Look*, *Life*, *Holiday* et d'autres publications prestigieuses de cet âge d'or des magazines illustrés. Il continue ensuite à travailler pour nombre de publications journalistiques et dans la publicité.

À la fin des années 1960, Erwitt exerce la fonction de président de Magnum pendant trois ans. Il passe ensuite au cinéma : dans les années 1970, il tourne plusieurs documentaires, puis, dans les années 1980, il réalise dix-huit comédies pour Home Box Office. Elliott Erwitt est connu pour son ironie bienveillante et pour sa sensibilité humaniste, caractéristiques de l'esprit de Magnum.

In copertina / Cover / Couverture
California, USA, 1955

p. 2
New York, USA, 1978

p. 4-5
Magnum photographers hiding their faces, Paris, France, 1988

p. 162
Third Avenue El., New York, USA, 1955

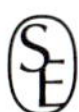

Silvana Editoriale

Progetto e realizzazione / Produced by / Projet et réalisation
Arti Grafiche Amilcare Pizzi Spa

Direzione editoriale / Direction / Direction éditoriale
Dario Cimorelli

Art Director / Directeur artistique
Giacomo Merli

Impaginazione / Layout / Mise en page
Michele Bazzoni

Redazione lingua italiana / Italian Copy Editor / Rédaction en italien
Sergio Di Stefano

Redazione lingua inglese / English Copy Editor / Rédaction en anglais
Lorena Ansani

Redazione lingua francese / French Copy Editor / Rédaction en français
Chiara Golasseni

Traduzioni / Translations / Traductions
Sergio Knipe, Jérôme Nicolas,
per / for / pour Scriptum, Roma

Coordinamento organizzativo / Production Coordinator / Organisation
Michela Bramati

Segreteria di redazione / Editorial Assistant / Secrétaire de rédaction
Emma Altomare

Photo editing / Iconographie
Alessandra Olivari, Silvia Sala

Ufficio stampa / Press office / Bureau de presse
Lidia Masolini, press@silvanaeditoriale.it

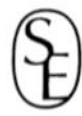

Silvana Editoriale Spa
via Margherita De Vizzi, 86
20092 Cinisello Balsamo, Milano
tel. 02 61 83 63 37
fax 02 61 72 464
www.silvanaeditoriale.it

Le riproduzioni, la stampa e la rilegatura
sono state eseguite presso lo stabilimento
Arti Grafiche Amilcare Pizzi Spa
Cinisello Balsamo, Milano

Reproductions, printing and binding by
Arti Grafiche Amilcare Pizzi Spa
Cinisello Balsamo, Milan

Les reproductions, l'impression et la reliure
ont été réalisées par l'établissement
Arti Grafiche Amilcare Pizzi Spa
Cinisello Balsamo, Milan

Finito di stampare nel mese di aprile 2013
Printed April 2013
Achevé d'imprimer en avril 2013